성공한 민주화,
실패한 민주주의

성공한 민주화,
실패한 민주주의

86포퓰리즘 넘어서기

1판1쇄 펴냄 2023년 10월 20일

지은이 황두영

펴낸이 김경태 | 편집 홍경화 남슬기 한홍비
디자인 박정영 김재현 | 마케팅 유진선 강주영 | 경영관리 곽라흔
펴낸곳 (주)출판사 클
출판등록 2012년 1월 5일 제311-2012-02호
주소 03385 서울시 은평구 연서로26길 25-6
전화 070-4176-4680 | 팩스 02-354-4680 | 이메일 bookkl@bookkl.com

ISBN 979-11-92512-57-0 03340

출판사 클의 책을
만나보세요.

성공한 민주화,
실패한 민주주의

86포퓰리즘 넘어서기

황두영 지음

차례

일러두기

1. 외국인명 표기는 국립국어원의 외래어표기법을 따랐으나 한국에 이미 알려진 관용적인 표기는 예외로 했다.
2. 인용문은 맞춤법이 틀리거나 본문의 원칙과 다르더라도 글이 쓰인 당시 분위기를 전달하기 위해 원전에 나온 그대로 실었다.
3. 이 책의 일부는 《프레시안》에 연재된 글을 바탕으로 쓰였다.

들어가며

험담으로 이야기를 시작해보자. 나는 2012년 19대 국회 개원 때부터 10여 년간 국회, 청와대, 정당을 거치며 민주당과 그 근처에서 실무자로 일했다. 그동안 모신 상사들은 다수가 86 정치인들이었고, 꼭 직속상사가 아니더라도 많은 86 정치인들을 가까운 거리에서 지켜봐왔다. 86들이 좋은 의자에 앉아 이런저런 회의를 하는 뒤에서 나는 주로 접이식 의자에 앉아 있었다.

나는 접이식 의자, 특히 접의식 의자에 붙은 간이책상이 정말이지 싫다. 키도 덩치도 엄청 큰 나에게 그런 의자에 앉는 건 고역이다. '통아저씨'가 된 것처럼 오묘한 자세로 의자에 몸을 맞추는 꼴을 어떤 86 국회의원님들은 퍽 귀여워했다. 허리를 굽히지도 펴지도 못하는, 온전히 기댔다가는 다리가 무너질지도 모르는 의자에 앉아 나는 86 정치인들이 하는 말을 10년 넘게 들어왔다.

나는 무릎에 들러붙은 간이책상에 수첩을 놓고 그들이 하는 말을 금과옥조처럼 받아적었다. 내가 딱히 성실한 직원이라서는 아니었다. 그들은 무슨 말을 하고 무얼 결정했는지 정확히 기억하지 못하는 경우가 많았고, 당장 실행해야 할 일들도 두루뭉술하게 결론을 내기 일쑤였기 때문이다. 메모라도 열심히 해야 일을 해놓고도 혼나는 상황을 막을 수 있었다.

그 많은 회의의 결론은 보통 '위기다, 혼신을 다해야 한다'라는 것이었다. 뭘 어떻게, 무슨 방향으로 혼신을 다해 노력해야 하는지는 대체로 공란이었다. 그들은 나 몰래 이미 목적어 공란에 들어갈 답을 공유한 듯했다. 꽤 오랜 기간 나는 그들의 뜻을 온전히 이해하지 못해 자책했다.

그걸 5년여쯤 하고 난 어느 날이었다. 나는 아침 7시 조찬회의에서 접이식 의자에 앉아 졸린 눈을 비비고 있었다. 그러다 살짝 졸다가 깬 한 의원님과 눈이 마주쳤다. 그분은 전혀 당황하지 않았다. 오히려 한창 논의 중이던 주제에 대해 누구보다 열의에 찬 발언을 시작했다. 단단한 내공이었다. 그때, 어쩌면 저들도 현안주제에 대해 어떤 목적어를 가져야 할지 모르는 게 아닐까 의심이 들었다. 30년, 40년째 하던 이야기를, 졸다 깨서도 할 수 있을 만큼 입에 붙은 그 단어들을 반복하고 있는 것은 아닐까.

그들은 사람, 공정, 평화, 한반도, 상식, 깨어 있는, 정의, 개혁, 민주, 서민, 우리 아이들, 민족, 시민 같은 두루뭉술한 말들에 취한 채 그 속에서만 사는 것 같았다. 국회는 사회적으로 쉽게 결정할 수 없는 문제에 대해 결정하라고 만든 곳일 텐데, 정작 그런 첨예한 문제는 미루기만 했다. 차별금지법 제정, 중산층 증세, 노동자 정년 조정, 국민연금 개혁, 기후위기 대응 따위의 문제 말이다. 그들은 선거 이후에 결정하자고 했지만, 한국 정치는 늘 선거 전이거나 선거 직전이거나 둘 중의 하나다.

그들은 문제가 턱밑까지 차올라 더 이상 미룰 수 없을 때가 되어서야 설익은 방안을 들고 왔다. 그 방안들은 국회에서 일하는 나도 숙고할 틈 없이 갑자기 제출되었지만, 민주당 강성 지지자들은 금세 평생 품어온 신념처럼 여기며 이를 지키기 위해 목숨을 걸었다. 동의하지 않는 자들은 그들의 머릿속에 있는 상상 속 공화국의 주적이 되었다. 하지만 그렇게 목숨줄처럼 굴었던 방안의 유통기한은 대체로 다음 선거 국면 전까지였다. 언제 그랬냐는 듯 선거를 앞두고는 금과옥조라던 것을 쉽게도 스스로 깨부쉈다.

우리는 부동산가격을 잡지도 못하고 부동산 과세 때문에 욕을 먹었고, 임차인 보호도 하지 못한 채 임대차 3법으로 욕을 먹었다. 차별금지법은 이러지도 저러지도 못하고 10년 넘게 욕만 먹는다. '친북 정당'이라고 욕을 먹으면서 한반도 평화는 이루지 못했고, '공정' 담론은 국민의힘에 빼앗겼는데 최저임금 인상과 비정규직 차별 해소는 뚜렷한 성과를 남기지 못했다. 갑작스런 정책 도입, 논쟁을 사생결단으로 만들고 마는 적대적 태도, 그리고 구체적인 반성과 설명 없는 정책 전환이 반복되면서 우리는 점차 '양치기 소년' 정당이 되었다. 나는 성과도 없이 욕만 먹는 상황에 지쳐갔고, 국민들도 욕하기 지쳐가는 것 같았다.

2022년 대선에 지고 이재명 후보를 비롯해 많은 이들이 반성문을 냈다. 더 열심히 하겠다는 것이었다. 무엇을 어떻게 열심히 하겠다는 것인지 이번에도 불분명했다. 속이 타들어갔다. 열심히 안 해서 진 것이 아니었기 때문이다. 우리는 뭔가 엄청 열심히 했다. 그런데 5년간의 전력질주 이후에도 목적지를 모르겠다는 기분이 든다. '사람 사는 세상' '사람이 먼저다'라는 두루뭉술하고 아름다운 말들이 우리의 폐허를 가리고 있는 파사드다. 민주당은 오그라드는 '사랑 고백'은 맨날 하면서 정작 필요할 때는 뒤통수 치는 못나고 나쁜 애인 같다.

소위 Z세대인 박지현 더불어민주당 공동비상대책위원장과 일하게 되면서 갑갑함은 더 커졌다. Z세대는 태어났을 때부터 대한민국은 민주주의 국가였고 기억하는 첫 대통령이 노무현인 세대, 선진 자본주의 사회에서의 수혜와 불평등을 모두 겪으며 개인의 자원과 권리에 민감한 세대이다. Z세대와 86 정치인들은 아예 서로 소통할 수 없는 언어로 이야기하는 사람들처럼 느낀다. 나는 민주당 인력풀에서 그래도 젊은 축이라고 꼽혀 박지현 공동비대위원장의 정무조정실장으로 채용되었지만, 이미 나도 그와 띠동갑이었다. 우리 세대가 86들에 대해 느끼는 감정이 갑갑함 정도였다면, Z세대가 느끼는 감정은 단절 그 자체였다.

2022년 지방선거에서 민주당 지도부는 대혼선을 보였다. 공천, '검수완박(검찰 수사권 완전 박탈)' 입법 강행, 최강욱 의원 성희롱 징계, 3선 연임 제한을 포함한 혁신안 발표 등을 둘러싸고 지도부의 내홍이 극심해졌다. 2022년 5월 25일 박지현 공동비대위원장이 공개적으로 586 용퇴론을 주장하면서 최고조에 다다랐다. 윤호중 공동비대위원장, 박홍근 원내대표, 김민석 선대본부장 등 쟁쟁한 86 정치인들 앞에서 공격적으로 그들더러 물러나라 한 것이다. 예상치 못한 발언에 당황한 86 정치인들의 표정이 실시간으로 무너졌다. 난장판이 된 공개회의 후 이어진 비공개회의에서 윤호중 공동비대위원장은 대로하며 퇴장했고 뒤이어 다른 86 정치인들도 퇴장했다. 몇몇 선배 정치인들이 좋은 말로 박지현 공동비대위원장을 설득하려 했지만 간극은 전혀 좁혀지지 않았다.

나는 또 접이식 의자에 앉아 그 난리를 보고 있었다. 성서 〈창세기〉의 바벨탑 생각이 났다. 천국에 닿고자 건설을 시작했지만, 신이 각기 다른 언어를 사용하게 하자 말이 통하지 않아 완성하지 못했다는 바벨탑 말이다. 그날 박지현 공동비대위원장과 86 정치인들은 민주주의, 정치, 선거, 정당, 승리, 평등이라는 단어를 전혀 다른 뜻으로 쓰고 있었다. 86 정치인들은 민주주의를 우리가 이뤄야 할 이상향으로 생각했고, Z세대는 이미 민주국가에서 태어났으니 민주주의를 사회적 갈등 해결을 위한 인프라로 여겼다.

86 정치인들은 Z세대를 정치적 돌연변이라고 생각한다. 문재인 정부 중반기로 접어든 2018년 하반기부터 20대, 특히 20대 남성들의 지지율은 점차 떨어졌다. 이에 대해 홍익표 민주당 수석대변인은 보수정부인 이명박, 박근혜 정권하에서 반공교육을 받아서 20대들이 보수적이라고 해 구설에 올랐다. 20대 유권자들의 강한 반발로

이런 취지의 말들은 이후 자제되었지만, 86 정치인들 사이에서 청년 세대에 대한 이런 인식 자체가 달라지진 않은 것 같다.

물론 모든 세대가 특이하고, Z세대들도 정치적 특징이 있을 것이다. 그러나 우리의 민주주의 역사가 길어질수록, 우리는 Z세대처럼 개인적 이해관계에 아주 민감하게 반응하며 즉각적인 응답을 하는 정치를 바라는 유권자들을 만나게 될 것이다. 그런데 오히려 역사적으로 특이했던 존재로 기억되는 건 Z세대가 아니라 격동의 20세기를 격렬하게 체험한 86들일 것이다.

이 책의 목적은 현재의 시점에서 '정치집단으로서의 86'이 왜 정치적으로 실패하고 있는지를 분석하는 것이다. 이를 위해 우선 정의를 가다듬어보자. 86은 일단 1980년대 학번, 1960년대 출생이라는 뜻이다. 1990년대 중후반, 제도정치권에 진입한 일군의 젊은 정치인들을 지칭하기 위해 언론에서는 '386'이라는 신조어를 만들어 유행시켰다. 원래 '386'은 인텔Intel 사의 CPU 모델명인데, 286, 386, 486 등으로 앞자리가 올라갈수록 최신 모델이었다. 젊은 정치인들을 당시 급속도로 보급되던 PC에 비유했다는 건, 그들이 그만큼 기존 정치와는 완전히 다를 것이라고 기대했다는 뜻이다. 그들은 점차 나이를 먹어가면서 486, 586세대로 불리게 됐다. 그런데 인텔 사는 1990년대 후반부터 새 CPU 모델에 86 대신 펜티엄이라는 이름을 붙였고, 이젠 펜티엄마저도 역사 속으로 사라졌다. 그러면서 어느덧 '586'이라는 이름은 수십 년 전 컴퓨터처럼 현재에 맞지 않는 행태를 보이는 86 정치인들에 대한 멸칭으로도 쓰이게 되었다.

이 책에서는 몇몇 인용문을 제외하면 그냥 86이라고 부르려고 한다. 같은 대상을 두고 시대에 따라 계속 명칭을 바꾸는 게 혼란스럽기도 하거니와, 이제 그들 중 선배그룹이 60대가 되었으니 586이라고 부르기도 겸연쩍기 때문이다. 그리고 그들이 태어난 1960년대라는 전후 시기, 그리고 그들이 정치적 각성을 한 1980년대라는 시간성이 86의 성격과 중대한 연관이 있다고 보기 때문이다. 이 책에서 특별한 언급 없이 '86'이라고 하면 특정한 정치집단을 지칭하는 것이고, 전체 인구집단을 말할 때는 '1980년대 학번' '1960년대생' 등으로 썼다.

사회학자 신진욱은 세대 갈등, 세대 불평등 담론이 확산되면서 '586세대'가 '기득권 기성세대' '갑질·꼰대 50대' '운 좋은 베이비붐 세대' 등 특정 인구집단을 부정적으로 지칭하는 용어들과 혼용되기 시작했다고 이야기한다.[1] 신진욱은 '586세대'라는 용어가 민주당 정치인, 1980년대 운동권 출신, 진보 시민사회, 민주노총, 50대 엘리트, 1960년대 출생 세대 등 그때그때 전혀 다른 집단 범주를 가리키는, 극도로 다의적인 용어가 되었다고 지적한다. 정치적인 비판을 위해 자유자재로 86의 프레임이 변용되면서 각 범주의 부정적인 부분들이 모두 섞여든 것이다. 그 결과, 정치인 86집단의 행태에 대해서도, 세대 간 불평등 문제에 대해서도 정확한 원인을 찾기 어렵게 되었다. 이 책에서는 정치적 의미에서 '정치집단으로서 86'의 문제에 집중하여 따져볼 것이다.

'정치집단'은 꽤 오랫동안 동일한 정치적 목표를 공유하며, 일정한 집단적 이념하에 협동하고 연대하는 조직을 말한다. 정당도 가장 고도화된 정치집단의 한 종류이지만, 일반적으로 정당과 그 주변의 느슨한 네트워크까지를 포괄하는 개념으로 쓰인다. 직업 정치인, 정무직 공무원, 정치권 실무자 및 이들과 정치적 입장을 같이하는 시민사회 활동가, 언론인, 인플루언서 등 정치권에서 영향력을 갖고 활동하는 이들을 통칭한다고 볼 수 있다.

정치집단으로서의 86의 가장 두드러진 공통점은 1987년 민주화를 전후한 학생운동의 강렬한 체험이다. 나는 그 체험이 아직도 그들의 정치적 세계관의 근간을 이룬다고 본다. 그렇다면 평범한 청년들의 1980년대가 아닌, 86들이 겪은 '정치적 의미에서의 1980년대'란 무엇일까? 1980년대 학생운동과 민중운동의 쇠퇴 원인을 연구한 김정한은 "역사적으로 1980년 5·18 광주항쟁에서 시작된 1980년대 민중운동은 1991년 5월 투쟁과 더불어 쇠퇴하는 과정에 처했다. '1980년대'라는 정치적 시공간이 1980년부터 1991년까지 12년"이라고 정리했다.[2] 대학생들과 청년들이 분신까지 해가며 정부에 맞섰지만 결국 실패한 1991년 5월투쟁을 '정치적 1980년대'의 끝으로 보는 것이다.

또 학생운동을 통사적으로 연구한 정근식은 1997년을 '학생운동의 시대'의 종점이라고 본다. 1997년은 IMF 외환위기로 한국 경제가 큰 위기에 빠지는 동시에, 김대중 대통령 당선으로 최초로 '수평적 정권교체'가 이루어진 시기이며, 시민운동의 역할이 크게 증대된 시점이다. 또한 학생운동의 이념적 분화에 의해 더 이상 학생운동세력이 시민 다수의 의사를 '대의'하는 기능이 현저히 약화된 시점이기도 하다.[3]

나는 '정치적 1980년대'가 박정희의 죽음이라는 거대한 권력의 공백이 전두환의 정통성 없는 집권으로 해소된 데에 대한 의문에서 시작했다고 본다. 그리고 그 종점은 1990년대 문민정부의 출범, 평화적 정권교체로 이어지는 한국 민주주의 공고화[4]의 시점일 것이다. 그리고 그 기간은 86 학생운동의 흥망성쇠기와 같다.

86 정치집단은 '정치적 1980년대'에 자신을 학생운동 활동가로서 정체화했다. 이들은 현재까지도 1960년대생 전체와 비교해도 특수한 정치적 입장을 유지하고 있다. 조성대·최상명의 연구에 따르면, 1960년대생은 일반적으로 이전 세대들보다 진보적이지만, 이후 세대에 비해선 더 보수적인 정치이념을 가졌다. 나이를 먹을수록 보수적인 된다는 일반적인 연령효과만 있을 뿐, 1960년대생 일반이 딱히 더 진보적인 정치이념을 가졌다고 볼 수는 없다는 것이다.

반면, 스스로 86 학생운동가 출신이라고 인식하는 집단은 동년배에 비해 훨씬 진보적인 정치이념을 보여주었다. 그리고 그들의 정치이념은 다른 어떤 세대와도 유사하지 않았다. 특히 외교안보정책과 관련한 이념에서는 국민적 평균과는 완전히 다른 세계관을 가졌다고 할 만큼 큰 차이를 보였다. 실제 투표결과에서도 1960년대생 전체의 민주당 투표율은 점점 낮아지는 경향을 보인다. 86 정치의 한계에 대해서 1960년대생들의 사회적 기득권화의 문제와는 또 다

른 설명이 필요한 이유다.[5]

서울대학교 총학생회장 출신인 김민석이 1992년 총선에 출마한 이래로, 86 정치인들은 2000년 총선을 거치면서 집단적으로 정치권에 진출한다. 학생운동의 리더로서 인지도를 갖춘 송영길, 이인영, 우상호, 임종석 등이 대표적이다. 그러나 학생운동의 리더들뿐 아니라 더 많은 학생운동의 활동가들이 국회의원이나 지자체장 보좌진, 당직자, 지역구 사무국장 등과 같은 정치권 실무자로 자리를 잡았다는 사실은 크게 주목되지 않았다. 1990년대 부활한 지방선거에 출마하는 이들도 많았다. 선거가 반복되면서 이들 중 국회의원이 되는 이들이 점점 늘어났고, 민주당이 정권을 잡으면서 주요한 정무직을 맡는 경우도 많아졌다.

또 학생운동 이후 시민운동, 지역운동이나 노동운동 활동가로서의 삶을 선택한 86들도 시민사회의 리더로 성장해갔다. 그들 중 많은 이들이 정치인이 되어 국회의원이나 지자체장을 지내기도 했다. 이들은 노무현 정권과 박원순 전 서울시장과 진보 교육감 등을 거치며 점차 민주당 안의 86들과 구분하기 어려워졌다. 86들의 역할이 커지면서 학생운동 후 정치와 무관한 생업에 종사하던 옛 동지들이 뒤늦게 정치인이나 정무직 공무원이 되는 경우도 늘어났다. 흔히 86 하면 1990년대 중반부터 2000년대 초반까지 김대중 전 대통령이 공천한 당대의 '청년정치인'들만을 떠올리지만, 정치집단으로서의 86은 그때부터 시작해 꾸준히 덩치를 키워왔다. 문재인 정권을 거치며 86들은 확고하게 민주당의 주류가 되었다.

어떤 인위적 기준을 만들어 86의 명단을 뽑는 일도 가능할 것이다. 그리고 그들이 용퇴해야 한다는 주장을 할 수도 있을 것이다. 그러나 86은 특정한 인물집단이나 인적 네트워크이기도 하지만, 근본적으로 이들이 구축한 특정한 정치적 세계관이라고 봐야 할 것이다. 그들은 이 세계관에 기반해 스스로에게 정치적 과제를 부여했다. 그리고 '정치' '민주주의' '진보' '역사'의 개념을 수립했고, 대중을 동원했다. 그렇기에 86 정치인 개개인을 평가하고, 그들의 용퇴를 논하기에 앞서 우리는 86이라는 정치적 세계관을 다시 구성하고, 그것이 지금의 대한민국과 왜 맞지 않는지를 따져봐야 한다.

이 책은 86들의 정치행동을 '포퓰리즘populism'의 틀로 설명한다. 포퓰리즘은 한국에서 흔히 '인기영합주의'로 오해되어, 비판적인 맥락에서 정치적 인기를 위해 법과 재정 안정을 무시한다는 뜻으로 사용되는 경향이 있다. 그러나 이는 포퓰리즘 정치가 흔히 빠질 수 있는 부작용일 뿐 그 자체가 포퓰리즘은 아니다. 보수세력은 노동권 보장이나 사회복지 확대 주장을 반박하기 위해 포퓰리즘이 극단적인 국가재정 확대로 이어졌던 아르헨티나 페론Perón 정권 등의 사례를 주로 끌어왔다. 포퓰리즘은 위험성이 많은 위태로운 정치행동이지만, 그것 자체를 멸칭으로 쓰는 건 의도된 오해이다.

포퓰리즘이란 사회가 궁극적으로 '순수한 민중'과 '부패한 엘리트'라는 서로 적대하는 두 진영으로 나뉘고 각 진영 내에서는 같은 이해관계를 갖는다고 보는 정치행동이다. 포퓰리즘 관점에서 민중의 모든 고통은 엘리트들의 착취와 부정 때문이다. 그렇기에 민중은 엘리트들을 몰아내야만 민중의 뜻에 따른 정치를 할 수 있다. 그런 점에서 민중은 내부의 차이에도 불구하고 궁극적으로 단일한 이해관계를 가지며, 이러한 민중의 일반의지가 표현되는 것이 참된 정치다.

포퓰리즘이 민주주의에 위해가 된다고 보는 다수의 의견과 달리, 정치철학자 샹탈 무페Chantal Mouffe[6]는 포퓰리즘이 자유민주주의가 다수의 의지를 반영하지 못하는 과두정치가 되는 것을 방지하고, 자유민주주의 제도를 급진화할 수 있다고 지적한다. 특히 지배질서가 다수의 요구들을 담아내지 못할 때 '포퓰리즘 계기'가 생겨, '대중(민중)'과 '과두세력(엘리트)' 사이의 경계를 재구성하게 된다는 것이다.

이런 면에서 포퓰리즘은 대중, 즉 권리를 가진 '우리'가 누구인가의 경계를 두고 기존의 지배질서와 경쟁하는 싸움이기도 하다. 기존의 헤게모니가 '여기까지가 우리 정치제도의 구성원'이라고 하는 범위를 넘어서서 새로운 범위까지 대중을 확장함으로써, 현재 지배질서의 한계를 흔들게 된다. 성원권membership을 확장해 기존 질서 전체를 틀어버리는 것이다.

1980년대 중반부터 1990년대 초반까지는 소위 '운동권'의 전성기였다. 1980년대 초반까지의 학생운동과 재야운동이 독재정권에 맞서 인권과 자유를 찾고자 하는 운동이었다면, 1980년대 중반의 학생운동은 한발 더 나아갔다. 86들은 정치적·사회적으로 소외되었던 농민·노동자·빈민 등 다양한 계층을 모아 '민중'을 구성하려 했다. 하지만 더 급진적인 것은 그들이 북한까지도 '민중'의 일부로 포함하려고 했다는 점이다. 미제국주의로부터 해방된 공화국에서 북한까지도 정치적 구성원으로 받아들인다는 상상력은, 가장 철저한 반공주의 교육을 받고 자란 세대인 86들에겐 금단의 열매처럼 강렬한 금기이자 매력이었다.

86들이 정치적 성원권을 급진적으로 재구성하게 된 것은 대한민국이 제대로 된 정상국가가 아니라는 콤플렉스가 있었기 때문이다. 식민지배, 갑작스러운 탈식민, 단독정부 수립, 전쟁으로 이어지는 출생의 비밀을 간직한 대한민국은 언제나 훼손된 국가였다.

86들은 독재자 박정희의 사망 이후에도 독재가 타도되지 않는 이유를 미제국주의에서 찾았고, 그에 맞서 남북한 민중의 일반의지로 구현되는 새로운 공화국을 꿈꿨다. 그들은 미국을 정점으로 그에 복무하는 이해관계를 공유하는 독재정권과 매판자본이 떠받치는 '미국-엘리트 세력', 그리고 그들에 의해 짓밟힌 '민족-민중'이라는 이분법적 구조로 세상을 이해했다. 그리고 민주화를 전후한 시점에서 열린 정치적 공간과 경제성장에 따른 청춘세대의 정치적 욕망을 흡수하여 한 세대를 뒤흔드는 정치운동을 만들어냈다. 그 점이 그 이전, 이후 세대와 다른 점이다. 나는 이러한 정치적 사고와 운동을 '86 포퓰리즘'이라고 명명하고자 한다.

포퓰리즘 자체가 안정된 정치체제가 되거나 포퓰리스트들이 안정적인 집권세력이 되는 것은 불가능하다. 첫째로, 포퓰리스트들이 권력을 갖게 된 순간부터 '기득권 집단'이 권력을 과점하고 국민의 뜻과 어긋난다는 논리가 성립하지 않기 때문이다. 둘째, 국민의 뜻을 단일한 것이라고 가정하다보니 복잡한 이해관계를 조정하고 협의해내는 과정을 국민 총의의 손실이라고 여기게 되기 때문이다. 그들은 거래와 타협이 오가는 제도권 정치 안에 속해 있을 때조차도 거래와 타협을 타락한 것이며 도구적인 것으로 여긴다. 그러다보니 국민 전체를 대의해 대표하고, 이를 통해 국가를 통합한다는 제도권 정치의 효과를 온전히 활용하지 못하는 경향이 있다.

그래서 집권까지 성공한 포퓰리스트들은 흔히 두 가지 방식 중 하나, 또는 두 가지가 섞인 방식으로 빠지기 쉽다. 우선 국가 외부의 적을 상정해 국민의 단일성을 유지하면서, 동의하지 않는 국민들은 철저히 탄압하고 전체주의로 나아가는 방식이다. 독일 나치즘이나 이탈리아 파시즘이 대표적 사례다. 또 다른 방식은 사회적 가치를 장기적 관점에서 배분하는 정치의 기능을 사실상 포기하고 국민 대다수의 요구를 당장 해결하기 위해 무리한 시도를 하는 것이다. 우리 사회에서 흔히 포퓰리즘으로 오해되는 '포퓰러리즘popularism', 즉 인기영합주의적 행보다. 앞서 말한 아르헨티나의 페론 정권이 여기에 속한다.

민주당의 문재인 정권이 전적으로 포퓰리즘 정권이라고 할 수는 없다. 그러나 정권이 정치적으로 도전받을 때마다, 다른 말로 정말 뭔가를 꼭 반드시 해내려고 '파이팅'할 때마다 포퓰리즘 세계관이 삐져나왔다. 이를 통해 기득권에 맞서고자 하는 국민적 여론을 모아내려 했으나, 다양한 국민들이 각기 다양한 이견들을 내며 민주당이 그리는 '국민'의 틀에 좀처럼 묶이려고 하지 않았다. 최저임금과 공공부문 비정규직, 검찰개혁과 조국 사태, 부동산가격 급등, 민주당 정치인들의 성비위 사건 등에서 이견을 내는 국민들의 목소리를 조율하는 어려운 방식 대신, 그들을 윤리적으로 단죄하는 쉬운 포퓰리즘적 해결책이 동원되었다. 당연히 예상되는 비판에 대해서도 민주당은 외계인이라도 만난 듯 이해하지 못하겠단 반응을 보였다.

문재인 정부의 첫번째 국정과제는 '국민이 주인인 정부'였다. 민주당이 상대적으로 덜 가진 사람들이 잘 사는 나라를 만들고자 했다는 진정성이 있는 건 사실이다. 그러나 '국민'의 범주는 사안마다 달라졌다. 검찰개혁을 위해 조국 전 장관을 옹호하면서는, 사모펀드 불법투자 의혹과 입시비리라는 전형적인 기득권 엘리트형 범죄에 대해서도 따져묻는 것이 금기되었다. 그저 정상적인 재테크이고 '표창장 한 장'이라며 평범한 사람들도 흔히 할 수 있는 일로 치부하라고 강제되었다. 그러나 주택가격 폭등에 대응할 때는 좋은 집을 갖고 싶은 평범한 마음도 과도한 욕심으로 치부되었다. 그러면서 문재인 정부 소속 고위 공직자와 민주당 정치인들은 있는 집도 팔아서 '1가구 1주택'이라는 '프로크루스테스의 침대'에 억지로 맞춰지도록 했다.

많은 이들이 조국 사태에 대해 86들이 기득권층이 되었고, 기득권을 버리기 위해 더 철저해야 한다고 반성했다. 또 많은 이들이 주택가격 폭등의 대응 실패는 자본주의 사회에서 당연한 재산 증식 욕구를 부정했기 때문이라고 했다. 둘 다 적절한 비판이지만, 그렇다면 우리는 언제는 더 철저히 가난한 자에 편에 서야 하고, 또 언제는 중산층 이상의 마음을 대변해야 할까? '국민이 주인인 정부'에서 '국민'은 어떤 경우에, 어떠한 양태로 변하게 되는 걸까?

문제는 '국민'을 '기득권 엘리트'의 대척점에 선, 궁극적으로 단일한 집단으로 전제하는 정치관이다. 86을 중심으로 한 민주당 정치인들은 자신들이 국민·서민·민중에 속하기 때문에 그들을 대변할 자격이 있다고 믿는다. 이것을 버리지 않는 한 우리는 사모펀드 불법투자와 입시비리는 서민도 할 수 있는 범죄라고 우겼다가, 양질의 주택을 바라는 사람은 모두 스크루지라고 우겼다가 하는 모순의 늪에서 빠져나올 수 없다.

문제는 '대표'에 대한 관점이다. 86 정치인들은 서민도 아니고 민중도 아니다. 그들이 초심을 잃었다거나 기득권층이 되었다는 비판이 아니다. 현대 대의제 민주주의 정치에서 대표자는 유권자와는 늘 다르고, 유권자는 다양하다. 이런 대표자와 유권자의 차이는 민주주의의 긴장과 경쟁을 만든다. 대표자가 권력을 유지하기 위해 이 긴장을 좁혀가며 변화하는 과정, 그리고 그 변화를 이루지 못한 대표자가 탈락하고 새로운 대표자가 유입되는 과정이 선거민주주의의 공간이다.

물론 86들도 유권자의 눈치를 본다. 그러나 당장의 선거전략에 머무는 경우가 허다하다. 장기적으로, 정치세력인 정당이 어떤 유권자를 어떻게 포섭해서 집권할지에 대한 고민은 부족하다. 기득권 엘리트를 청산하고 국민들이 진정한 이익을 깨달으면 '국민과 함께' 자신들이 권력을 계속 갖게 될 것이라 여기는 특이한 낙관주의가 있다.

그것이 역사의 순리이고, 자신들이 역사의 주인공이라는 것이다. 그래서 3년, 5년의 계획을 방기하면서, '100년 정당'이 될 거라 진심으로 믿는다. 그러나 역사가 어떻게 될지, 우리가 역사의 주인공일지 '빌런'일지는 말 그대로 역사로 기록될 때까진 아무도 자신할 수 없다.

역사에 대한 낙관은 때론 세계를 바꾸기 위한 냉정한 계산을 대신하는 '근자감(근거 없는 자신감)'이 되기도 한다. 또 선진자본주의–민주주의 국가로서 터져나올 수밖에 없는 복잡한 이해관계들과 다양한 차원의 불평등을 다룰 능력이 부족하다는 데서 오는 두려움이기도 하다. 근거 없는 낙관과 비관은 원래 동전의 양면이다. 그들은 어쩌면 2020년대의 정치에 아직 뛰어들지 못한 채, 정치적·경제적·사회적으로 결손국가였던 1980년대의 조국에 머무르며 정상국가의 꿈을 꾸고 있는지도 모른다.

86들은 노무현과 문재인 정권 시기를 통해 권력을 키웠다. 그리고 정권이 끝날 때마다 그들은 좋은 평가를 받지 못했고, 물러나야 한다는 지적도 나왔다. 그들이 너무 진보적이기 때문일까? 그들더러 '빨갱이' 반체제세력이라고 비판하는 보수언론과 기득권세력 때문일까? 민주당 정치인들에게만 편파적인 검찰 수사 때문일까? 모두 사실이다. 그러나 이런 탓만 하기에는 국민들은 그들에게 적지 않은 기회와 힘을 주었다. 86들끼리 위로하고 격려하는 명분은 되겠지만, 아직 힘이 부족해 기득권 엘리트에 억눌려 86의 정치를 보여주지 못했다는 그들의 변명에 유권자들은 별로 공감하지 않는 듯하다. '더 열심히 하겠다'는 열의가 아니라, 걸어온 방향이 무엇이 잘못되었는지 돌아봐야 할 때다. 86 스스로를 위해서도 말이다.

이 책은 86들의 정치적 일대기를 다룬다. 1장에서는 결손된 조국에서 태어난 86들이 유년기에 어떤 콤플렉스와 세계관을 갖추게 되었는지를 본다. 2장은 청년이 된 86들이 왜 어떻게 86포퓰리즘적 세계관을 갖게 됐는지를 추적한다. 86포퓰리즘이 어떤 내용인지가 궁금하다면 4장부터 읽어도 좋겠다. 3장에서는 86포퓰리즘이 다른 정치적 주장, 특히 일반적인 대의제 민주주의 이론과 어떻게 다른지를 따졌다.

1987년 6월항쟁을 전후한 86포퓰리즘의 짧은 전성기는 4장에서 다룬다. 5장은 86포퓰리즘의 실패 후 제도정치권에 진입한 86들이 겪은 실패담이다. 6장은 노무현 서거 후 86들이 포퓰리즘적 세계관을 '반적폐 포퓰리즘'으로 업데이트해 정권창출에 성공했지만 또다시 실패하는 이야기다.

독자들에게 헛된 기대라도 불어넣어 책을 팔아야 하는 게 작가의 숙명이지만, 나는 조금 양심이 있는 편이라 독자들이 잘못된 기대를 갖고 책을 구매하면 어쩌나 하는 기우가 있다. 그래서 변명을 좀 하려고 한다. 이 책은 86들이 용퇴해야 한다는 내용은 아니다. 오히려 '그냥 서로가 싫다'로까지 수준이 낮아지고 있는 용퇴론의 수렁에서 정치를 구출하려는 것이다. 86 용퇴론을 1960년대생을 대표하는 몇몇 정치인의 거취 문제로 보지 않을 때, 우리 정치가 반성을 시작할 실마리를 찾아낼 수 있다.

또 하나의 걱정은 '86포퓰리즘'이라는 표현이 86 정치인에 대한 무조건적인 비난이라는 오해다. 포퓰리즘에 대한 평가는 다양하다. 개인적으로는 포퓰리즘이 특정한 계기에서 민주주의의 심화에 기여할 수 있다는 샹탈 무페와 에르네스토 라클라우Ernesto Laclau의 설명에 공감한다. 포퓰리즘은 대중의 불안이 크게 쌓인 특정한 시기에 그 불안을 모아내 헤게모니를 재구성한다는 것이다. 86포퓰리즘은 우리 민주주의가 발전하는 데 엄청난 기여를 했다. 그러나 포퓰리즘의 이분법적 세계관은 민주주의의 '일상'과는 어울리지 않는다. 86들의 몸에 밴 포퓰리즘적 세계관은 2020년대에 필요한 민주적 해답을 내놓지 못하고 있다.

이 책은 실패한 업무에 대한 뒤늦은 시말서다. 박지현 공동비대위원장이 '586 용퇴론'을 외치고 86 정치인들이 회의장을 박차고 나간 날이었다. 그 둘에 낀 세대인 나는 일종의 통역가로서 공동비대위원장 정무조정실장으로 임명된 것이었겠지만 솔직히 나는 완전히 실패했고 포기했다. 그 간극은 나 하나 재간을 부려 좁히기엔 너무 근본적인 것이었다. 우리가 공들여 쌓아온 탑은 무너질 운명의 바벨탑이었을까? 그날따라 간이책상이 달린 접이식 의자가 유독 형틀처럼 느껴졌다. 나는 어디로 가서 무엇을 해야 할지 알 수 없었다. 나는 꾸역꾸역 일어나 이 커다란 실패의 시말을 따져보기로 했다. 이렇게 다 함께 주저앉을 순 없다는 절박한 마음으로 말이다.

주석

1. 신진욱, 《그런 세대는 없다》, 개마고원, 2022, 264쪽.
2. 김정한, 《대중과 폭력》, 후마니타스, 2021, 8쪽.
3. 정근식, 〈학생운동 연구를 위한 방법론적 모색〉, 이호룡·정근식 엮음, 《학생운동의 시대》, 도서출판 선인, 2013, 21~22쪽.
4. 민주주의 공고화는 어느 누구도 정치권력을 잡기 위해 민주적 제도를 벗어나지 않으며, 오로지 그 제도 안에서의 경쟁만을 시도하게 되는 것을 뜻한다. 한국 민주주의가 공고화되었는지, 그 시점은 언제인지는 논쟁적인 부분이 있고, 특히 86들은 한국 민주주의가 지금도 공고하지 못하다고 보는 경향이 있다. 하지만 1997년 평화적 정권교체가 한국 민주주의 공고화의 중요한 분기점임은 이론의 여지가 없다.
5. 조성대·최상명, 〈86세대와 세대단위로서의 학생운동가 집단: 민주화 30년과 세대효과〉 《민주사회와 정책연구》 제33권, 2018.
6. 샹탈 무페, 《좌파 포퓰리즘을 위하여》, 이승원 옮김, 문학세계사, 2019, 전자책.

1장

박정희의 아이들

: 정상국가 콤플렉스

결손된 조국

역사학자 유선영은 한국 사회가 생존의 위협과 그로 인한 존재적 불안정성을 집단적으로 경험했던 사회라고 설명하며, 이 집단적 경험을 '식민지 트라우마'라고 이름 붙였다. 20세기 전반기의 식민지배, 태평양전쟁과 한국전쟁은 사람들의 영혼과 심리를 잠식하고 불안에 상시적으로 빠지게 했다.[1] 한국인들의 연대와 분노, 저항은 사상과 이론 이전에 존재적 불안감을 야기하는 현실에 대한 감정적 반응이다.[2]

한국의 근대는 서구 열강과 일본의 군사력과 기술, 국력에 압도당하는 것으로 시작했다. 그렇기에 한국의 근대화는 위기의 국가를 일으켜 세우고 독립을 위해 일본과 서구에 맞설 물질문명을 이룩하는 것이었지, 개인의 권리를 깨닫고 이를 이룰 수 있는 정치체제를 만들어내는 것이 아니었다. 그것은 부국강병을 위해 자신과 민족을 각성시켜야 한다는 계몽과 교육이었다. 민족성 개조와 자기 혁신의 고통은 물질적 성취와 세계적 보편성을 획득하는 해피엔딩으로 종결되어야 했다. 이것이 식민시기로부터 이어지는 민족주의 내러티브의 핵심이다.[3]

이러한 트라우마는 조선인들에게 분열된 정체성을 갖게 했다. 조선인은 근대인인 동시에 전근대인이고, 서구 및 일본이라는 규범과 식민지 조국의 현실을 동시에 품어야 하는 콤플렉스적 존재가 된다. 식민지배로부터 해방되었지만 그것은 온전히 민족의 힘에 의한 것이 아니었고, 곧 분단과 전쟁으로 이어졌다. 이러한 해방전후사는 한국인들에게 국가와 민족이 온전치 못한 '결손국가'라는 인식을 더욱 강화시켰다.

분단의 고착화는 한국인들의 '정상국가 콤플렉스'를 장기적인 정치 프로젝트로 바꾸는 역할을 했다. 민족주의적 입장에서 볼 때 1948년 8월 15일 탄생한 남한은 통일국가가 아니라 분단국가였다는 점에서 불완전한 근대 국민국가이다. 한국인들은 정상국가에 대한 민족적 콤플렉스를 바탕으로 하여 근대 국민국가의 완성을 지상과제로 삼게 되었다.

1960, 1970년대에도 정상국가 콤플렉스는 오히려 굳어져갔다. 이를 극복하기 위한 본격적인 수단이 실현되며 국민 총동원이 이뤄졌다. 재건을 통해 민족중흥을 이룩하는 것을 집권의 명분으로 삼았던 박정희는 콤플렉스 극복의 화신이었다. 그 시기 어린 시절을 보낸

86들은 정상국가 콤플렉스를 몸으로 느꼈으며, 민족중흥의 주체로서 이 콤플렉스를 극복해야 한다는 걸 끝없이 주입받았다.

86들의 역사 교과서라고 일컬어지는 《다시 쓰는 한국현대사》의 집필 후기에서 저자 박세길은 정상국가 콤플렉스를 직설적으로 토로한다.

> 가난하고 힘없는 나라, 그나마도 반쪽으로 쪼개져 서로 총구를 겨눈 채 항상 전쟁의 위협에 시달려야 하는 지독히도 복 없는 땅 한반도, 바로 이곳에 저는 재수 없이 던져졌다고 생각한 것입니다. '바다 건너 미국은 땅도 넓고 자원도 풍부하고 신의 축복이 그득히 내린 곳이라고 하는데, 내가 태어난 곳은 하필이면 왜 이런 곳이란 말인가.'
>
> 참으로 슬픈 이야기지만 저는 저주스러운 이 운명의 사슬을 끊어버리고자 몸부림쳤습니다. 천대받는 농사꾼의 신분을 내던지기 위해 명문대학 진학을 꿈꾸었고, 축복받는 종족의 가면을 빌려 쓰고자 해외유학이라는 원대한 포부를 부둥켜안았습니다. 그래서 저는 열심히 공부했고 드디어 그 첫 관문을 통과하는 데 성공했습니다.
>
> 그러나 대학 진학이라는 바로 그 관문을 통과하자마자 저는 심각한 혼란에 빠져들고 말았습니다. 길게 이야기할 것 없이 현실의 온갖 모순과 부조리를 발견하게 된 것이지요. '내가 꿈꾸던 삶은 부조리로 가득 찬 이 세상에서 흉악한 악역을 맡는 것에 불과하구

나.' 결국 저는 고통스러운 방황의 길을 걷기 시작했습니다.

혼란 속에서 헤매던 제가 새롭게 태어난 것은 우리 민족의 살아 있는 숨결인 현대사를 접하게 되면서부터였습니다.[4]

박세길은 천대받는 신분과 가난의 문제를 개인의 탓이 아닌 힘없고 가난한 나라 탓으로 인식한다. 그 인식은 반쪽으로 갈라져 전쟁의 위험에 시달린다는 지정학적 위기로까지 이어진다. 그리고 결핍된 조국의 반대말은 '미국'이다. 박세길은 개인적 노력을 통해 콤플렉스를 극복하려 했지만, 결국 민족사적 문제를 해결해야만 근본적인 해결이 가능하다는 결론에 다다르게 된다.

《다시 쓰는 한국현대사》의 내용은 결손국가가 된 과정을 근대 초기부터 분석하고, 이를 위한 민족적 해결방안을 모색하는 것이다. 박세길은 "대한민국은 민주의 폐허 위에서, 난자된 주권의 시체 더미 위에서, 그리고 미국의 사생아로서 오욕의 운명을 안은 채 태어나게 되었다"[5]며 온전한 주권국가가 아닌 조국의 현실을 강렬하게 서술한다. 정상국가 콤플렉스에 기반한 이러한 박세길의 서술은 86들에게 굉장히 강한 보편적 호소력이 있었고, 전문 연구자의 책이 아님에도 《다시 쓰는 한국현대사》는 86들 사이에서 절대적 권위를 갖게 된다. 그런 만큼 86들에게는 보편적으로 정상국가 콤플렉스에 대한 공감대가 있었다.

우상호는 국회의원이 된 후인 2004년에 쓴 자서전에서, 유년기에 시작한 정상국가 콤플렉스가 1980년대 한국 현대사 학습 과정에서 가슴 아프게 떠올랐던 기억을 이야기한다.

> 해진 옷에다가 고무신이 벗겨지는 데도 연신 미군 트럭 뒤를 따라 가던 열서너 명의 아이들이 간절히 바라던 것은 미군들이 먹던 씨레이션 찌꺼기였다. (중략)
> 하지만, 대부분은 목메어 소리지르는 어린 녀석들을 가리키면서 자기네끼리 뭐라고 떠들다 웃는 경우가 많았다. 또 어떤 미군은 자기가 씹던 껌을 뱉아 주고는 자지러지게 웃기도 했다. 미군들 중에는 주로 여자아이들에게만 씨레이션을 던져 주는 병사들이 많았다. 그래서 이런 특성을 간파하고 한두 살짜리 여동생을 안고 뛰는 약삭빠른 녀석도 있었다. (중략)
> 나중에 한국의 현대사 공부를 할 때, 60년대의 원조경제와 미국의 대 한반도 정책을 토론할 때면, 나는 이 장면이 떠올라서 침묵했다. 재미있게만 추억했던 그 장면이 부끄러웠다. 그리고 한편으로는 그 가난했던 이웃들의 모습이 떠오르면서 가슴이 아팠다. 분단과 전쟁, 그리고 그 전쟁이 남긴 가난 속에서, 미국을 향해 손을 내밀어 원조를 구걸하며 비굴하게 웃어야 했던 우리들의 60년대가 어찌 먼 과거일 수가 있겠는가.[6]

우상호의 회고 속에서도 생존을 위해 구걸을 해야 했던 개인의 경험은 국가 차원의 원조경제와 겹쳐진다. 그리고 여기서도 조국의 반대편에는 미국이 있고, 전투식량 꾸러미인 "씨레이션"을 던져주며

구호와 조롱의 양면을 보여주던 미군은 그 체현으로 등장한다. "재미있게만 추억했던" 개인적 가난은 국가와 민족의 문제가 되면서 '부끄러움'과 '가슴 아픔'의 문제가 된다. 그리고 지나간 과거가 아닌 현재진행형의 문제가 된다. 개인의 문제가 아니기 때문에, 명문대를 가고, 심지어 국회의원이 되어도 콤플렉스는 극복할 수는 없고 여전한 정치적 과제로 남을 뿐이다.

정상국가 콤플렉스는 국가 인식을 분열시킨다. 현실의 '결손국가'와 별도로 이상적인 '정상국가'를 상정하게 한다. 콤플렉스는 두 개를 통합시키려는 노력이지만, 이는 좀처럼 이룰 수 없다. 현실의 어떤 나라도 '정상국가'가 될 수는 없기 때문이다. 그래서 늘 어딘가 부족하고, 부당하고, 제대로 굴러가지 않는 나라에 살게 된다.

콤플렉스는 언제 해소되는가? 가난이 콤플렉스라면 돈이 많아지는 것, 나처럼 비만이 콤플렉스라면 살이 빠지는 것, 그러니까 콤플렉스의 원인인 객관적 상황이 해소되는 게 물론 중요할 것이다. 하지만 외부의 상황이 개선된 이후에도 콤플렉스 때문에 객관적으로 판단하지 못하는 경우를 우리는 주변에서 흔히 볼 수 있다. 게다가 분단은 해소되지 않은 채 사실상 두 개의 나라로 굳어지는 중이니 결손국가라는 콤플렉스를 유지할 만한 충분한 소재가 된다.

'나라 만들기'의 문제

한국인들의 분열된 국가 인식은 정부government와 '우리'라는 공동체community 간의 불일치로도 이해할 수 있다. 역사학자 이하나는 미국인들이 그들의 정부에 충성을 표하는 반면, 한국인들이 충성을 표하는 대상은 항상 '우리'라는 공동체라고 지적한다.[7] 그렇기 때문에 한국인의 마음속에 '우리나라' 혹은 '대한민국'은 통합된 하나가 아니다. 그것은 정부이기도 하고, 한민족 전체이기도 하고, 한반도이기도 하고, 때론 기득권세력을 제외한 '민중'만이기도 하다.

대한민국 국민들은 같은 정부 아래에서 살고 있지만 공동체로서의 우리나라에 대한 인식이 서로 달랐다. 그러다보니, 결손국가를 극복하고 정상국가를 이루기 위해 제시되는 방안도 서로 달랐다. 분단과 단독정부 수립 논쟁은 이런 상이한 '나라 만들기nation building' 방식에 대한 다툼이 가장 극단적으로 치달았던 순간이자, 이후 긴 다툼의 시작점이기도 하다.

단독정부 수립은 나름의 현실성을 가진 방안이었지만, 긴 세월 동안 통일국가를 유지해온 한민족으로서는 이는 쉽게 받아들일 수 없었다. 이승만의 단독정부 주장에 맞서 김구 등은 반대 입장을 분명히 하면서 '남북 총선거에 의한 자주독립의 통일정부'를 주장했다. 하지만 많은 노력에도 통일정부 수립은 무산되었고 한반도는 대한민국과 조선민주주의인민공화국이라는 두 개의 국가로 분단되었다.

이러한 '나라 만들기'에 대한 입장 차이는 한국 정치에서의 보수와 진보 집단 간 균열의 기원이 되었다. 한쪽에서는 민족적 정체성을 뛰어넘는 통일국가의 수립을 추구했고, 다른 한쪽에서는 체제적 정체성을 보다 중시하는 단독정부의 수립을 추구했던 것이다. 다시 말해 문화적·혈연적·언어적 정체성을 강조하는 세력과, 현실적·체제적 요인을 강조하는 세력 간의 균열이 만들어진 것이다.[8]

이승만 등 지배세력은 남한의 조선인들에게 38선 이남의 대한민국 국민으로서 정체성을 갖게 하는 것이 시급했다. 동시에 지배의 정당성을 획득하기 위해 북쪽의 민족과 통합해 통일된 정상국가를 만드는 것을 최소한 겉으로는 표방해야 했다. 지배세력에 대항하는 세력은 지배세력의 '나라 만들기' 전략의 허구성을 폭로하며 대안적 '나라 만들기' 전략을 제시해왔다.

정부 수립 과정에서 분단국가로의 고착화를 우려한 세력들은 남한만의 국가 건설을 반대했다. 식민지에서 갓 벗어난 한국이 가지고 있는 자원은 통일된 나라를 만들겠다는 이념적 자원뿐이었지만, 그나마 민족주의라는 이념적 자원을 초대 정부 탄생 단계에서부터 충분히 흡수하지 못하게 되었다. 여기에 친일파 청산을 시도했던 반민특위의 좌절은 남한 정부의 이념적 정당성을 더욱 취약하게 했다.[9]

민족주의를 흡수하지 못한 대한민국의 취약성은 한국전쟁 이후 본격화되었다. 국가는 자신의 취약성에 대해 항상 위기의식을 가졌다. 그리고 이를 의도적으로 감추기 위해 과도하게 국가권력을 행사하는 경향이 있었다. 결국 국가권력의 피해자가 된 국민들에게 국가는 전제적이고 억압적인 존재로 비치게 되었다.

국가폭력에 대한 공포와 피해의식은 정권교체뿐 아니라 아예 다른 구성의 새로운 나라를 만들어야 한다는 민족주의적 열망으로도 분출된다. 제도권의 지배세력이 극단적인 국가주의를 부르짖을수록 국가 밖에서는 민족주의에 기반한 새로운 '나라 만들기'의 열망이 갈수록 커지게 되었다.[10]

86들도 새로운 '나라 만들기'에 몰두했다. 그들이 맞서 싸운 전두환 정권의 문제는 단지 정당한 국가에 부정한 대통령이 얹혀 있는 문제라거나, 그 대통령을 선출하는 선거제도만의 문제는 아니었다. 오히려 정당성이 없는 전두환 같은 자가 권력을 잡을 수 있는 건 완성되지 않은 '나라 만들기'의 귀결이었다.

박정희의 아이들

86들의 정치관 형성에 가장 큰 영향을 준 인물은 동시대 정치인이나 지식인도 아니고, 카를 마르크스도 물론 아니고, 김일성도 아마 아니고, 어쩌면 박정희일 것이다. 그들의 유년 시절을 내내 지배한 박정희는 86들이 국가의 역할을 이해하고 공적 자아를 형성하는 방식 자체를 결정했다. 물론 86들은 박정희와 반대 방향으로 나라를 만들어나가고자 전력을 다해 뛰었지만, 뛰는 방법과 호흡법은 꽤나 닮아 있었고 결국 도달하고자 하는 목적지도 어쩌면 비슷했을지도 모른다.

쿠데타로 집권한 박정희는 어떻게 집권의 명분을 쌓고 선거를 통해 대통령이 될 수 있었을까? 그는 국민들의 정상국가 콤플렉스를 자극했다. 근대화를 국가 이데올로기의 근간으로 삼고, 오래 묵은 민족적 모욕과 국치의 기억, 감정을 떠오르게 했다. 그리고 그 전략은 성공했다. 박정희 체제는 한국사 전체를 퇴영, 조잡, 침체의 연쇄로 규정했고 국민성의 내면이 사대주의, 자주성 결여, 게으름, 불로소득 추구, 개척정신과 기업정신 결여, 악성 이기주의, 명예 관념 결여 상태라고 매도했다. 민족의 결함을 자극하는 것은 오래 가난과 정치적 억압, 식민지배를 경험한 국민에게 감정적으로나 논리적으로나 설득력이 있었다. 수탈과 억압, 소외로 점철된 피식민지민의 상처와 기억을 건드리면서 국민성을 개조하는 데서부터 민족국가 건설이 시작되어야 한다는 논리가 구축되었다.[11]

박정희 체제는 한국 사회 전체가 가진 정상국가 콤플렉스, 미뤄진 근대화에 대한 열망에서 시작했다. 박정희 체제는 이것을 국가 차원의 구체적인 프로젝트로 구성하고 강력하게 추진했다. 근대화에 대한 열망을 전국민의 실천 프로젝트로 전환한 것이다. 근대문학을 연구한 권보드래 등은 식민지 시대에 '독립'이라는 말이 개인과 공동체 수준에서 크고 작은 욕망을 포괄했듯이, '근대화'와 '발전'이 모든 사람의 욕망을 모여들게 하는 소실점 역할을 했다고 지적한다. 근대화가 더는 소수 엘리트나 특정 영역에 국한된 현상이 아닌 전 사회적 현상이 되면서 모든 주민 집단의 삶과 의식을 뒤흔들게 된다.[12]

박정희가 강조한 재건국민운동은 과거로부터의 철저한 단절로부터 시작한다. 박정희에게 '재건'은 제1공화국과 제2공화국의 '구태'를 벗어버리는 것이며, 구세대와 완전히 결별하는 새로운 세대를 출발시키는 것이었다.[13] 재건국민운동은 국민들이 생활에서부터 '구체적 실천'에 따르면 국가를 '환골탈태'할 수 있다는 논리를 제기했다. 국민 각자의 행동이 '나라 만들기'를 완성한다는 이런 논리는 국민 한 명 한 명을 '민족중흥의 일꾼'으로 호명했고, 모든 국민이 국가와 민족의 관점으로 생각하고 행동해야 한다고 가르쳤다. 개인의 과업이 민족과 국가의 과업과 일치하는 주체를 만들고자 한 것이다.

그런데 분단국가의 지도자로서 박정희는 '나라 만들기'에 앞서 '우리나라'가 어디까지이고, 국민은 누구인가 하는 문제를 먼저 풀어야 했다. 탈식민과 전쟁, 내전을 겪은 많은 신생독립국에서 근대화를 목표로 내세운 권위주의적 정부가 등장했다. 이들은 대체로 박정희와 비슷하게 민족주의를 내걸고 근대화를 통치 목표로 삼았다. 그러나 분단 현실에서 남한에 살고 있는 국민만 민족주의의 대상으로 할지, 북한 주민까지 포괄해야 할지는 대한민국 지도자에게만 주어진 특이한 질문이었다. 우리가 재건할 민족은 한민족 전체인가, 남한 국가만인가?

박정희의 선택은 후자였다. 박정희는 더 철저한 반공을 통해 북한을 완전히 배제하는 '나라 만들기'에 몰두했다. 박정희는 반공법을 제정하고 북한은 물론 '국가의 안전을 위태롭게 하는 공산계열 전체의 활동'을 봉쇄하기에 이른다. 이때 '공산계열'이란 공산주의를 철저히 반대하지 않는 모든 세력을 의미했다. 결국 '철저한 반공'이란 '적

을 반대하지 않는 모든 이는 적'이라는 논리로 발전한다.[14]

북한을 배제한 '새로운 한민족'은 수천 년간 이어온 한민족과 같으면서도 또 새로운 민족이었다. 새로운 한민족은 냉전시대에 자유주의 진영의 일부인 민족이어야 했다. 박정희 정권은 외세에 의한 예속을 경계한 다른 개발도상국의 민족주의와 달리 한일기본조약 체결이나 미국에 요청에 따른 베트남전 파병 등을 통해 '자유진영'의 일원으로서 새로운 민족적 정체성을 형성하려고 했다.

'민족'에 대한 서로 다른 인식끼리 경쟁하는 상황에서 박정희 정권은 한민족 전체를 대상으로 '나라 만들기'를 완성해야 한다는 사람들의 저항을 받게 된다. 박정희의 '자유진영의 일원으로서 근대화를 완성하는 민족' 담론은 근대화의 어두운 이면이 드러날 때마다 정당성을 위협받았다. 민족을 훼손하거나 민중을 수탈하지 않고도 근대화를 할 대안은 있다는 것이다. 또 한일관계가 가까워질수록 재식민지화에 대해 공포도 되살아났다.

박정희식 '민족'이 완성되기 위해선 한반도 전체가 한민족이라는 개념은 억압되어야 했다. 결국 박정희는 '자유진영의 일원으로서의 새로운 민족'을 완성하기 위해, 자유를 억압하는 지경이 되었다. 박정희는 근대화론으로부터 자유주의와 개인주의를 떼어낸다.[15] 개인적 이해관계보다는 민족중흥의 과업을 중요하게 여기는 국민, 박정희식 근대화에 순응적으로 따라줄 국민을 새로 발명해야 했다. 박정희는 1960년대 후반부터 한국사에서 민족중흥, 국난극복의 사례와 인물을 적극적으로 발굴하며 민족국가와 개인을 일치시키고자 했다.

새마을운동은 사회적 인프라를 정비하는 운동이기도 했지만, 무엇보다 새로운 국민을 만들기 위한 대중적 교육이었다. 박정희 정부는 새마을운동의 목적·의의·필요성을 교육하면서 국민들의 인지 구조를 바꾸고, 나아가 국가 건설에 동참시키려 했다. 1972년부터 1979년까지 각종 합숙교육을 받은 사람이 67만 7900명에 달하고, 비합숙교육 연인원은 6953만 3000명이라는 천문학적 수이다. 한국 국민은 1인당 평균 2회 정도의 비합숙교육을 받은 셈이다. 요컨대 유신체제는 새마을운동을 통해 광범위한 국민교육 시스템을 창출하려고 했다.[16]

개인이 국가의 체현이라면, 당연히 각자 다르게 다양한 모습으로 존재할 수는 없다. 박정희는 쿠데타 초기부터 '국민총화'를 강조했다. 학벌과 문벌, 각종 파당의식과 교파의식을 비판하며 종친회, 문중회, 화수계(친족끼리 하는 계)는 물론이고 향우회, 도민회, 군민회 및 각종 학회나 클럽마저 파당을 형성해 국민을 분열시킨다고 비판했다. 개인은 국가의 일부로서, 신체의 각 기관들처럼 제 역할을 하기 위해 존재했다. "유기체적으로 통합된 민족"이라는 신화에 고착된 박정희식 사고로는 사회적 갈등과 적대를 받아들이기 힘들었다.[17]

정치학자 전인권은 이런 박정희의 정치사상을 절차적 성격을 찾아볼 수 없는 "실체적 공동체 윤리"의 체계라고 설명한다. 그는 이 윤리체계의 특성이 첫째, 국가와 같은 공동체에 실체적 윤리성을 부여하는 것이고, 둘째, 개인은 윤리적 행동을 통해 윤리성을 갖는 단체에 기여해야 한다는 것이라 설명한다. 여기서 개인은 국가나 가족과 같은 공동체에 윤리적으로 종속된 존재이며, 타인과 국가에 대해 윤리적 책무를 다할 때 존재의의를 갖게 된다.

전인권은 박정희의 정치사상을 일본의 군국주의를 연구한 정치학자 마루야마 마사오丸山眞男의 분석을 빌려 설명한다. 마루야마는 유럽식 근대국가가 법체계 내에 존재하는 중립적 국가인데, 일본의 군국주의는 진선미 등 내용적 가치를 담지하는 윤리적 실체라고 말했다. 이런 체제에서는 모든 인민이 천황을 정점으로 도덕적 상하관계를 연속적으로 유지하며 상호의존한다. 서양의 근대국가는 '짐은 곧 국가다'라는 전근대적인 국가관에서 '질서의 유지 또는 기술적인 법체계의 행사'라는 기능적 존재로 발전해갔다. 반면 일본의 국가는 정당성의 기준을 내부에 가지고 있는 윤리적 실체이므로, 민주주의 절차에 의해 국가 밖에서 강제하는 기준에 따르지 않게 된다. 즉, 국가의 국체는 그 존재 자체로 진리이며 진선미의 극치다.[18]

이승복의 친구들

1958년생으로 1980년대 학생운동에 열심히 참여했던 전인권은 본인과 동시대 남성들을 연구한 자전적 연구인 《남자의 탄생》을 통해 '진선미의 극치로서의 국가'가 개인과 어떻게 연관 맺는지까지 고민을 이어나간다. 전인권은 1960년대 유년기를 보낸 남성들이 권위주의와 자기애라는 동굴에 갇혀 주변을 제대로 보지 못하는 '동굴 속 황제'라고 평가한다. 동굴 속 황제는 판단 없이 무조건적인 사랑을 주는 모성의 공간과, 가부장과 국가를 거쳐 단일한 권위를 받아들이는 부성적 질서라는 이중적 공간에서 만들어지는 존재다. 전인권은 이들의 본질적 특징은 모든 인간관계를 진선미의 우열에 따라 상하의 신분관계로 상정하는 '신분적 인간'이라고 주장한다. 그래서 그들은 스스로 쟁취했다고 믿는 범위 내에서는 자신을 '진선미의 화신'이라고 생각하며, 자신의 우월함을 타인에게 강요하거나 타인으로부터 인정받으며 심리적 영역을 넓히려 한다. 신분관계에서의 위치를 점차 올리는 것이다.[19]

전인권은 '동굴 속 황제'들이 '확대된 자아'를 갖고 있으며, 그 확대된 자아를 더욱 확장하려고 한다고 지적한다. 무슨 일이 잘되면 "자아가 확장되는 것 같은 느낌을 받는다"는 것이다. 그들은 무엇인가 일단 손을 대었다 하면 자신의 소유물처럼 생각한다. 그리하여 고향도, 대한민국도, 출신 학교도, 가족도, 직장도 내 것으로 여기며 심리적 영토를 넓히려고 한다.

스스로를 '진선미의 화신'으로 여기는 게 무엇인지를 잘 보여주는 일화는 우상호의 자서전에서 찾을 수 있다. 우상호는 대학 시절, 학교에서 '스킨십'을 하는 학생들을 사적 제재한 이야기를 재미있는 추억으로 털어놓는다.

술을 몇 잔 걸치다가 어떤 녀석이 이맘때쯤 학교 뒷산에 가면 연

놈들이 쪽쪽대는 소리에 앉아 있을 수가 없다는 이야기를 했다.
(중략)
야, 이건 참을 수 없는 일이다. 학교를 윤락가로 만드는 그런 놈들로부터 진리와 자유를 지키는 것이 이 시대의 정의가 아닌가? (중략)
그런 식으로 한참을 올라갔더니 제법 깊은 산 속 후미진 곳에서 이상한 자태가 보이는 것 아닌가?
우리는 벽력같이 소리를 지르며 적진으로 돌진했다. 먼저 손전등을 남자녀석의 얼굴에 들이대어 꼼짝 못하게 하였다. 당황한 여자는 모른 척하고, 녀석을 다그쳤다. (중략)
신성한 학교를 지키는 우리로서는 이런 행위를 도저히 용납할 수가 없다. 경고의 의미로 징벌을 내릴 테니 다시는 이런 일이 없도록. 알겠나?
그리고는 녀석으로 하여금 엎드려뻗쳐를 하게 하고 엉덩이를 한 대 내리치는 것이었다. 밤하늘에 울려 퍼지던 짝! 하는 소리가 참으로 통쾌했다.[20]

성에 대한 사회적 가치관이 지금보다 보수적이었다는 걸 감안하더라도, 우상호의 행동은 다소 기이하다. 우선 술 마시다 말고 "학교를 윤락가로 만드는 그런 놈들로부터 진리와 자유를 지키는 것"이 "이 시대의 정의"임을 자의적으로 정의한다. 성매매를 뜻하는 윤락과 합의하의 스킨십을 구분하지 않는 것은 둘째 치고라도, 대체 스킨십을 방해하는 것이 진리와 자유와 무슨 상관이 있는지 납득하기 어렵다. 심지어 눈앞의 부정의한 상황을 보고 분노한 것도 아니고, 굳이 그 장면을 찾기 위해 산에 오르기까지 한다. 술 먹고 밤에 산을 오르는 건 꽤나 힘든 일인데도 말이다.

윤리적 판단을 독점할 수 있는 진선미의 화신으로 자임하기에, 특정한 행동이 부당한지를 판단할 자격이 생긴다. 우상호는 여기서 판단하는 데 그치지 않고 징벌로서의 폭력을 행사하는 권력까지도 보여준다. 그는 스킨십 단속에 걸린 남성에게 체벌을 가하는데, 그때의 느낌이 "통쾌"했다고 이야기한다. '동굴 속 황제'의 자아가 확장되는 순간이다.

'동굴 속 황제'의 신분계통도에서 국가는 핵심이었다. 전인권은 국가를 중심으로 자신의 신분적 위치를 상상했다고 고백한다. 그는 미군 포탄 탄피로 만든 재떨이를 쓰는 아버지를 보며 본인과 아버지, 국가와 세계를 유치하게 상상한 '재떨이 고고학'을 드러낸다. 그가 창안한 계통도는 30~40억 세계 인구를 반으로 나눈 다음, 한쪽은 좋은 나라, 다른 쪽은 나쁜 나라로 나누고 있었다. 유엔을 주축으로 해 공산주의와의 대결을 전제한 것이다. 그리고 유엔 사무총장과 미국 대통령을 정점으로, 군사적 서열에 따라 박정희 대통령을 거쳐 아버지와 그 말단의 '나'를 위치시킨다.

그는 이 계통도의 일원이 되기 위해 먼저 국가의 뜻을 본인의 뜻으로 온전히 받아들여야 했다고 밝힌다. 세상 속에서 동굴 속 황제가 되는 길은 맨 먼저 스스로 낮추어 "국가여! 저를 동원해주세요"라고

우 탄트 유엔(UN) 사무총장

존슨 미국 대통령

박정희 한국 대통령

김종필 또는 정일권 국무총리

대한민국 육군참모총장

아버지

나

신분계통도[21]

말하는 신하가 되는 것이었다. 신하가 되어본 자만이 황제가 될 수 있기 때문이다. 그런 의미에서 이 계통도는 나의 '사회적 정체성social identification'을 가장 잘 나타내는 그림이었다.

동굴 속 황제의 사회적 정체성은 군사적 방식으로 규정되었다. 동굴 속 황제는 세계질서 속에서 자신의 위치를 결정지으려고 했다. 전인권은 그것이 자신의 아주 끈질긴 욕망이자 염원이었다고 고백한다. 그가 그토록 열심히 유엔과 세계질서를 생각했던 데에는, 유엔도 유엔이지만, 아버지 그리고 나 자신에 대한 사랑이 큰 역할을 했다고 이야기한다. 세상 사람들이 모두 민주주의와 공산주의로 나누어지는 상황에서 어딘가에 속해야만 목숨을 지킬 수 있었기 때문이다.

1960년대 유년기를 보낸 세대가 전 세대와 가장 다른 점은 자신의 사회적 정체성을 국가를 중심으로 위치 짓는다는 것이다. 전인권은 자신의 계통도가 형식적인 면에서 아버지가 사랑했던 족보와 유사한 구조를 갖고 있으면서도, 혈통과 조상을 숭상하던 아버지와 달리 그는 근대 민족국가의 아들이었다고 말한다.[22] 그래서 당시 거의 모든 사내아이의 꿈이 대통령으로 수렴되었다. 빈농의 아들로 태어나 '지존'의 자리에 오른 박정희는 세상 모든 빈농의 자식들에게 불가능한 꿈을 심어놓았다.[23]

86들이 본인을 진선미의 요체인 국가와 연속선상에 놓게 된 핵심적 기제는 학교교육이다. 박정희식 국가관 교육의 정점은 전국민에게 암송이 강요된 '국민교육헌장'이다. 전문은 다음과 같다.

> 우리는 민족중흥의 역사적 사명을 띠고 이 땅에 태어났다. 조상의 빛난 얼을 오늘에 되살려, 안으로 자주 독립의 자세를 확립하고, 밖으로 인류 공영에 이바지할 때다. 이에, 우리의 나아갈 바를 밝혀 교육의 지표로 삼는다.
>
> 성실한 마음과 튼튼한 몸으로, 학문과 기술을 배우고 익히며, 타고난 저마다의 소질을 계발하고, 우리의 처지를 약진의 발판으로 삼아, 창조의 힘과 개척의 정신을 기른다. 공익과 질서를 앞세우며 능률과 실질을 숭상하고, 경애와 신의에 뿌리박은 상부상조의

전통을 이어받아, 명랑하고 따뜻한 협동 정신을 북돋운다. 우리의 창의와 협력을 바탕으로 나라가 발전하며, 나라의 융성이 나의 발전의 근본임을 깨달아, 자유와 권리에 따르는 책임과 의무를 다하며, 스스로 국가 건설에 참여하고 봉사하는 국민 정신을 드높인다.

반공 민주 정신에 투철한 애국 애족이 우리의 삶의 길이며, 자유세계의 이상을 실현하는 기반이다. 길이 후손에 물려줄 영광된 통일 조국의 앞날을 내다보며, 신념과 긍지를 지닌 근면한 국민으로서, 민족의 슬기를 모아 줄기찬 노력으로, 새 역사를 창조하자.

1968년 12월 5일

대통령 박정희

1968년은 남한 정부 수립 20주년이었다. 박정희는 이에 맞춰 국가 재건이 완성되었음을 선포하고 국민교육헌장을 발표했다. 국가 재건의 완성은 모든 국민을 대한민국이라는 국가의 일원으로 일관되게 장악했음을 의미했고, 국민교육헌장과 주민등록법 개정은 그 두 축이었다. 1968년 12월 5일 발표된 국민교육헌장은 민족주체성의 확립, 반공주의의 재천명, 민족문화의 수호와 발전, 근대화와 국민의 사명 등을 내용으로 했다.[24]

박정희 정권은 국민교육헌장을 전국민을 위한 교육지표로 만들고, 언론과 사회운동을 통해 적극적으로 전파할 계획이었다. 그러나 실제로는 학교교육을 통한 보급이 주된 전파경로가 되었다. 즉, 학교교육의 모든 영역에 걸쳐 일상적인 교육활동을 통해 전파되고, 세부적인 실천방안은 학교교육 계획의 영역별 계획 속에서 구체화되어야 한다고 강조했다.

첫번째 목표는 '윤리관 확립'이었다.[25] 여기서 윤리관은 단순히 머리로 '이해'하는 데서 그치지 않고 '실천'을 통해 심화된다는 점이 주목을 끈다. 학생들이 민족중흥의 사명을 이루기 위해서는, 조국 전통과 반공 등 구체적 내용을 학습하는 동시에 성실, 신의, 협동, 개척정신 등 오만 가지 좋은 정신상태를 가져야만 한다. 각 학교에서는 실천의 구체적 방안들을 경쟁적으로 개발했다. 봉사활동, 저축, 소질계발, 협동, 단체활동의 적극적 참여, 국가를 위한 희생 등은 물론 치산녹화, 혼분식 장려, 가정의례준칙 등 시시콜콜한 것까지 실천방안으로 제시되었다. 그리고 그 사례로서 국난극복에 기여한 민족사의 위인 서사가 적극적으로 개발되었고, 때로는 나라를 위해 둑의 구멍을 팔뚝으로 막은 '네덜란드 소년 피터' 같은 외국 사례도 동원되었다.

1968년 울진-삼척 무장공비 침투 사건 때, 공비에게 "나는 공산당이 싫어요"라고 말했다가 아홉 살의 나이로 살해당한 것으로 알려진 이승복은 학생들의 모범이 되었다. 전국 다수의 초등학교에 이승복 동상이 건립되고, 이승복을 기리는 노래가 배포되었다. 1959년생인 이승복이 공산당을 정확하게 이해하고 그런 말을 했을 리는 만무하지만, 이승복은 동년배인 그의 어린이 친구들에게 나라를 위해 목숨까지 버릴 수 있어야 한다는 걸 각인시켰다. 지금이라면 오은영 박사님이 펄쩍 뛸 노릇이지만, 박정희 정권은 아이들에게 일부러 트라우마적 각인을 남기기 위해 혈안이었다.

모든 아이들은 초등교육을 통해 사회인으로서 적절한 태도를 배운다. 하지만 박정희 시대의 아이들에게 '태도'는 개인의 욕구를 표현하고 타인과 조화를 이루는 방법이 아니었다. 그것은 '작은 군인'으로서의 태도였고, 그런 태도를 갖지 못하면 국가와 가족, 개인의 생존이 위협받을 수도 있었다. 근대화와 재건이라는 목표하에 모든 국민은 같은 태도를 가져야 했고, 그런 태도를 가장 잘 구현하는 사람은 박정희였다.

전인권은 박정희의 정치관을 법, 절차, 제도 등 민주주의 원리보다는 지도자로서의 개인적 덕성과 수양에 의지하는 "모범에 의한 정치politics of example"라고 설명한다.[26] 박정희의 모범을 잘 모방해서 '작은 박정희'가 되는 것, 그래서 또 다른 이들의 모범이 되어 윤리적 판단을 독점할 수 있는 것, 그것이 당시의 모범생이 되는 길이었다.

1980년대 학생운동은 박정희, 전두환 권위주의 정권과 정반대의 정치적 지향을 가지려 했다. 그러나 운동가로서의 태도를 중시하고, 그 태도를 실천하기 때문에 스스로가 진선미의 화신이라고 생각했다는 점은 박정희 시대 때 배운 그대로였다. 1980년대 학생운동에서 86들이 매료되었던 '품성론'에 대해서는 뒤에 자세히 나오겠지만, 86들이 운동가의 덕성과 수양을 중심했던 것은 우연이 아니다.

86들이 1960, 1970년대 받은 국가주의적 교육과, 1980년대 치열한 학생운동의 생활수칙을 가지고 와 현재의 86 정치와 연관시키는 건 지나친 비약이라고 생각할 수도 있다. 그런가? 2022년의 이인영은 이렇게 이야기한다.

> 우리는 왜 졌는가? 두번째, 패권싸움으로 동지애의 덕성을 잃어버렸다. (중략)
> 진취적이었던 민주당원의 덕성은 무엇입니까? 단결 그리고 대의에 허심탄회하게 헌신한 것 아닙니까?
> 사익과 분열을 버리고 서로 달라도 존중하며 언제든지 주저없이 하나된 힘으로, 일치된 힘으로 대의를 위해 나선 것 아닙니까?
> 민주주의 즉 자유와 정의 그리고 평화 그 앞에서 흔쾌히 하나된 게 우리였고 그래서 동지 아니었습니까? 심지어 동지를 지키기 위해 불구도 되고 '박종철'은 목숨도 잃었습니다. (중략)
> 문제는 패권의 교체가 아니라 가치의 복원과 민주당다운 동지적 덕성의 복원입니다. 민주당의 빛나는 가치, 고결한 동지애! 그것부터 단결의 깃발로 다시 내걸어야 합니다.
> 민주당의 빛나는 가치를 품은 사람에게 아낌없이 갈채하고 그의 진정성을 중심으로 흔쾌히 손을 내밀어 연대하고 단결해야 합니다.
> 그게 바로 민주당다운 고결한 도덕성의 근거입니다. 단결의 덕성, 그 역시 민주당의 순결한 사상입니다.[27]

86들이 정상국가 콤플렉스로부터, 박정희식 모범의 정치로부터 얼마나 벗어났는지를 고민하는 것은 현재의 반성을 위한 실마리다.

주석

1. 유선영, 《식민지 트라우마》, 푸른역사, 2017, 5~6쪽.
2. 유선영, 같은 책, 8쪽.
3. 유선영, 같은 책, 284~285쪽.
4. 박세길, 《다시 쓰는 한국현대사 1》, 돌베개, 2015, 381~382쪽.
5. 박세길, 같은 책, 157쪽.
6. 우상호, 《촌놈》, 두물머리, 2004, 33~35쪽.
7. 이하나, 《대한민국, 재건의 시대(1948~1968)》, 푸른역사, 2013, 15쪽.
8. 강원택, 《정당론》, 2022, 박영사, 58쪽.
9. 이택선, 《취약국가 대한민국의 탄생》, 미지북스, 2020, 37쪽.
10. 이택선, 같은 책, 272~273쪽.
11. 유선영, 같은 책, 27쪽.
12. 권보드래·김성환·김원.천정환·황병주, 《1970 박정희 모더니즘》, 천년의상상, 2015, 90~91쪽.
13. 이하나, 같은 책, 79쪽.
14. 이하나, 같은 책, 189쪽.
15. 이하나, 같은 책, 88쪽.
16. 전인권, 《박정희 평전》, 이학사, 2006, 299쪽.
17. 권보드래·김성환·김원.천정환·황병주, 같은 책, 208쪽.
18. 전인권, 같은 책, 350~352쪽.
19. 전인권, 《남자의 탄생》, 푸른숲, 2003, 293~294쪽.
20. 우상호, 같은 책, 120~121쪽.
21. 전인권, 같은 책, 175쪽.
22. 전인권, 같은 책, 174~178쪽.
23. 권보드래·김성환·김원.천정환·황병주, 같은 책, 89쪽.
24. 이하나, 같은 책, 467쪽.
25. 김한종, 〈학교교육을 통한 국민헌장 이념의 보급〉《역사문제연구》 제15호, 2005, 178~181쪽.
26. 전인권, 《박정희 평전》, 이학사, 2006, 262~263쪽.
27. 이인영, 본인 페이스북, 2022. 6. 10.

2장

깨달음

: 86포퓰리즘의 태동

포퓰리즘

86포퓰리즘에 대해 본격적으로 논의하기에 앞서 '포퓰리즘' 개념에 대해 정리할 필요가 있다. 포퓰리즘은 인민 또는 대중을 뜻하는 라틴어 포풀루스populus에서 유래한 말로 '대중의 뜻에 의한 정치' 정도로 직역할 수 있다. 대중주의, 인민주의, 민중주의 등으로 번역되다가 요즘은 그냥 포퓰리즘이라고 한다. 번역도 통일할 수 없을 만큼 논쟁적 개념인 채로 그냥 쓰이고 있는 것이다.

포퓰리즘에 대한 가장 널리 통용되는 정의는 무데Mudde와 칼트바서Kaltwasser의 것이다. 그들은 포퓰리즘을 "사회가 궁극적으로 서로 적대하는 동질적인 두 진영으로, 즉 '순수한 민중'과 '부패한 엘리트'로 나뉜다고 여기고 정치란 민중의 일반의지의 표현이어야 한다고 주장하는, 중심이 얇은 이데올로기"라고 정의한다. 여기서 "중심이 얇"다는 건 포퓰리즘이 다른 이데올로기적 요소나, 많은 대중이 요구하는 정치적 프로젝트에 들러붙기 쉽다는 뜻이다. 그래서 포퓰리즘은 일관된 이데올로기적 전통이라기보다는 정치적 현실을 분석하고 이해하는 일종의 '마음지도mental map'로 이해해야 한다.[1]

정치학자 강원택은 포퓰리즘의 특징으로 여섯 가지를 꼽는다. 이러한 특징들은 모든 포퓰리즘 정치에서 나타나는 것은 아니지만 다수에서 공통적으로 발견되는 것이다. 첫번째, 포퓰리즘은 기본적으로 인민people을 강조한다. 포퓰리즘에서 인민에 대비되는 존재는 엘리트이다. 포퓰리즘은 고결하고 순수한 보통의 인민이 타락하고 비도덕적이며 무능한 엘리트에 대항하는 정치라는 점을 부각한다.

두번째 특징은 기존 정당체제에 대한 불신, 대의민주주의에 대한 비판이다. 포퓰리즘 정당은 기존 정당을 비판하면서 기존에 시도되지 않았던 정당 형태와 정치적 입장을 택한다. 기존 정당이나 정치 엘리트는 기득권을 대표할 뿐이기 때문에, 기존 정당이나 이익집단의 매개보다 대중의 정치 참여와 이를 통한 직접적 의사 표출, 즉 직접민주주의 방식을 선호한다.

세번째 특징은 분열의 정치, 배제의 정치다. '아군과 적'의 명백한 구분이 있으며, 배제, 증오의 대상이 존재한다. 네번째는 반자유주의적, 집단주의적 속성이다. 자유롭고 동등하며 '축소될 수 없는 다양한 시민들irreducibly diverse citizens'이 함께 살아간다고 하는 다원주의는, 인민의 의지를 강조하고 다른 집단에 대한 특정 집단의 우위와 순수성을 전제로 하는 포퓰리즘에서는 수용되기 어렵다.

다섯번째는 공동체 내부에서 이상화된 공간으로 '상상된 마음속 이상향heartland'에 대한 강조이다. 이런 이상사회는 현재 잃어버린 것을 찾기 위해 과거에 대한 회상을 기반으로 마음속에 그려진다. 여섯번째는 카리스마적 리더십을 갖는 강한 지도자에 대한 선호이다. 이러한 지도자들은 청렴, 정직, 소박함과 같이 인민들이 정치 지도자들에게 소망하는 가치를 구현하고 있을 뿐만 아니라 위기적 상황에서 인민을 구출해내고 수호해줄 수 있는 특별한 권능을 지닌 이들로 간주된다.[2]

포퓰리즘의 특징을 나열한 것만으로도 86 정치의 어떤 장면들이 겹쳐 보이는 독자들도 많을 것이다. 혹은 86 정치가 상당 부분 저런 모습을 보이더라도, 그건 기득권과의 투쟁 등 나름의 이유가 있었기 때문에 포퓰리즘이라는 못된 개념으로 호도해서는 안 된다는 느낌이 들 수도 있다. 이런 공감 혹은 불만에 대해 답하며 앞으로 논의를 이끌어가려고 한다.

포퓰리즘은 한국 정치에서 주로 정치적 상대를 비난할 때 사용되었다. 주로 대중에게 인기 있는 것이라면 비록 실현이 불가능하거나 장기적으로 국가에, 특히 재정적으로 해가 되는 정책이라도 선거 승리 등의 정치적 이익을 위해 남발하는 인기영합주의, 즉 포퓰러리즘을 비판하는 맥락이었다. 그러나 이는 포퓰리즘과 포퓰러리즘을 구분하지 않는 것에서 생기는 오해다.[3] 포퓰리즘은 '중심이 얇은 이데올로기'라 재정의 확장 여부와 무관하게 좌파와 우파, 혹은 민족주의 등과도 결합해 나타날 수 있다.

한국에 처음 포퓰리즘이 등장하게 된 맥락이 아르헨티나 페론주의 등 남미 좌파 포퓰리즘 정권이 재정적·경제적 위기에 처한 상황을 비판적으로 소개하는 것이었기 때문에 포퓰리즘에 대한 이런 오해는 뿌리 깊게 지속되었다. 남미 좌파 포퓰리즘 정권의 실패를 사회복지 확대, 노동자 권익 향상을 반대하기 위한 타산지석으로 여겼다. 남미의 경제위기가 포퓰리즘 정권의 탓인지도 논쟁적인 부분이지만 이 책에서는 생략하기로 하자.

최근 한국에서도 포퓰리즘 담론은 크게 늘어났다. 우선 전세계적으로 포퓰리즘 정치가 늘어나면서 이를 해석하기 위한 논의 역시 늘어난 게 이유다. 유럽, 남미 등 지역의 좌우파 모두에서 포퓰리즘 정치운동이 등장했고, 미국의 트럼프 대통령 당선과 영국의 브렉시트 결정 등도 포퓰리즘의 관점에서 해석하려는 시도가 생겨났다.

포퓰리즘 담론이 세계적으로 유행하는 와중에 문재인 정권이 독단적으로 정치를 한다는 비판도 포퓰리즘 개념을 이용해 제기되었다. 대통령에 대한 무비판적인 지지와 정치적 상대에 대한 맹공을 특징으로 하는 강경한 팬덤 정치를 향한 비판, 조국 사태 등에서 이견을 가진 자와 소통하지 않고, 자신의 주장을 강화하기 위해 음모론까지 동원한다는 비판 등이었다. 비판자들은 문재인 정권이 정치를 '적과 우리'의 이분법적 구도로 보며, 적과는 전혀 소통하지 않고 배제하기만 한다고 이야기한다. 우리는 과도하게 선한 존재로, 또 적은 지나치게 악한 존재로 여긴다는 것이다.

포퓰리즘은 흔히 민주주의의 방해물쯤으로 언급된다. 아니면 부작용이든가 말이다. 그런데 이상하게도 민주주의, 즉 '데모크라시democracy'의 어원 '데모스demos' 역시 국민·민중·대중·인민이라는 뜻이다. 포퓰리즘의 어원 '포풀루스'와 유사한 뜻인 것이다. '데모크라시'라는 용어를 만들어낸 아테네에서 '데모스'라는 단어는 모든 아테네인을 의미하면서도 때때로 보통 사람 혹은 심지어 가난한 사람을 의미했다. '데모크라시'라는 단어는 자신들의 정부통제권을 빼앗아 간 보통 시민들에 대한 혐오감을 드러내는 별칭으로 귀족들이 사용하기도 했다.[4]

포퓰리즘은 민주주의의 밖에 있는 것이 아니라, 근본적으로 민주주의와 병존한다. '정치적 결정을 할 궁극적인 권한이 다수결에 있다' 같은 논리를 갖고 있기 때문이다. 민주주의에서는 다수 '대중'의 뜻대로 작동하지 않고 있다고 느끼는 사람들이 늘어나면 언제든 포퓰리즘 정치가 등장할 수 있다.

포퓰리즘은 원래 부정적인 개념은 아니었다. 포퓰리즘을 정치적 용어로 처음 사용한 것으로 알려진 1870년대 초 러시아의 농촌개혁 운동이나 19세기 후반 미국 민중당[5]에서 포퓰리스트는 다수 민중의 뜻을 대변한다는 긍지를 가진 이름이었다. 그 후 다양성을 억누르려 했던 매카시즘이나 남미 등의 좌파정권을 비판하는 맥락으로 사용되며 포퓰리즘은 점차 부정적 맥락을 갖게 되었다.

심지어 포퓰리즘이 주로 비판과 공격의 맥락으로 쓰이는 현재 대한민국에서도 포퓰리즘이 정확히 무엇을 공격하는지, 국민 다수에게 필요한 정치를 하겠다는 것이 왜 잘못인지 모호해질 때가 있다.

가령 더불어민주당 대표 이재명은 포퓰리스트라는 비판을 가장 많이 받은 정치인이다. 기본소득 등 정책 내용과 더불어 때로는 과도하게 느껴지는 추진력 때문이다. 그는 대부분의 경우 자신은 포퓰리스트가 아니고 살림꾼, 민주주의자, 성과주의자라고 항변했지만, 이따금 "국민의 의사를 대변하는 게 포퓰리즘이라면, 난 포퓰리스트"라며 포퓰리즘을 긍정적으로 해석하는 모습을 보이기도 했다.[6]

포퓰리즘은 민주주의 사회의 다양한 의견들을 무시하는 독단적 정치가 될 가능성이 크다. 하지만 현 체제가 다수의 권리를 외면할 때, 체제에 대항하는 지도부가 소외된 사람들을 정치적으로 동원하는 데 용이하다는 장점이 있다. 그래서 다수의 국민이 현 체제가 근본적으로 글러먹었다고 여길 때 포퓰리즘 정치는 긍정적 역할을 하기도 한다. 샹탈 무페는 포퓰리즘이 민주주의 대한 위협만 되는 것이 아니라 민주주의의 급진화를 위한 기회를 제공하기도 한다고 이야기한다.[7]

그렇다면 86포퓰리즘은 나쁜 정치인가? 내가 86이 포퓰리스트라고 주장하는 책을 쓰면, 보수 언론 등에서 이를 어떻게 악용할지는 사실 뻔하다. 하지만 86포퓰리즘은 그 자체로 나쁜 정치도, 좋은 정치도 아니다. 다만 해당 시대의 정치적 국면에 따라 합당하느냐는 평가만 가능할 뿐이다.

지금 대한민국은 어떤 상황인가? '기득권'이 청산되지 않으면 민주정치가 불가능한 상황인가? 정치제도가 근본적으로 국민의 뜻을 반영할 수 없기 때문에 내부적 차이는 묻어두고 단일한 '민중'의 이름으로 싸워야 하는가? 그렇다고 하더라도 86, 혹은 현재의 민주당이 그런 포퓰리즘 정치를 주도할 수 있는가? 이런 질문들에 대해 어떻게 답하는지에 따라 86포퓰리즘에 대한 평가도 달라질 것이다.

박정희, 전두환 그리고 포퓰리즘 계기

한국 현대사를 되돌아보면, 권력의 공백을 초래한 역사적 사건은 예상치 못한 순간에 갑자기 찾아왔다. 현대사에서 가장 강력한 권력을 오랫동안 유지했던 박정희의 죽음도 예상치 못한 일이었다. 암살을 준비한 김재규도 성공을 자신할 순 없었을 것이다.

박정희의 죽음은 온 국민에게 충격이었다. 특히 기억 속에서 박정희가 유일한 대통령이었던 1960년대생에게 박정희가 없는 나라는 생각해본 적 없는 것이었다. 우상호는 박정희의 죽음에 대해 다음과 같이 회고한다.

> 박정희! 그가 누구인가? 내가 태어나서 초등학교를 다니고, 중학교를 졸업하고, 고등학교에 이르기까지 끊임없이 대통령 직을 유지했던 사람이 아닌가? 우리는 대통령이란 박정희라는 사람만 할 수 있는 것인 줄 알았다. (중략)
>
> 야, 이거 전쟁 나는 거 아냐?
>
> 미친 놈!

아이다, 우리 아부지가 그러는데, 이거 김일성이가 했다 안 카나?

야, 그럼 우리 피난가야 되냐?

피난? 그럼, 우리 시험 안 봐도 되겠네?

이런 녀석은 머리를 쥐어 박혔다.

우리 형은 박정희가 독재하다가 잘 죽었다고 그러더라.

아무리 독재를 했어도, 나라는 잘 살게 만들어 놓았는데.

그래서 너의 집이 잘 사냐?

이야기는 뒤죽박죽이었다. 나는 독재에는 반대하지만 아직 박정희 대통령이 할 일이 남아 있는데, 이렇게 갑자기 숨진 것은 국가적으로 안 좋은 것이라고 짐짓, 엄숙하게 결론을 내렸다.[8]

86이면서도 일찍부터 86과 권위주의 정권의 유사성을 지적해 온 권인숙은 우상호와 비슷한 경험을 조금 더 객관적으로 회고한다.

박정희가 죽었을 때 저는 울었습니다. 많이들 울었죠. 인터뷰중 많은 이들이 박정희가 죽으면 전쟁 나는 줄 알았다고 했습니다. 저희 세대가 그랬죠. 제가 태어나기 전에 박정희가 있었고, 그것은 고등학교 때까지 이어졌습니다. 저보다 후반 학번도 그런 질서의 울타리 안에 있었습니다. 집단에 대한 개인의 묻힘과 국가 동원의 질서 속에서 박정희를 왕으로 믿고 자랐던 사람들입니다.[9]

86들은 박정희의 죽음에서 국가적 생존의 위협을 느낀다. 소년 우상호는 친구들과 함께 박정희의 죽음에 대해 피란, 시험, 집안 경제 등 개인적 차원과 연관해 판단하다가도, 결론은 국가적 차원에서 판단한다. 즉 국가의 위기라는 것이다.

그런데 우상호는 "박정희의 죽음은 국가적으로 안 좋은 것"이라면서도 "독재에는 반대"한다는 모순적 태도를 보인다. 물론 이 글이 이후 민주화운동을 하고 민주당계 정치인이 된 맥락에서 쓴 것이기 때문에, 박정희를 긍정했던 스스로가 겸연쩍어 괜한 사족을 붙인 것일 수도 있다. 하지만 우상호뿐 아니라 독재의 장기화와 경제불황에 시달리던 많은 국민들은 박정희를 지지하면서도 독재정권에 대한 회의감은 공유하고 있었다. 유신체제가 길어지면서 박정희 정권의 민주적 정당성은 점차 사라졌지만, 국가의 생존과 근대화라는 정당성만은 유지되고 있었다.

정당하면서도 정당하지 않은 지배를 하고 있던 박정희의 죽음은 한국 사회에서 '정당한 권력'이란 무엇이어야 하는지에 대한 다툼을 야기했다. 박정희가 사망한 1979년 10월 26일부터 전두환이 이끄는 신군부가 비상계엄을 전국으로 확대한 1980년 5월 17일까지를 흔히 '서울의 봄'이라고 한다. 민주화에 대한 열기가 쏟아지고, 대통령 권한대행이 된 최규하도 개헌을 통해 민주적으로 대통령을 새로 뽑을 것이라고 밝혔다. 그러나 귀결은 모두가 알다시피 또 다른 군부의 독재였다.

'서울의 봄' 동안 민주화세력이 싸운 대상은 신군부의 군홧발이기도 했지만, 전쟁이 다시 날지도 모른다는 공포와 국가의 생존 위협이기도 했다. 앞서 우상호와 권인숙의 회고에서도 나오듯이, 국민들은 박정희의 부재에서 바로 전쟁의 위협을 느꼈다. 1979년 12월 12일 군사반란으로 권력을 장악한 전두환 신군부는 북한의 남침설을 퍼뜨리는 등 이런 공포를 적극적으로 활용했다.

민주화세력은 박정희의 죽음으로 갑작스럽게 정치적 공간을 얻게 됐으나, 이런 공포를 뚫고 새로운 민주헌법을 만들고 직선제 선거를 할 만큼의 정치적·조직적 준비가 되어 있지 않았다. 반면 전두환 신군부는 탄탄히 조직되어 있었고, 새로 개헌을 할 필요도 없이 박정희가 만든 유신헌법에 올라타서 박정희의 자리만 대체하면 되었다. 전두환은 총칼과 전쟁 공포로 정적과 국민들을 위협해 상대적으로 쉽게 대통령의 자리에 오른다. 박정희가 만든 독재라는 외투를 그저 다시 입은 것이다.

그러나 전두환은 그래봤자 '짝퉁 박정희'였다. 상당히 넓은 지지기반을 바탕으로 직접선거를 통해 집권한 박정희마저도 점차 권력의 정당성을 상실해갔고, 결국 강압적인 공권력에 의존하는 유신독재체제로 넘어가게 되었다. 그럼에도 정권에 대한 대중의 반발은 완전히 막을 수 없었다. 박정희 정권은 김재규의 총에 의해 끝났지만, 그 배경에는 부마민주항쟁 등으로 인한 권력의 위기가 있었다. 이미 박정희마저 권력이 유지될 수 없을 정도로 정당성이 흔들리는 마당에, 박정희의 수의를 훔쳐 입은 전두환에게 정당성이 있을 리 만무했다. 박정희는 유신헌법을 밀어붙일 수 있을 정도의 권력을 유지하긴 했지만, 전두환은 그 정도 권력의 정당성이나 명분도 없었다. 전두환의 집권은 말 그대로 총칼에만 의존한 집권이었다. 최규하 등 정책결정권자를 겁박할 때나, 광주 시민들을 학살할 때나 마찬가지였다.

그렇다고 해서 민주화세력이 충분한 집권 능력을 보이고, 국민들의 신뢰를 얻은 것도 아니었다. 박정희가 죽자 그동안 억눌린 다양한 요구들이 혼란스럽게 터져나왔다. 하지만 김영삼, 김대중 등 민주화세력은 직선제 선거를 빨리 하자는 것 외에는 마땅한 대안을 내놓지 못했다. 특히 북한이 남침할 수도 있다는 신군부의 주장에 제대로 대응하지 못했다.

이런 정당성 없는 집권과 그럼에도 대안이 없는 상황은 일종의 '포퓰리즘 계기populist moment'[10]가 되었다. '포퓰리즘 계기'는 정치학자 샹탈 무페와 에르네스토 라클라우의 개념으로서, 포퓰리즘이 등장할 수 있는 상황을 가리킨다. 무페는 사회에서 만족되지 않은 요구들이 빠르게 증가하고, 기존 지배 헤게모니 체제로는 이를 해결할 수 없다는 생각이 확산될 때 포퓰리즘이 등장한다고 설명한다.

이런 상황에서 기존 제도들은 대중이 계속해서 따르게 하는 데 실패하고, 결국 헤게모니 집단이 서 있을 수 있도록 역사적으로 구성된 블록들이 틀어진다. 기존의 사회적 위치와 이해관계가 서로 달랐던 사람들도 '불의한 것'을 함께 겪으면서 같은 처지라는 새로운 인식을 갖게 된다. 그럼으로써 새로운 주체로서 '민중'이 구성되고, 사회질서를 재배열할 가능성이 발생한다고 설명한다.[11]

라클라우는 자신의 책《포퓰리즘 이성에 대하여》에서 든 어떤 산업도시의 예시를 보면, 포퓰리즘 계기가 되는 과정을 좀 더 잘 이해할 수 있다.[12] 발전 중에 있는 산업도시의 외곽 빈민가에 한 무리의 농업 이주자들이 거주하게 되었다고 하자. 많은 사람들이 함께 몰려들면 주택 문제가 생긴다. 이 이주자 집단은 도시의 정책 당국에 문제의 해결책을 요구한다. 이 문제가 원만하게 해결되면, 이 요구는 소멸된다. 그런데 이 문제가 제대로 해결되지 않은 채 지속될 경우, 해당 이주자들은 자기 주변의 다른 집단들도 이와 비슷한 다른 요구들(주택, 물, 전기, 학교 등)이 제대로 충족되지 않아서 고통을 겪고 있음을 발견하게 된다. 이러한 상황이 더 지속되면 충족되지 않은 요구들이 점점 쌓인다. 이런 요구들은 기존 제도로 수용되어 처리되지 못하면 '기존 제도가 해결하지 못하는 문제'라는 같은 종류의 문제가 된다. 그리고 그에 따라 제도와 인민 사이는 '깊은 골'이 생기며 분리된다.

라클라우는 서로 분리된 상태로 남아 있는 요구들을 '민주주의적 요구들'이라고 부르고, 같은 문제의식하에 뭉쳐져서 더 광범위한 사회적 주체성을 구성하게 되는 요구를 '민중적 요구들popular demands'이라고 불렀다. 민주주의적 요구는 기존의 사회체계 또는 헤게모니적 관계 내부에서 수용될 수 있는 반면, 민중적 요구는 기존의 체계와 관계가 바뀌어야만 해결될 수 있다. 민중적 요구들이 점점 늘어나면, 새로운 헤게모니 틀을 요구하는 움직임이 커진다.

하지만 포퓰리즘 계기가 있다고 해서 포퓰리즘 정치가 바로 나오고, 또 성공하는 것은 아니다. 포퓰리즘 정치가 이뤄지기 위해선 막연한 동류의식을 넘어서 이들을 하나로 묶어내는 정치적 동원이 이뤄져야 한다. 여기에는 기표, 즉 '우리'가 누군지를 묶어내는 '적'은 누군지를 규정해 이분법적으로 설명하는 언어가 필요하다. 가령 지배자–서민, 엘리트들–민중, 외세–민족 등이다. 이러한 기표가 한번 구성되어 지속성을 얻으면 오히려 기표가 이분법적 틀을 강화하는 근거가 된다.[13]

박정희의 갑작스러운 죽음으로 돌아가보자. 권력에 큰 공백이 생겼다. 억압되었던 민주주의적 요구들은 폭발적으로 등장했지만, 민주화세력은 이런 요구들을 제대로 포섭할 만한 능력을 보여주지 못했다. 특히 분단 현실에서 생겨난 안보와 민족 통일이라는 모순적 요구를 둘 다 담아낼 방법이 없었다. 결국 더 정당성이 없는 독재정권이 들어서며 민주주의적 요구들은 다시 억압된다.

일군의 민주화세력까지 포함한 기존의 정치집단으로는 국민들의 요구가 해결될 수 없다는 걸 86들은 뼈저리게 느꼈다. 86포퓰리즘의 포퓰리즘 계기가 만들어진 것이다. 그들은 신군부의 총칼에 손발이 묶인 김영삼, 김대중 등 기존의 민주세력의 집권을 넘어선 근본적 변화가 필요하다고 생각하게 된다. 독재자의 죽음에도 끝나지 않는 독재는 독재자 개인의 문제가 아닌 독재세력의 기원에 대해 상상하게 했다.

독재가 계속 유지되게 하는 체계가 유지되는 한 나머지 국민들은 자신의 뜻을 온전히 펼 수 없다는 점에 같은 처지였다. 86들은 뜻을 펴지 못하는 모든 사람들을 '민중'이라 부르며 '민중' 대 '지배세력'의 이분법적 정치를 구성했다. 그리고 세계적 냉전질서와 그 폐해의 영향을 가장 강하게 받는 분단국가의 현실을 바탕으로, 지배세력에 대한 상상력을 미국과 그 부역자들로까지 확장했다. 이렇게 86포퓰리즘이 태동한다.

'민중'과 '지배세력'의 이분법적 대립이 가장 구체적이고 극명하게, 폭력적으로 나타난 것은 1980년 5·18광주민주화운동이었다. 항쟁은 전두환 신군부 쿠데타의 완료를 알리는 5·17 계엄령 전국 확대 조치에 대한 반발에서 시작되었다. 신군부는 이런 반발에 정치적으로 응답하는 대신 총칼로 누르는 걸 선택했다. 정확히는 내놓을 만한 정치적 정당성이 전혀 없었다고 봐야 할 것이다.

5·18광주민주화운동에 대한 민주화세력의 무능력과, 민주주의를 지켜줄 것이라 믿었던 미국의 부재는 체제에 대한 근원적 회의를 갖게 했다. 무고한 사람들이 저렇게 총칼에 난자당하는데, 아무 데도 이 상황을 해결하리라 기대할 곳이 없었다. 각양각색의 '민중'이 독재세력의 총칼에 난자당하는 모습은 막연한 이분법적 상상력을 도덕적 당위의 영역까지 끌어올렸다. 광주는 86포퓰리즘의 논리적 확장과 정치적 상상력의 끝없는 원천이 되었다.

운동가가 된 학생들

그런데 박정희의 죽음과 전두환 집권이 포퓰리즘 계기가 되었다고 하더라도, 86포퓰리즘의 태동을 설명하기 위해선 하나의 문제가 더 풀려야 한다. 주체의 문제다. 당대의 대학생이었던 86들은 어째서 스스로 민중을 이끌어야 할 책임이 있는 사람이라고 생각하게 되었을까?

그들은 '박정희의 아이들'이었기 때문이다. 86들은 결손국가인 조국을 근대화해야 할 책임이 있는 주체로 키워졌고, 자아를 국가와 민족과 분리하지 않은 채로 자라났다. 물론 동시대 어린이들이 다 그런 프로젝트에 성공한 것은 아니다. 박정희 시대에 모범생으로 자라 명문대 학생이 된 86들은 이 프로젝트를 유독 훌륭히 마친 자들이었다. '진선미의 화신'으로서, '민족중흥'과 '구국'의 주체로서 자격을 갖춘 것이다.

당시 한국 사회는 정치적으로는 발전주의 국가가 지배하고, 경제적으로는 빈곤한 후진국에서 신흥공업국으로 바뀌던 상황이었다. 그러나 국민의 요구를 적절히 대변할 수 있는 노동조합이나 시민조직은 별로 발전되지 않았다. 존재했다고 하더라도 대부분 국가에 의해 관리된 '관변단체'에 지나지 않았다. 국가권력에 맞서서 이 빈 공간을 메운 것이 학생운동이었다. 학생운동은 한편으로 일제하에서 형성된 학생운동에 대한 신뢰라는 자원에 기초하면서, 다른 사회운동을 대신하여 주요 의제 설정을 담당했기 때문에 가능한 것이었다.

학생운동은 학생으로서의 집단적 이익을 옹호하는 것이 아니라 대부분 강력한 민족주의론과 민주주의론에 근거한 '정의'를 내세웠다. 학생운동이 보다 보편적인 민족운동의 일환으로 전개되었다는 점은 정치적으로나 문화적으로 매우 중요하다. 사회로부터 쉽게 정당성을 확보하도록 하고 존경과 신뢰를 받게 되었기 때문이다. 고등교육 진학률이 비교적 낮은 수준에서 매우 높은 수준으로 전환되던 상황에서, '대학생'을 선망하고 정치적으로 보호해야 한다는 사회적 문화가 폭넓게 있었다. 서울대학교를 정점으로 하는 대학의 위계화 또한 대학생들의 '선구자'적 사명감에 영향을 미쳤다.[14]

우상호는 개인적 피해를 감수하고 학생운동에 헌신하게 되는 갈등의 순간을 다음과 같이 회고한다.

> 우리 대학생은 수많은 사회계층 중에서 비교적 선택받은 사람들이다. 우리는 새로운 기득권층으로 성장되도록 훈련받고 또 그렇게 성장할 것이다. 그러므로 진정으로 사회의 변화를 바라는 자라면 사회의 소외된 그들을 위해 기득권을 포기하고 민중 속으로 들어가야 한다.
>
> 밤마다 고민했다. 시위에 참여하면서, 어쩌면 오늘 구속될지 모른다고 각오하면서, 자꾸 떠오르는 시골의 부모님 얼굴을 떨쳐버리기 위해 더 큰 소리로 노래를 부르고, 구호를 외치면서 우리는 한 걸음 한 걸음 역사 속으로 걸어 들어갔다.
>
> 기존 권위에 대한 부정과 새로운 세계에 대한 열망, 기득권을 포기하는 자기 부정을 통해 우리는 저항의 근거를 만들었다.[15]

우상호가 "시골의 부모님"을 떠나 가는 곳은 "역사 속"이다. 부모님의 아들에서 조국의 아들이 되는 것이고, 개인적 이해를 넘어 민족이 되는 것이다. 우상호가 이렇게 자아를 확장하는 이유는 대학생은 "선택받은 사람"이어서다. 우상호는 자신이 새롭게 사회를 이끌어갈 주체가 될 것이란 걸 의심하지 않는다. 요새의 명문대생이 고작 대기업에 취업해 값 높은 부품이 될 것이란 기대를 갖는 정도와는 차원이 다르다. 기득권층이 될 예정인 자이기에 기득권을 버리고 민중 속으로 들어가야 할 당위가 커지는 것이다.

새로운 세대의 엘리트 계층이 부당한 현실에 대해 고민하고 바꾸고자 하는 것은 인류사에서 보편적인 일이다. 그러나 86들은 자신의 헌신을 개인적 바람을 넘어 민족적 과제로 인식했고, 현실을 개선하는 수준을 넘어 통으로 바꿔버려야 한다고 생각했다는 점에서 다른 세대와 다르다.

86들의 토양에는 1970년대 중반부터 대학가에서 조금씩 늘어나던 급진적인 고민들이 있었다. 1975년 긴급조치 9호 이후 박정희 정권이 검열을 강화하면서 학생운동은 크게 약화된다. 폭압을 겪으며 학생들은 체제 자체에 대한 근본적 회의를 하기 시작한다. 대중적으로는 함석헌, 리영희 등 분단 극복을 호소하는 사상가들이 청년·대학생층에 크게 영향을 미쳤다. 노동자와 빈민의 참혹한 현실을 다루는 황석영이나 조세희의 소설도 잘 팔렸다. 학생운동은 변혁운동을 지향하며 몰래 마르크스주의와 레닌주의를 조직적으로 학습하고 좌경화했다. 이때부터 학생운동은 체제 자체를 반대하는 기지로서의 역할을 조금씩 키우게 된다.[16]

그러나 소위 '긴급조치 9호 세대'라는 1970년대 중후반 학생운동은 참여자 수가 적었고 대중화되지 못했다. 엄혹한 유신체제에 대한 불만은 점차 고조되었지만 유신체제를 뚫고 나올 대중적 운동은 탄생하지 못했다. 긴급조치 세대의 학생운동은 외로이 학습하고 싸웠으며, 이름 없이 조용히 퇴장했다. 대학 재학 중에 박정희 퇴진 운동을 하다 우선징집된 경험이 있는 우원식은 86 정치인들에 대해 "우리 세대는 늘 그들의 그런 전국성과 조직성을 부러워 하기도 했고, 또 한편으론 약간의 시기심도 생겨 비판적으로 평가하기도 했"다고 말했다.[17] 하지만 긴급조치 세대는 체제 자체에 저항하는 학생운동가의 역할을 정립해냈다. 1980년대 포퓰리즘 계기와 대학생 급증 상황에서 많은 학생들이 이런 선배들의 모범과 지도에 따라 운동에 헌신하게 되었다.

'나'와 '민족'의 깨달음

포퓰리즘 계기 속에 대학생이 된 86들은 학생운동에 헌신하게 된 계기에 대해 공통적으로 '깨달음' '다시 태어남' 등의 표현을 쓴다. 가령 《다시 쓰는 한국현대사》의 저자 박세길은 "혼란 속에서 헤매던 제가 새롭게 태어난 것은 우리 민족의 살아 있는 숨결인 현대사를 접하게 되면서부터였습니다"라고 서술한다.[18] 다시 태어나는 과정은 당연히 매우 고통스럽기도 한 것이었다. 조국통일범민족연합(범민련) 남측본부 전 사무처장 민경우는 1985년 반미 농성에 처음 참여한 후

느꼈던 혼란을 고백한다.

> 5월 투쟁의 정점은 '미문화원 점거 투쟁'이다. (중략) 창틀에 기대어 자신의 입장을 설명하는 함운경의 모습을 지금도 잊을 수 없다. 나는 농성 2일째 또는 3일째 농성을 지지하는 가두시위에 참가했다. 시위는 5분을 넘지 않고 끝났지만 집에 오는 내내 나는 감당하기 어려운 정신적인 중압감에 시달렸다. 내가 참여하는 시위가 반정부 투쟁을 넘어 미국을 반대한다고 느꼈기 때문이다. 미국 문화원 농성시위는 내가 반미주의자 또는 주사파가 된 또 다른 계기이다.[19]

민경우의 서술에는 특이한 비약이 있다. 감당하기 어려운 정신적인 중압감을 느꼈다면 다시는 집회가 나가지 않았다는 게 논리적 귀결이어야 하는데, 그는 오히려 강경한 주사파 운동권이 된다. 그가 느꼈던 중압감은 새로 태어난다는 줄탁동시의 쾌감이기도 했던 것이다. 박정희식 권위주의도, 무력한 기존의 민주인사들의 방식도 아닌 새로운 길을 그들은 찾은 것이다. 이러한 경험을 권인숙은 "새로 태어나는 즐거움"이라고 설명했다.

> 우리는 1970년대의 지배 이념을 정면으로 부정한 세대입니다. 가장 극렬한 반공 교육을 받고 자란 우리가 그것을 정면으로 거부했습니다. 의식화는 대체로 과거에 내가 믿었던 것에 대한 부정에서

시작되었습니다. 그렇다면 그 반공 이념과 반북한 이념을 부정할 때 모든 것이 같이 부정되었을까요? 적어도 우리는 그렇게 믿었죠. 새로운 인간이 되어 가고 있는 것 같은. 그래서 의식화의 과정은 고통스러웠지만 아름다웠습니다. 온갖 왜곡된 정보와 통제 속에서 빚어진 이념과 상식을 부정해 나갈 때 그것은 새로 태어나는 즐거움이기도 했습니다.[20]

권인숙이 말한 것처럼, 새로 태어나는 것은 그간 금과옥조라고 배워온 반공과 반북한을 정면으로 부정하는 것이었다. 1장에서 언급한 전인권의 '재떨이 고고학'의 계통도를 다시 떠올려보자. 이 계통도는 86이 냉전시대의 유년 시절 동안 구성해온 세계질서다. 86들은 포퓰리즘 계기를 겪으며 이러한 계통도를 정면으로 부정하는 새로운 계통도를 만들기 시작했다.

하지만 정부가 적극적으로 다양한 원천을 제공한 '자유세계'의 계통도와 달리, 대안적 계통도는 굉장히 제한된 정보만을 가지고 구성해야 했다. 김일성, 모택동, 레닌, 마르크스 등 금지어들을 조각조각 모아서 대안적 계통도에 짜넣어야 했다. 1980년대 내내 지속된 사회구성체 논쟁도 이 계통도에 대한 논쟁이었다. 자유세계와 대안세계의 두 계통도는 전세계가 두 패로 나뉘어 싸우던 냉전적 세계질서를 반영했다는 점에서 유사했다. 두 계통도는 좌우만 다른 데칼코마니를 이루었다.

이런 '다시 태어남'은 개인적 차원만은 아니다. 박세길은 자신이

현대사를 통해 깨달은 것처럼, 우리 민족이 모두 깨달아야 한다고 주장한다.

> 노예가 자신이 노예임을 깨닫지 못한다면 그 노예는 영원히 노예일 수밖에 없습니다. 마찬가지로 한 민족이 자신을 지배하는 외세를 마냥 받들어 모시기만 한다면 그 민족은 결코 식민지 노예의 멍에로부터 벗어날 수 없을 것입니다.
> 돌이켜보면 우리는 참으로 오랫동안 외세를 은혜로운 존재로 찬미하고 제 동포를 흉측한 괴물로 취급하는 가공스러운 최면상태를 강요받아왔습니다. (중략)
> 물론 지배자가 사용하는 은폐와 위장이라는 기본 수법은 어디까지나 심각한 '폭력'에 의해 뒷받침되어왔습니다. 미국이 남한을 지배하는 데 있어 가장 중요한 통로의 하나이자 거대한 음모의 산실인 각종 정보기관이 총칼로 무장한 군부의 손에 직접 장악되어왔다는 사실이 이를 잘 말해주고 있습니다.[21]

박세길은 '스스로 노예임을 깨닫지 못하는 노예'와 '자신을 지배하는 외세를 받들어 모시기만 하는 민족'을 등치한다. 여기서 민족 구성원은 그 내부의 차이에도 불구하고 모두 피지배 관계에 놓인 동일한 처지가 된다. 민족을 개인처럼 단일한 주체로 보는 것이다. 깨닫기 이전 상태는 강요받은 "최면"이며 지배자의 "은폐와 위장" "거대한 음모"에 당한 상태로 표현된다. 세계의 진실이 눈앞에 보이는 대로가 아니라 그 이면에 있다는 걸 깨달은 이 강력한 경험으로, 86들은 현실을 곧이곧대로 믿지 않는 것 자체를 중요한 정치적 덕목이라고 생각하게 된다.

깨달은 '나'로부터 깨달아야 할 '민족'으로 확장하는 구도에서 86들은 먼저 깨달은 자, 나머지 민족은 반드시 깨달아야 할 사람들이 된다. 그래서 86들과 나머지 국민들의 관계는 단지 이해관계나 정치적 입장이 다른 자가 아니라, 깨어난 자와 최면상태에 있는 자의 관계가 된다. 그렇기에 86들은 다른 시민들을 이끌 자격을 갖추게 되며, 다른 시민들을 설득하는 건 오히려 윤리적인 당위성을 갖는 행동이 된다.

졸업정원제와 학원자율화 조치

박정희의 죽음, 전두환 쿠데타와 집권, 5·18민주화운동으로 이어지는 정치적 상황이 만든 포퓰리즘 계기는 86 학생운동 성장의 정치적 계기가 되었다. 한편 1981년 시행된 졸업정원제에 따른 대학생 정원의 증가는 1980년대 학생운동이 성장할 수 있는 객관적 조건이 되었다. 졸업정원제는 대학 정원의 30%를 추가적으로 선발하되, 대학 과정 이수 중에 해당 인원만큼을 탈락시키는 제도였다. 몇 년간은 실제로 학점에 따라 학생을 자르긴 했는데, 불공정과 경직성 논란이 일어 점차 유명무실해지며 정원 확대의 효과만 남기게 되었다.

	대학교• 수	학생 수(명)	여학생 수(명)	교원 1인당 학생 수(명)
1965	70	105,643	23,761	22
1970	71	146,414	32,641	22
1975	72	208,986	55,439	24
1980	85	402,979	90,643	28
1982	97	661,125	169,128	43
1985	100	931,884	250,088	46
1988	104	1,003,648	270,343	44

• 전문대학과 교육대학을 제외한 일반 대학.

대학생 수와 대학교육 환경의 변화 [22]

졸업정원제는 한국 경제가 성장하며 늘어난 대학교육 요구에 대한 신군부의 반응이었다. 박정희 통치가 시작된 1961년 고교 진학률은 전국 평균 41%였던 반면, 전두환이 집권한 1980년에는 82.6%에 이르렀다. 그만큼 대학 경쟁률이 높아져 사교육시장이 과열되고, 재수생들이 쌓여가는 사회적 문제가 대두되었다. 졸업정원제를 하게 된 배경 자체가 경제성장으로 인해 식자층, 중산층이 늘어나는 사회적 상황 변화를 보여주는 것이기도 하다. 졸업정원제의 시행과 대학교육 수요의 증가로 대학생 수는 점차 증가하여 1980년대 중반에 100만 명에 이른다. 그런 만큼 대학생의 정치의식과 대학문화의 사회적 중요성도 커졌다.

졸업정원제는 신군부가 대학 내 경쟁을 강화해 학생운동의 열기를 차단하려는 의도도 있었다. 실제로 학생들은 다소 압박을 받기는 했으나, 졸업정원제는 오히려 5·16쿠데타 이후 대대적인 탄압으로 위축되었던 학생운동이 확대되는 기회가 되었다. 학생들은 5·18민주화운동의 숨겨진 진상을 공유하며, 근본적인 정치 변화가 필요하다는 생각을 확대해갔다. 1981년 이후 '언더서클'들은 규모를 급격히 확장했다.[23]

1983년 12월 전두환 정부의 학원자율화 조치는 학생운동이 대중화되고 조직문화가 바뀌는 또 다른 중요한 기회가 되었다. 전두환 정권은 집권 3년을 넘어서고 경제적 호황이 이어지며 집권에 자신감을 갖게 된다. 그리고 1986년 아시안게임과 1988년 올림픽 개최를 앞두고 대외적 이미지를 개선해야 할 필요도 있었다. 미국 정부 역시 동맹국인 한국 내에서 이루어지는 반민주적인 탄압을 방치한다는 비판을 신경 쓰고 있었다. 이런 상황에서 전두환 정부는 '국민화합 조치'라는 이름으로 제한적인 정치적 자유화를 시도했다. 학원자율화 조치는 그 일환으로, 대학 내 상주경찰을 철수시키고 시위 등으로 제적된 학생들을 복학시켰다.

제적된 '선수'들이 복학하고 학내 상주경찰이 철수하자 운동권 학생들은 자신들의 문제의식을 일반 학생들과 공유하려고 학생운동 체계를 변화시켰다. 언더서클 중심의 운동방식을 극복하고 총학생회와 투쟁위원회와 같은 반半합법조직을 세우려고 했다. 밧줄 하나에 목숨을 맡긴 고공시위 등 단발성 시위보다는 안정적인 정기집회를 열게 되었고, 대학 간 연합시위도 새로운 집회방식으로 등장했다. 또 내용적으로도, 체제변혁 외에도 학생들의 복지사업으로도 관심을 넓혔다. 소수만이 공유하는 '운동권 문화'에서 다수의 학생이 참여

하는 '학생운동 문화'로 전환하려 한 것이다.[24]

하지만 이러한 노력은 운동권의 수를 늘리는 데는 성공했지만, 운동권과 비운동권 구분이 약화되지는 않았다. 언더서클 해체 이후에도 비합법조직의 역할을 줄어들지 않았고, 더욱더 전위적인 정치적 지향을 갖게 되었다. 또 학내 집회가 폭발적으로 늘어나면서, 운동권 학생들은 그걸 기획하고 참여하는 것만으로도 너무 바빠져, 일반 학생들과 인식을 공유할 기회가 점차 줄어들게 된다.[25]

그러나 운동권 학생 수의 증가는 운동권 조직을 전국화하고, 운동권의 독자적 문화가 다양한 분야에서 자라날 수 있는 토대가 되었다. 운동권 학생들은 체제변혁에 대한 의식을 가진 대학생을 넘어서, 직업적 운동가가 되어갔다. 그리고 강고한 조직과 문화를 갖춘 학생운동세력은 독자적이고 완성된 정치이념을 가진 정치조직으로 거듭났다.

주석

1. 카스 무데, 크리스토발 로비라 칼트바서, 《포퓰리즘》, 이재만 옮김, 교유서가, 2019, 1장, 전자책.
2. 강원택, 《정당론》, 박영사, 2022, 259~261쪽.
3. 정병기, 《포퓰리즘》, 커뮤니케이션북스, 2021, 1장, 전자책.
4. 로버트 달, 《민주주의》, 김왕식 외 옮김, 동명사, 2002, 28쪽.
5. 'People's Party'가 정식 당명이며 'Populist Party'라는 당명도 사용했다. 국내에서는 인민당으로 번역되기도 하나 민중당의 역사를 가장 집중적으로 연구한 안윤모의 번역에 따라 민중당이라고 한다.
6. 권호, 〈[단독] "이재명 난 포퓰리스트…시 수익 1800억 시민에 현금배당할 것"〉 《중앙일보》, 2018. 1. 29.
7. 샹탈 무페, 《좌파 포퓰리즘을 위하여》, 이승원 옮김, 문학세계사, 2019, 결론, 전자책.
8. 우상호, 《촌놈》, 두물머리, 2004, 104~106쪽.
9. 권인숙, 〈진보, 권위, 그리고 성차별〉, 임지현 엮음, 《우리 안의 파시즘》, 삼인, 2000, 147쪽.
10. 'moment'를 역자에 따라 계기, 순간 등으로 다르게 번역한다. 여기서는 국내에서 샹탈 무페 저작을 가장 많이 번역하는 이승원의 번역에 따라 '계기'로 쓴다.
11. 샹탈 무페, 같은 책, 1장, 전자책.
12. Ernesto Laclau, *On Populist Reason*, Verso, 2005.
13. 진태원, 〈포퓰리즘, 민주주의, 민중〉 《역사비평》 2013년 겨울호, 201~202쪽.
14. 정근식, 〈학생운동 연구를 위한 방법론적 모색〉, 이호룡·정근식 엮음, 《학생운동의 시대》, 도서출판 선인, 2013, 21쪽.
15. 우상호, 같은 책, 265~266쪽.
16. 전인권, 《박정희 평전》, 이학사, 2006, 308쪽; 권보드래·김성환·김원.천정환·황병주, 《1970 박정희 모더니즘》, 천년의상상, 2015, 363쪽.
17. 우원식, 본인 페이스북, 2019. 11. 18.
18. 박세길, 《다시 쓰는 한국현대사 1》, 돌베개, 2015, 382쪽.
19. 민경우, 《86세대의 민주주의》, 인문공간, 2021, 24~25쪽.
20. 권인숙, 같은 책, 141쪽.
21. 박세길, 《다시 쓰는 한국현대사 2》, 돌베개, 2015, 5~7쪽.

22. 이기훈, 〈학생운동의 발전과 6월항쟁〉, 민주화운동기념사업회 한국민주주의연구소 엮음, 《6월 민주항쟁: 전개와 의의》, 한울아카데미, 2017, 140쪽(한국교육개발원, 《한국교육 60년 성장에 대한 통계적 분석》, 2005, 43~46쪽 재구성).

23. 허은, 〈1980년대 상반기 학생운동 체계의 변화와 학생운동 문화의 확산〉, 이호룡·정근식 엮음, 《학생운동의 시대》, 도서출판 선인, 2013, 162쪽.

24. 허은, 같은 책, 190~201쪽.

25. 허은, 같은 책, 207쪽.

3장

86포퓰리즘
: 역사·민중·대표의 재구성

민중 vs. 외세: 역사의 재구성

유년기에 배워온 반공 권위주의 세계가 거짓이란 걸 '깨달은' 86들은 모든 진실을 새로 구축해야 했다. 그 시작은 거짓 역사를 해체하고 '진실한' 역사로 재구성하는 것이었다. 반공 독재정권에 의해 삭제되었던 역사적 사실들을 찾고 지워진 쟁점들을 복원하려는 노력들이 계속되었다. 《해방전후사의 인식》 시리즈[1]는 독재정권하에서 명맥을 이어온 앞세대 통일운동가와 연구자들이 만든 공간을 빌려, 86 연구진이 현대사를 새로운 시각에서 연구할 기회를 만들었다. 《해방전후사의 인식》을 시작으로 현대사에 대한 다양한 차원의 연구와 저술이 늘어났다.

그러나 분단과 독재하에서 정확한 역사적 정보를 얻기가 쉽지는 않았다. 진보적 연구자들 사이에서도 통일된 시각을 갖추거나, 현대사 통사를 공백 없이 재구성하기 어려웠다. 이들은 독재정권이 독점하던 현대사에 식자층이 의문을 가지게 하는 역할을 했지만, 인과적으로 완결성 있고 유기적으로 서술된 통사를 완성해내지는 못했다.

객관적 자료와 학술적 연구가 부족한 상황이 만든 공백은 '민중 대 외세'의 이분법적 세계관을 기반한 상상력으로 과감히 채워졌다. 독재정권이 역사적 사실을 왜곡·통제한다는 사실은 정사正史와 상상력을 섞는 것에 대한 거리낌을 없앴고, 오히려 그것이 '역사적 사고'이며 그런 구성을 하는 스스로가 역사적 주체라고 생각하게 되었다.

1988년 1권이 나온《다시 쓰는 한국현대사》는 재구성된 역사의 표준을 확립한 책이다. 인천 지역 노동운동가였던 저자 박세길은 국가보안법 위반 혐의로 10개월간 복역하면서 이 책을 썼다. 그는 책을 쓴 이유에 대해 "민중을 역사 주체로 놓고 우리 현대사를 자주와 통일의 관점에서 쉽고 단순명료하게 설명해야겠다고 생각했다"라고 회고했다.[2] 시작부터 역사에 대한 관점과, 대중을 설득하겠다는 목적을 분명히 한 저작이었다.

이후의 인터뷰에서 박세길은 "우리 현대사를 통해서 남한이 미국 식민지와 다를 게 없다는 걸 폭로하는 데 초점을 두었다. 그 시기엔 그게 의미가 있으리라 봤다"라고 말했다.[3]《다시 쓰는 한국현대사》는 객관적 설명이 어려운 지점마다 '민중의 강력한 투쟁의지'와 '미국의 음모'로 돌파한다. 책은 적어도 수십만 권 팔린 것으로 추정되며, 1980년대 중후반부터 1990년대까지도 운동권의 교과서라고 불리게 된다. 역사학자 한홍구는 "시대적 욕구를 전문 사학자들이

채워주질 못하니까" 이 책이 나온 것이라고 평했다.[4]

박세길은 책을 시작하면서 서술의 원칙을 명확히 규정한다. 이 세 가지 원칙은 《다시 쓰는 한국현대사》를 포함한 86 방식의 역사 재구성의 특징과 한계를 명확히 보여준다.

> 첫째, 철저히 민중을 중심에 둔 역사를 쓰고자 했습니다. (중략)
> 둘째, 그러한 민중의 요구와 역할에 대한 외세, 특히 미국과의 관계를 집중적으로 파헤치고자 했습니다. 미국이야말로 현대사의 음모에 대해 일차적으로 책임이 있는 당사자라고 여겼기 때문입니다.
> 셋째, 남북한의 민중을 동시에 하나의 민족사의 주체로 파악하고자 했습니다.[5]

첫번째 원칙은 '민중 중심'이라는 것이다. 86의 역사 서술에서 민중은 무엇일까? 민중은 영화 〈어벤져스〉의 슈퍼히어로 같은 것이다. 어벤져스는 지고, 좌절하고, 분열하고 때로는 나빠 보이는 행동도 한다. 하지만 그들은 머지않아 다시 분연히 일어나 연대하고 선을 위해 나아갈 것이다. 이 영화에서 어벤져스가 큰 시련을 겪고 때론 회복할 수 없는 희생을 겪는다 해도 끝내 타노스가 이길 것이라 기대하는 관객은 없다. 끝내 어벤져스가 타노스를 꺾을 것을 알기 때문에 우리는 끝없이 고통받는 어벤져스를 세 시간 동안 팝콘을 먹으며 지켜볼 수 있다.

어떠한 시련 속에서도 좀처럼 굴복하지 않는 강인한 인내력과 함께 조국과 민족을 위해서라면 기꺼이 목숨도 바치는 고귀한 희생심을 지닌, 그러면서도 오로지 자신의 피땀으로 먹고살며 결코 자만하지 않는 그윽한 양심의 소유자인 이 영웅의 이름은 '민중'이었습니다. 더욱이 놀라운 사실은 이 영웅이 역사의 뒤안길로 사라지지 않고 지금 이 순간에도 엄연히 살아 있다는 점이었습니다. 그 영웅, 아니 그분들은 허름한 옷차림으로 땅을 일구고 있는 우리네 조부모님과 부모님에 다름 아니었습니다. 그렇습니다. 현대사는 바로 우리네 조부모님과 부모님의 집단적 체험기입니다. (중략)

이렇게 하여 어린 시절 저를 지배해왔던 민족적 열등의식은 뿌듯한 자부심으로, 민중에 대한 경멸감은 깊은 신뢰감으로 바뀌었습니다. 아울러 제가 살아나가야 할 삶의 방향은 우리의 부모님들이 못다 이루신 뜻을 성사시키는 것에 있음을 확인하게 되었습니다.[6]

민중 중심의 역사 서술은 단지 민중을 주어로 하여 그들의 생사고락을 서술한다는 뜻이 아니다. 민중을 주인공을 한 슈퍼히어로물을 쓴다고 보면 된다. 그들은 객관적 존재가 아니라 저자와 독자가 이입하는 주관적 대상이며 그들의 승리는 예정된 것이다. 그들은 "강인한 인내력"을 가진, "자만하지 않는" "그윽한 양심"을 가진 자들이다. 그리고 사라지지 않는 자들이다. 이처럼 민중은 사회과학적인 객관적 대상이 아니라 초윤리적이고 초이성적 존재다. 그들은 실재하는 이웃이었지만, 동시에 이상향이고 그 자체로 목적이었다.

모든 사람이 민중이지만, 또 어떤 사람도 그 자체로 민중일 수는 없었다. 민중은 쉴 새 없이 재구성되었다. 그것은 계급적·계층적 범주가 늘었다 줄었다 하는 것이기도 했지만 윤리적 실천에 따라 달라지는 것이기도 했다. 박세길은 민중이 "우리네 조부모님과 부모님"이라고 이야기한다. 이런 혈연에 따른 것이라면, '나'도 당연히 민중이다. 그러나 동시에 민중은 "살아나가야 할 방향"으로 두고 행동으로 실천해야 이룰 수 있는 존재다. 나는 이미 민중이지만, 민중이 되기 위해 끝없이 뭔가를 실천해야 하고, 그 실천들은 내가 민중이기에 정당한, 끝없는 순환논리가 만들어진다.

민중은 패배할 수 없는 존재다. 민중이 영웅으로서의 면모를 보이지 못하는 모든 순간들, 즉 현재의 모든 일들은 아직 역사가 진행중이라고 생각하면 된다. 세 시간이 넘는 상영시간을 버텼는데, 타노스가 인류의 절반을 죽인 채 영화가 끝난다면 그건 속편을 예고하는 것이지 진정한 결말은 아닌 것처럼 말이다. 우리가 어벤져스를 불신하는 순간 '마블 유니버스'의 세계관은 깨져버린다.

《다시 쓰는 한국현대사》의 설명에서 민중의 역량과 의지는 과장되었다. 몇 가지 사례를 짚어보자. 우선 갑작스러운 해방 직후, 건국준비가 제대로 되어 있지 않았던 한반도 전체는 큰 혼란을 겪는다. 특히 소련의 지원 아래 김일성이 비교적 안정적으로 권력을 확보하던 것과 달리 남한의 혼란은 극심했다. 정치적 혼란은 물론이고, 경제적 위기도 극심했다. 그런데 이 시기의 민중의 건국 역량에 대해 박세길을 다음과 같이 호평한다.

> 단군 이래 수천 년 동안 숱한 외래 침략자들과 봉건적 착취에 시달려왔던 이 나라 민중은 이제 절호의 기회를 맞이해 온간 압제의 굴레를 벗어던지고 자신의 요구에 맞게 자신의 힘으로 자주적인 독립국가와 민주사회의 건설을 향해 힘찬 발걸음을 내디뎠다. (중략)
> 인민위원회는 대부분의 지역에서 실질적인 통치기능을 발휘해나갔다. (중략)
> 요컨대 우리 민중은 능히 해방을 주체적으로 맞이할 수 있는 자격과 조건을 갖추고 있었던 것이다. (중략)
> 미군정은 그 즉시 자신만이 남한 내의 유일한 정부임을 선언했고 그에 따라 '인민공화국'은 간단히 부정되었으며 궁극적으로는 미군정의 무력으로 분쇄되었다.[7]

미군정이 해방정국에서 어떤 역할을 했는지는 논쟁적이다. 그리고 한반도를 미국과 소련이 분할하지 않았다면 분단이라는 비극으로 이어지지 않았을 것이라 역사적 가정은 충분히 설득력 있다. 하지만 미군정이 부정적 역할을 했다고 하더라도 그 대항으로서 민중의 역량과 의지가 강했다는 근거가 될 수는 없다.

남한 내 어떤 집단은 건국할 의지와 나름의 가능성을 가지고 있었을 것이다. 인민위원회가 어쩌면 통일 한국의 정부로 성장했을 수도 있다. 하지만 국민들이 종합적으로 건국할 역량이 있었는가를 평가하지 않고, 좌절된 특정 가능성만을 민중의 것이라고 여기는 건 이상하다. 그러면 대체 민중은 누구란 말인가? '우리 애가 머리는 좋은데, 친구를 잘못 만나서'이자 '이기는 편만 우리 편'인 사고방식이 된다. 해방정국뿐 아니라 이런 식으로 민중의 역량을 '올려치는' 서술은 반복된다. 박정희 유신 초기에 대한 서술을 보자.

> 그러나 박 정권의 이 같은 폭압조치조차 민주진영을 잠재우지는 못했다. (중략)
> 학생들 또한 2학기에 접어들면서 살인적인 긴급조치 4호의 발동에도 불구하고 의연히 유신철폐투쟁에 나섰다. (중략)
> 대학생들의 용기에 가득 찬 투쟁에 고무되어 고등학생들도 분연히 반독재투쟁에 궐기해 나섬으로써 압제정권은 더욱더 궁지에 몰리게 되었다. (중략)
> 학생들의 유신철폐투쟁이 지칠 줄 모르고 계속되자 양심적인 재야인사와 종교인 또는 단체들도 이에 가세해 투쟁대열을 한층 폭넓게 했을 뿐만 아니라 그 기세 또한 더욱 높아져갔다. (중략)
> 반유신투쟁의 불길은 곳곳으로 번져나갔고 급기야는 민중의 알 권리를 무참히 짓밟는 데 앞장섰던 관제언론까지도 투쟁의 불길 속에 휩싸이도록 만들었다.[8]

유신독재에 목숨을 걸고 저항한 사람들은 많았다. 그들의 희생을 기억해야 하는 것과 별개로, 일부가 강고히 투쟁했다고 해서 당시 유신정권보다 그에 저항하는 힘이 더 강했다고 평가할 수는 없다. 여기서 민중은 가난하고 평범한 사람이라는 계층적 개념이기도 한 동시에, 기득권층과 맞서 싸우는 존재라는 정치적 개념이 된다.

86으로서 86을 자기성찰적으로 분석한 사회학자 조형근은 민중은 유동적인 범주, 운동 속에서 생성 중인 범주라고 설명한다. 민중은 사회의 모순을 집중적으로 체현하고 있음과 동시에, 바로 그렇기 때문에 투쟁과 저항에 나서게 될 주체적 존재였다. 노동자, 농민, 도시빈민 같은 하층계급, 기층민에 더해 때로 진보적인 대학생, 양심적인 중산층, 그리고 여성이나 장애인같이 힘 약한 모든 존재들이 민중의 범주에 포괄될 수 있다. 그래서 민중은 객관적인 계급적 모순에 근거한 집단임과 동시에, 스스로 힘 약한 이의 편에 서기로 결심한 이들을 포함하는 주관적 범주이기도 했다.[9]

민중을 이렇게 주관적인 정치적 지향으로 인식하면, 민중이 되기로 지향하고 그런 정치행위를 계속하는 한 나는 계속 민중일 수 있다. 특히 86들이 1990년대 이후 급진적 지향을 버리고 서민과 중산층을 위한다는 모호한 계급적 지향을 띠면서, '민중'이라는 개념은 점차 객관적인 계급을 나타내기보다는 주관적 실천을 나타내는 말이 되었다. 또 86들이 경제적으로 어디에 서 있는지와 사실상 무관하게 '민중'에 머물 수 있게 했다. '정치적으로 민중 되기'는 86들이 권력을 갖게 된 후, 민주주의적 대의와 관련해 기이한 정치적 왜곡이 발생한다. 권력을 가진 최고의 엘리트와 진짜 경제적으로 어려운 사람들을 정치적으로 구분해 표현할 수 없는 것이다. 86 정치의 핵심적 문제인 이것은 뒤에서 더 자세히 설명할 것이다.

민중을 슈퍼히어로로 서술하면 현대사는 모든 슈퍼히어로 작품이 가진 문제에 부딪힌다. 전능한 주인공보다 더 강해 보이는 '빌런'을 만드는 것이다. 민중이 이토록 대단한 존재라면, 왜 우리는 민중이 주인인 나라를 만들지 못하고 분단과 독재, 그리고 빈곤으로 계속 고통받는단 말인가? 86식 역사에서 빌런의 자리에는 미국이 있다. 《다시 쓰는 한국현대사》의 두번째 원칙, 미국을 "현대사의 음모에 대해 일차적으로 책임이 있는 당사자"로 여기는 것이다.

물론 냉전이 정점에 다다랐던 1980년대에 미국의 전세계적 영향력은 엄청난 것이었다. 특히 분단국가인 대한민국에서 미국의 영향력은 절대적이었다. 86들의 상상력도 이런 현실에 기반한 것이었다. 그러나 그들은 '민중 대 미국'의 서사를 완성하기 위해 미국을 결부한 상상력을 모든 상황에 적용시켰다. 박정희가 일으킨 5·16군사쿠데타에 대한 《다시 쓰는 한국현대사》의 서술을 보자.

> 쿠데타를 주도한 박정희 일파는 자신들이 받들어 모시고 있던 미국의 권위를 송두리째 부정하고 그것에서 완전히 이탈해버린 것인가, 아니면 미국의 암묵적인 사전 승인을 얻어낼 수 있었던 것인가. 결론은 틀림없이 둘 중 하나일 것이다.(중략)
> 미국은 애초부터 쿠데타를 저지하려는 확고한 의지가 없었고 결과적으로 쿠데타가 성공할 수 있도록 방조했다는 결론을 내리기에 충분할 것이다.
> 그러나 문제는 여기서 그치지 않는다. 미국이 군사쿠데타를 허용

했을 뿐만 아니라 이를 적극적으로 사주했다는 의심을 갖도록 만드는 몇 가지 증거들이 발견되고 있다. (중략)

이와 같은 미국의 이해관계야말로 5·16군사쿠데타가 발생하게 된 중요한 배경임은 의심할 여지가 없다. 이는 쿠데타의 실질적인 주모자라고 할 수 있는 CIA 국장 덜레스가 그의 형과 함께 한국전쟁 당시부터 아시아에서 전쟁계획을 이끌어온 대표적 인물 중의 한 사람이며, 군사쿠데타 이후의 핵심적인 프로그램이었던 중앙정보부의 창설 역시 미국 CIA의 상당한 개입과 후원 아래 이루어졌다는 사실을 통해서도 입증된다.[10]

사료가 검토되어 결론에 다다르는 게 아니라 결론이 정해지고 자료가 짜맞춰진다. 미국은 5·16군사쿠데타에 대해 당황했고, 남조선노동당 경력이 있던 박정희가 공산주의적 행보를 보일까 우려했다는 게 현재 알려진 사실이다. 박세길은 자신의 결론과 상충하는 근거들은 애써 반론하지도 않는다. 대신 결론에 맞게 해석할 수 있는 조각난 근거들을 수집한다. 5·16군사쿠데타에 대해 미국이 방조했다는 1차적 결론은, 어쩌면 미국이 사주까지 한 것일 수도 있다는 가정으로 이어진다. 그리고 곧 미국의 이해관계가 쿠데타의 주요한 배경이라는 것은 "의심할 여지가 없다"라는 확신으로 강화된다. 그리고 특정 인물, 정황, 자료 등에다가 살을 붙여간다.

사실은 늘 권력에 의해 어느 정도 은폐된다. 역사는 승자의 기록이다. 그리고 86들이 학생운동을 하던 독재정권하에서는 특히 많은 사실들이 은폐되었다. 86들의 이러한 역사적 재구성은 필연적이고 정당하기도 한 것이었다. 어쩌면 당연하다고 여겨지는 것들을 의심하고 재구성하는 것 자체가 인류 발전의 원동력일지 모른다. 그러나 그 과정을 지독하게 겪었던 86들은 '진짜 진실'은 언제나 공개된 사실의 이면에 있다는 믿음, 그리고 곧이곧대로 믿지 않는 게 우월하다는 생각, 하지만 '깨달은' 본인의 오류 가능성을 전제하지 않는 태도를 인식론적 습관으로 남기게 되었다.

역사적 공백에 미국을 대입하는 몇 가지 사례를 더 살펴보자. 우선 김재규가 박정희를 총살한 10·26 사건에 대한 서술을 보자.

> 박정희에 대한 암살극이 있기 하루 전날인 1979년 10월 25일, 몇 개월 전까지 주한 미군 사령관이었던 존 베시 육군참모차장은 아시아 협회 주최의 만찬회에 초청되어 강연했다. (중략)
> 주목해야 할 것은 베시가 "가령 특별한 사건이 일어난다고 해도"라고 말했다는 점이다. 이에 관해 그날 밤 이 만찬회에 초대되었던 퇴역군인인 재미한국인 실업가는 "지금 생각하면 베시 장군은 박 대통령의 신변에 무언가가 일어날 것을 미리 알고 있었던 것이 아닐까 하는 생각이 든다"라고 회고했다. 또한 10·26 사건 당시 기묘하게도 주한 미 대사관은 평소와 달리 늦은 시각까지 계속 불이 켜져 있었다는 사실도 모종의 심각한 사태가 발생하고 있음을 암시했다.[11]

갑작스럽고 충격스러운 사건에는 당연히 많은 '카더라'가 달라붙는다. 어떤 '카더라'는 때론 너무 믿고 싶어진다. 내가 상상하는 사실관계에 딱 들어맞는 데다, 원흉들의 반인륜과 부패를 정확하게 드러낼 수 있을 만큼 자극적이기 때문이다. 그러나 원래 '카더라'는 구체적 증거보다 서사를 원하는 대로 완성하고픈 욕심에서 만들어진다. 사실이 고도로 은폐된 속에서 '카더라'에 의존해 역사를 재구성해야 했던 경험들은 이후에도 '카더라'를 진실이 숨겨져 있는 경구처럼 대하는 습관으로 남았다. 사건의 진상을 객관적으로 밝혀야 할 위중한 순간에도 '카더라'에 집착하는 모습을 보이곤 했다.

민중 대 미국의 세계관에서 미국은 정세의 변수가 아니라 세계 그 자체다. 정세적 유불리에 따라서 친소관계를 결정할 수 있는 대상이 아니다. 환각에 빠지지 않는 이상 어벤져스와 타노스가 협력할 수는 없는 것처럼, 무조건적으로 물리쳐야 할 대상이다. 1987년, 86 학생운동 절정기의 상징인 전국대학생대표자협의회(전대협)가 발족한다. 전대협의 강령은 이렇게 시작한다.

> 1. 미국을 반대하고 모든 외세의 부당한 정치·군사·문화적 간섭과 침략을 막아내고, 목숨보다 소중한 민족의 자주권을 회복하여 조국의 자주화를 이룩한다.[12]

86들의 정치관에서 '무조건 물리쳐야 할 대상'은 계속 바뀌었고 점차 축소되어갔지만 묻지도 따지지도 말고 힘을 합쳐 물리쳐야 할 대상은 항상 있었다. 그리고 86들이 압도적인 정치권력을 가지고 있을 때조차 그 대상은 절대적 힘을 가진 '빌런'으로 상상되었다.

민중의 재구성: 상상 속의 북한

이제 《다시 쓰는 한국현대사》의 세번째 원칙에 대해 이야기해 보자. "남북한의 민중을 동시에 하나의 민족사의 주체로 파악하고자 했습니다. 반쪽만의 역사는 민족사를 불구로 만들 뿐만 아니라 사실 자체를 올바르게 파악할 수 없게 만듭니다."[13]

북한 또는 북한 주민들을 어떻게 볼 것인가는 단독정부 수립 논쟁부터 시작해 해방 후 한국 정치에서 가장 지속적이고 근본적인 문제이다. 북한에 대한 강경한 단절을 주장한 세력과, 대화와 교류를 주장한 세력은 늘 경쟁해왔다. 대학생의 신분으로 북한을 방문하고 합동 행사를 추진하기도 하는 등 유독 북한과 급진적인 통합을 추구한 86은 해방 후 이어진 통일 지향 세력의 연장선으로 흔히 여겨져 왔다. 물론 그런 점도 사실이지만, 포퓰리즘 정치의 주요한 쟁점도 여기 있다. 86포퓰리즘은 남한에서 형식적 민주화를 이뤄낸 운동으로 정의하기보다는, 남북한 민중을 급진적으로 통합해 새로운 국가를 건설하려 했으나 실패한 운동으로 정의하는 게 더 정확하다.

그들은 '민중' 개념을 통해, 반공 권위주의 정권에 의해 좁게 설정된 '국민'의 경계를 확대하려고 했다. 샹탈 무페는 포퓰리즘 계기,

즉 기존 헤게모니적 정치질서하에서 받아들이지 못하는 대중의 요구들이 일정 수준 이상으로 쌓이는 순간에 개입하기 위해서는 반드시 정치적 경계를 다시 설정해야 한다고 이야기한다. 요구가 좌절된 사람들이 하나의 정치적 집단이 되어가면서 새로운 정치적 집단이 등장하기 때문이다. 포퓰리스트들은 대중의 요구들이 잘 수용되도록 민주주의를 심화하기 위해서는 정치적으로 동원되지 않았던 사람들에게도 정치적 성원권이 있다는 걸 강조한다. 이를 통해 소수의 요구만 반영해 사회적 결정권을 과점하고 있는 과두세력의 정치적 정당성 없음을 두드러지게 하는 것이다.[14]

무페는 이렇게 대중의 경계를 확대해 재설정하는 정치를 '좌파 포퓰리즘'이라고 불렀다. 대중과 과두세력 사이의 새로운 경계는 꼭 대중을 확대하는 방식으로 등장하지는 않는다. 무페는 포퓰리즘을 우파 포퓰리즘과 좌파 포퓰리즘으로 구분한다. 우파 포퓰리즘은 자유민주주의 제도가 포용할 수 있는 가치와 주체를 최소화하기 위해 '배제의 논리'를 강조한다. 유럽 등지에서 나타나는 우파 포퓰리즘이 이민자, 난민, 성소수자 등을 배제하는 것을 보면 알 수 있다. 반면 좌파 포퓰리즘은 '모든 이들의 자유와 평등'을 급진적으로 확장하려 한다. 기존 자유민주주의 제도의 급진적 확장을 추구하고, 이 과정에서 새로운 '대중', 새로운 '민주시민'을 구성하는 정치전략이라 할 수 있다.[15] 이런 무페의 개념을 적용하면 86포퓰리즘은 좌파 포퓰리즘의 일환이라고 할 수도 있다.

누가 정치적 성원권을 가진 대중인가는 늘 경합적이다. 정치적 성원권은 투표권 여부 등 가시적인 방식으로 차별될 수도 있고, 성소수자, 장애인, 난민 등 사회적 소수자들이 실질적으로 대표자를 갖지 못하도록 하는 등의 방법을 통해 보다 암묵적으로 차별될 수도 있다.

가시적인 성원권 경합의 사례로 '재한 외국인 투표권' 문제를 들어보자. 우리나라는 지방선거에 한해 일정 조건을 갖춘 영주 외국인에게 투표권을 부여하고 있다. 법무부장관 한동훈은 2022년 12월 이를 박탈하거나 요건을 강화하는 것을 검토하겠다고 밝힌 바 있다. 보통선거권이 자리 잡은 대한민국에서도 정치적 대중의 경계를 둘러싸고 가시적인 경합은 일어나는 것이다. 좀 더 암묵적인 성원권 경합의 사례로는 '차별금지법 입법 논쟁'이 있을 것이다. 성소수자 등 차별금지의 대상이 되는 사회적 소수자들은 수십 년째 차별금지법 입법을 1순위 과제로 싸우고 있지만, 좀처럼 입법 진도는 나가지 않는다. 이런 사례는 사회적 소수자들이 아직 우리 사회의 정치적 성원이 아니라는 점을 암시한다.

무페는 경합하는 정치적 성원의 경계들은 각각 특수하게 배열된 권력관계를 보여주며, 이 경계들은 늘 경합하고 협상된다고 이야기한다. 정치적 성원의 경계는 안정적인 것으로 보이지만 언제나 다른 방식으로도 존재할 수 있고, 기존 질서는 대항적인 경계에 늘 도전받는다. 가령 이민자 인구가 많아지면, 우리 사회에 영주하고 있지만 투표권이 없는 이민자의 권리에 대한 문제가 더 커질 수도 있다. 그 귀결로 투표권이 확대될 수도 있고, 오히려 더 축소될 수도 있다. 성소수자 등 사회적 편견의 대상이 되는 집단들이 자신들의 요구를 키우면 이전의 권력관계는 그들을 더 포용할 수도 있고, 오히려 더 극렬하게 배제할 수도 있다.

남북한의 대중을 하나의 '민중'으로 파악하는 것은 정치적 성원에서 배제된 휴전선 이북의 수천만 명을 단번에 성원으로 포함시키려는 급진적인 정치적 시도였다. 과두세력을 국내의 독재세력을 넘어 미국으로까지 확장하면서, 민중의 범위도 국내의 소외된 자들을 넘어 전쟁과 냉전 이전의 북한 민중까지로 확대하는 상상력을 발휘할 수 있게 된다.

카스 무데는 포퓰리즘에서 '민중' 개념이 주권자로서의 민중, 보통 사람들로서의 민중, 국민으로서의 민중이라는 세 가지 의미로 보통 쓰이며, 이 의미들은 보통 두 가지 이상 섞여서 사용된다고 설명한다.[16] 세 경우에 '민중'과 '엘리트'를 나누는 주요 구분선은 각각 정치권력, 사회경제적 지위, 국적 및 종족이라는 2차 특징과 연관된다. 정치권력과 관련해서는, 정치권력을 잡은 엘리트층이 특정한 상황에서 자신들을 제대로 대표하지 않는다며 주권자인 민중의 이름으로 그들을 소환하는 것을 상상하기 어렵지 않을 것이다. 또 사회경제적 지위와 관련해서는, '노동자' '농민' 등 구체적 직업군 구분을 넘어서 사회경제적으로 소외된 자들을 더 넓게 포괄하는 개념으로 '민중' 개념이 사용된다.

세번째 구분인 국적 및 종족에 관련해서 민중의 경계를 정의하는 것은 결코 단순한 일이 아니다. 많은 국가에서 상이한 종족집단들이 같은 영토 안에 존재하기 때문이다. 다종족 국가에 비해 한반도처럼 한 종족이 서로 나뉜 영토에 사는 경우는 수가 적다. 분단국가에서 국적과 관련해 민중의 경계를 정의하는 것은 다종족 국가에서보다 더 특이한 문제를 일으킨다.

우리 헌법상 영토는 한반도와 부속 도서이지만, 남한 정부가 실질적으로 통치하는 영토는 휴전선 이남의 한반도다. 그런데 종족과 관련해 민중의 경계를 만들고자 하면, 민중의 범위가 실질적 통치의 범위를 훌쩍 넘어서게 된다. 86포퓰리즘의 관점에서 민중의 요구가 반영되는 정당성 있는 정부는 남한의 통치범위를 넘어서는 것이다. 정당한 민중정부는 한반도 전체 민중의 요구가 반영되는 민주적 정부를 수립해야만 완성되는 프로젝트다. 그러므로 남한의 민주적 정부는 민주적인 통일정부 수립에 기여할 때에만 수단적이고 한시적으로 정당성 있는 정부가 된다.

남한에서의 민주화도 무척 어려운 문제인데, 그것을 넘어선 민주적 통일정부를 수립한다는 것은 어마어마하게 어려운 일이다. 86들의 이러한 원대한 꿈은 1987년 개헌으로 남한에서 대통령직선제를 포함한 민주적 제도가 도입되고, 민주주의가 점차 작동하게 되면서 딜레마에 봉착한다. '대한민국'이라는 제도적 정당성을 갖춘 공화국을 정당하지 못한 반쪽 나라로 보아야 하는가? 그렇다면 86들은 남한에서의 민주적 선거에 참여해야 하는가? 참여한다면 남한 민주주의 틀 내에서 계속 민주적 통일정부를 추진하는 것이 1순위의 목적인가? 86들은 이런 딜레마에 제대로 대응하지 못했다. 그 과정은 이어지는 장에서 자세히 살펴보자.

남북한 민중을 하나의 민족사로 보아야만 했던 것은 민족주의를 온전히 담아내지 못했다는 사실이 이승만-박정희-전두환으로 이어지는 기득권세력의 가장 약한 고리였기 때문이다. 분단 후 남한 정치가 '한반도 전체에 대한 나라 만들기'와 '휴전선 이남의 나라 만들기'라는 두 개의 '나라 만들기' 중 선택해야 했음을 앞서 살펴보았다. 남한의 지배세력은 그중 남한만의 나라 만들기를 선택했고, 북한을 철저히 배제하는 반공·반북을 강조했다. 그러나 배제된 민족주의는 언제나 남한 지배세력의 정당성에 커다란 공백이었다.

박정희는 국가재건이 완성되었음을 선포했다. 그것은 그만큼 통일정부가 현실적으로 이뤄지기 힘들어진다는 뜻이다. 전쟁 후 수십 년째 통일에 대한 노력을 말로만 때우는 남한 정부하에서 통일정부 수립은 점점 선택지에서 벗어나고 있었다.[17] 남한 독재정권이 세운 한반도 이남의 영토와 국민을 완성형으로 하는 극우·반공 국가가 굳어질수록, 북한까지 끌어안는 통일국가의 수립이 억압될수록, 통일국가는 현실적 선택지가 아닌 민주적이고 평등하며 민족의 자립이 이뤄지는 '진짜 조국'으로서 이상화된다.

86들의 통일 지향은 한 국가로 살다가 분단과 전쟁을 겪은 전 세대들보다 오히려 더 급진적이었다. 그 시작은 1980년 광주였다. 미국은 5·18민주화운동의 상황을 그저 지켜보기만 했다. 당시 미국 대통령이었던 지미 카터는 박정희의 유신독재를 비판하며 한국의 민주화를 지원하는 입장이었기 때문에, 항쟁에 참여한 시민들은 미국이 신군부의 학살을 막아줄 것이라 기대하기도 했다. 그러나 미국은 항쟁이 확대되어 한반도에 군사적 비상상황이 생길 것을 더 경계했다. 최근 연구된 자료들은 미국이 무력진압을 우려하면서도 신군부의 진압작전을 사실상 용인했던 것으로 밝혀졌다.

1980년대 당시 86들은 5·18민주화운동에서 미국이 어떤 역할을 했는지 구체적으로 알진 못했다. 다만 수많은 사람들이 학살되는 동안 미국은 나타나지 않았고, 한국군은 미국의 허락 없이 움직일 수 없다는 조건만은 분명히 알고 있었다. 광주의 진실을 숨기려는 정부의 억압 때문에 분절된 정보들이 오히려 더 끔찍한 음모론의 소재가 되었다. 광주에 대한 미국의 역할에 대해《다시 쓰는 한국현대사》는 이렇게 이야기한다.

> 이렇듯 광주 고립작전이 계속되는 가운데 대규모 진압작전이 착착 준비되고 있었다. 바로 이 과정에서 미국이 학살의 공범자, 나아가 그 원흉임이 확실히 드러나게 되었다.
>
> 거듭 반복되는 이야기지만 한국군의 작전통제권은 미국이 완벽하게 장악해왔다. 요컨대 한국군의 움직임에 대해서는 어떤 형태로든지 미국이 책임지고 있다는 이야기다.(중략)
>
> 미국은 20사단의 광주 투입을 승인함과 아울러 오키나와에 있는 조기경보기 2대와 필리핀 수빅 만에 정박 중인 항공모함 코럴시호를 한국 근해에 출동시켰다. 이는 전두환 일파에 대한 미국의 확고한 지지 표명임과 동시에 전체 한국 민중에 대한 무력시위에 해당하는 것이었다.[18]

광주에서 미국이 보여준 태도에 대한 응징으로 1980년과 1982년 두 차례에 걸쳐 광주미문화원 방화사건이 일어났고, 1982년 부산미문화원 방화사건, 강원대 성조기 사건 등이 연이어 일어났다. 하지만 1980년대 중반까지 학생들의 반미투쟁은 일회적이었고, 반미의식도 상대적으로 소박한 것이었다. 미국을 제국주의로 규정하면서 모든 고통의 원흉으로 인식하는 관점이 대중적으로 표출된 계기는 1985년 서울미문화원 점거농성 사건이었다.

1986년은 86포퓰리즘이 본격적으로 대중적 운동으로 성장하기 시작한 해다. 전면적으로 미제국주의에 대한 투쟁을 해야 하며, 이를 위해 모든 사회세력이 함께 싸워야 한다는 '통일전선론'을 내건 '구국학생연맹'이 출범하며 학생운동의 방향은 크게 전환된다. 이들은 학생운동 역시 언더서클 중심의 종파적 학생운동을 척결하고 통일적 학생운동을 건설해야 한다고 주장했다. 구국학생연맹은 최초로 품성에 기초한 사상운동을 표방해[19] 학생운동의 대중화에 기여했다. 그리고 1987년 6월항쟁과 그 후에 열린 정치적 공간을 타고 학생운동은 폭발적으로 성장한다.

왜 통일전선론에 기반한 학생운동이 당대 대학생들의 마음을 휘어잡았는지에 대한 합리적 설명이 부족하다. 86 당사자들의 많은 후기는 그것이 옳았기에 옳았다는 동어반복적 설명에 그치는 경우가 대부분이다. 범민련 남측본부 전 사무처장 민경우는 "1970년대 모두가 공통으로 갖고 있는 바탕은 서구 근대 민주주의였다. 거기에서 왜 마르크스와 레닌, 심지어 주체사상으로 운동권의 사상이 뻗어나갔는지 합리적 설명이 필요했지만 없었다. (중략) 사상을 발전시켜가는 과정을 거쳐서 그렇게 된 것이 아니라, 말 그대로 어느 날 불현듯 또는 급격한 비약을 거쳐 레닌주의에 물들었다"라고 회상한다.[20]

86들의 통일 지향은 왜 이전 세대보다 더 급진적이었을까? 심지어 그들은 북한과 하나의 민족으로 살아본 적도 없는 세대인데 말이다. 물론 살펴본 대로 5·18민주화운동 국면에서의 미국 책임론이란 계기도 중요하다. 하지만 1960년대에 태어난 86들은 역사상 최초로 북한을 직접 겪지 않은 세대였다는 점도 중요하다. 독재정권은 북한에 대한 정보를 철저히 통제했다. 86들은 북한에 대한 간접 경험조차 할 수 없었다. 그들은 열렬히 북한 민중과의 합일을 추구했지만, 북한과 실제 생활공동체였던 이전 세대는 물론이고 탈냉전과 정보화로 북한에 대해 많은 정보를 접하게 된 이후 세대보다도 북한에 대해 실제로 아는 것이 없었다.

그들에게 통일된 한반도는 빼앗긴 과거라기보다는 가본 적 없는 미래였다. 아니, 사랑에 빠지는 연인들처럼, 모르기에 사랑할 수 있었다. 박세길은 북한을 이렇게 상상한다.

> 요즈음 우리는 세계의 명산이라고 불리는 백두산과 금강산의 화보가 신문에 소개될 때마다 억누를 수 없는 감동에 사로잡히곤 합니다. 이는 단순히 아름다운 자연을 목격했을 때 느끼는 그런 감정만은 아닐 것입니다. 도리어 조국의 통일에 대한 애타는 소망의 반영일 것입니다. 즉, 백두와 금강은 단지 가보고 싶은 곳이 아니

라 반드시 가지 않으면 안 되는 곳인 것입니다.[21]

박세길의 감동과 갈망은 실제 북한을 보고 느낀 것이 아니다. '신문에 소개된 화보'를 보고 느끼는 것이다. 금지된 곳이기에 그 감정은 단지 자연에 대한 감탄이 될 수 없다. 이상향으로 가고 싶다는 본능이 좌절된 것과 같은 감정이다. 독재정권에 의해 주입된 북한이 모두 가짜라고 깨닫고 나면, 북한에 대한 인식은 완전히 텅 비어버린다. 텅 비었기에 마음껏 긍정적인 상상이 가능했다. 북한에 대한 86들의 호의적인 상상은 역설적이게도 독재정권의 철저한 통제 때문이었다. 가장 강력히 금지된 행동을 하는 자만이 결국 그 행동을 금지한 권력자를 물리칠 영웅이 되는 법이다. 한 86 운동가의 회상을 보자.

> 70년대, 80년대에 누구도 통일담론에 대해서는 쉽게 이야기 할 수 있는 문제가 아니었어요. 특히 북한에 대해서 무엇을 이야기를 한다는 것은 어려웠어요. 87년 6월항쟁 이후에도 그랬어요. 당시 북한에 대해서 얘기하는 것 자체가 상당히 급진적이고 진보적인 학생이라는 등식이 성립할 수 있었던 것 같아요. 군사정권이 가장 적대시하고 금기시하는 북한에 접근한다는 것은 군사정권에 가장 강력한 저항자로 인식되었어요. 어떤 운동인자들, 활동가 개개인에게는 어떤 자긍심을 줬다고나 할까요(H대 85학번 S씨).[22]

북한 정권의 독재세습과 무능력이 널리 알려진 지금의 관점에서 왜 북한을 이상적인 공간으로 봤느냐고 묻는 건 어리석은 질문이다. 그들은 자신들이 민중과 민족을 선도해 지켜야 한다는 책임감을 가졌을 뿐이다. 다만 남한에서는 도저히 찾을 수 없었던 대안을 인지적 공백 상태였던 북한에서 찾으려고 했을 뿐이다.

북한 정부가 선전하는 정보만 간헐적으로 유통되던 상황에서 북한은 일제강점기 민족해방투쟁에 뿌리를 두었고, 독자적인 힘으로 근대화를 이룬 나라로 알려졌다. 박세길은 북한에 대해 "권력의 핵심부에는 항일무장투쟁을 통해 정통성을 부여받게 된 김일성 일파가 자리잡게 되었다"[23] "북한은 이 같은 대외적 자주성의 견지가 단순한 자존심의 문제를 넘어서서 국가와 민족의 운명에 사활적 요소가 되는 것으로 받아들였다"[24]라고 서술한다.

북한이 실제론 민족자립을 바탕으로 평등한 근대화를 이루었다는 '감춰진 진실'을 깨닫게 되었을 때, 86이 북한을 현실적 대안으로 집착하게 되는 것은 어찌 보면 당연하다. 이승만도 독립운동가로서는 오히려 김일성보다 더 확실한 업적을 가진 자이고, 박정희와 전두환도 나름의 방식으로 근대화를 이루었다는 사실은 무시되었다. 그것은 민중의 뜻에 따른 것이 아니기 때문이다.

북한의 지도사상인 주체사상을 수용하는 86들의 모습은 너무나 기대에 차 있어, 지금의 시점에서 보면 안타까울 정도다. 남한에 주체사상을 처음 소개한 것으로 알려진 《강철서신》[25]은 주체사상을 이렇게 소개한다.

> 지금 청년학생들에게 부과된 가장 크고도 중요한 임무는 주체사상을 학습하고 이해하여 이를 지도적 지침으로 삼으며 주체사상을 중심으로 굳게 뭉치는 일입니다. 이렇게 되어서야만이 비로소 청년학생운동이 종파주의를 비롯한 제반편향에 쉽게 빠지지 않을 강한 기반이 마련될 수 있을 것이며, 적의 어떠한 분열, 와해, 파괴 공작도 진정한 단결을 유지하며 싸워 이길 수 있는 힘이 만들어질 것입니다.
> 주체사상은 200여년에 걸친 국제노동자 계급투쟁의 역사와 100여년에 걸친 한국민중의 해방투쟁의 역사속에서 만들어지고 발전되었으며 그 위대함과 과학성이 증명되었읍니다.
> 그러면 주체사상을 기껏해야 몇 달, 길어야 몇 년 동안 유행하다가 시들어버리고 마는 것들에 비교하는 것은 부당한 일입니다.
> (중략)
> 우리는 북한의 발달된 사회과학 이론과 세계에서 제일 우수한 사상인 주체사상을 받아 들이고 이를 확고한 지침으로 삼아야 합니다.[26]

남한 사회의 어떤 정치적 세력도 대안이 될 수 없단 걸 자각했을 때, 믿었던 미국마저 광주의 학살을 방조했을 때, 그럼에도 선택받은 사람들인 대학생들이 이 나라의 대안을 찾아야 한다고 생각했을 때, 남북한 민중을 하나의 주체로 '진짜 나라'를 세워야 한다는 결론에 이르렀을 때 그들은 "어떠한 분열, 와해, 파괴 공작에도 진정한 단결을 유지하며 싸워 이길 수 있는 힘"을 너무나 간절히 찾고 싶어했다.

이 책을 쓰기 위해 헌책방에서 《강철서신》 중고책을 구입했다. 책의 앞표지에는 서울 소재 모 대학의 1980년대 후반 학번이라는 이 책의 원래 주인 이름이 적혀 있었다. 그는 주체사상 학습을 통해 뭉치는 게 청년학생의 가장 큰 임무라는 인용문의 첫 문장에 굵은 밑줄을 그어놓았다. 30년은 족히 넘었을 그 밑줄을 그은 그의 마음을 생각해본다. 그는 어떤 책임감과 무지 속에서 밑줄을 그었을까. 그리고 그 책임감과 무지는 이후 흩어졌을까. 둘 모두 흩어졌거나, 어쩌면 어딘가 짝이 깨어나간 채 이상한 모양으로 유지되고 있을지도 모른다.

품성론과 민주주의적 대의

2022년 3월 대통령선거와 연이어 치러진 6월 지방선거 사이의 정국은 소위 '검수완박'이라고 불리는 검찰 수사권 조정 법안으로 시끄러웠다. 대통령선거에서 진 민주당은 검사 출신의 윤석열 대통령 임기가 시작되면 대통령 거부권 행사 등으로 이 법안을 통과시키지 못할 것을 우려했다. 그래서 문재인 대통령의 임기가 남았을 때 법안 처리를 강행하려고 했고, 국민의힘은 격렬히 반대했다. 통상 선거에 패배한 후에는 그동안의 행보를 반성하는 정치적 관례로 볼 때, 그간 논란이 있어 속도조절을 해오던 정책을 선거 패배 후에 더욱 강경하게 몰아붙이는 민주당의 행보는 다소 이례적이었다.

결국 민주당은 문재인 대통령의 임기를 불과 6일 남긴 5월 3일, 국민의힘이 불참한 가운데 국회 본회의에서 해당 법안을 통과시켰다. 4월 말에서 5월 초에 걸쳐 민주당 내에서도 입법 강행에 대해 회의적인 목소리들이 나왔다. 그리고 해당 시기 여론조사들에서도 약간씩 결과는 달랐지만 대체로 부정적 결과가 많았다. 한국갤럽의 4월 19~21일 조사에서는 '검찰 수사권을 그대로 유지하는 것이 좋다'는 응답이 55%, '검찰 수사권을 경찰에 이양하는 것이 좋다'는 응답은 35%를 각각 기록했다. 엠브레인퍼블릭·케이스탯리서치·코리아리서치·한국리서치의 4월 18~20일 조사 결과에 따르면 '검수완박 법안에 반대한다'는 응답이 50%로 나타났다. '찬성한다'는 의견은 39%에 불과했다.

직전의 선거 결과와 해당 사안에 관한 여론조사 결과에서 부정적 평가를 받는 와중에도 민주당은 왜 입법을 강행했을까? 검찰 수사권 조정의 정책적 찬반을 떠나서, 민주주의는 다수 국민의 뜻을 대의하는 것이라는 민주주의의 기본정의를 떠올려볼 때 언뜻 이해하기 어려운 부분이다. 민주당이 입법 강행 후 관련 여론조사에서는 부정적 답변이 더 커졌고, 그 이유만은 아니겠지만 결국 민주당은 지방선거에서도 참패한다. 그 후 '검수완박'은 민주당이 다수 의석수를 내세워 무언가를 이루려 할 때마다 따라붙는 멸칭이 되고 만다.

입법 강행을 주도했던 더불어민주당 원내대표 박홍근은 이 문제에 대해 "국민만 바라보며 중단 없이 나아가겠습니다"라고 이야기했다.[27] 또 언론과의 인터뷰에서 입법 필요성을 설명하는 맥락에서 "다른 어떤 것보다 박홍근이라는 사람을 2022년 3월에 원내대표로 세워준 국민의 뜻은 무엇일까에 대한 자문이 길었다"라고 말했다.[28] 그런데 직전 선거에서도 지고, 여론조사도 부정적인데도 왜 박홍근은 '국민'의 뜻을 대변하고 있다고 이야기할까? 박홍근이 바라보는 '국민'은 누구이며, 박홍근은 민주당 소속 국회의원들의 투표로 원내대표에 당선되었는데 왜 '국민'의 뜻으로 본인을 세웠다고 할까? 반대로, 투표로도 여론조사로도 국회의원들의 의사결정에 영향을 줄 수 없다면 국민들의 의사는 어떤 식으로 대표되고 있는 것일까?

사실 '국민의 명령' '국민의 뜻' 등 '국민'이라는 단어는 86 정치인과 그 지지층이 흔히 쓰는 표현이다. 그리고 정치권 방언처럼 굳어 민주당 내 후배 세대는 물론 심지어 국민의힘에서도 갈수록 많이 쓴다. 보통은 찬반이 극명히 갈리는 상황에서의 결정을 정당화하기 위한 맥락이다. 조국 사태에서 지겹도록 들었고, 정권교체 후에도 이상민 행안부장관의 탄핵소추안 등 여당과 여당지지층이 반대하는 안건을 강행처리할 때마다 '국민의 준엄한 명령'이라는 말은 반복되었다. 이런 86들의 어법 속에서 '대의'되는 '국민'은 국가 인구의 총체인 국민과는 또 다른 개념으로 보인다.

대의제 민주주의가 보편적인 정치이념을 자리잡은 근대 이전에도 '대의' 개념은 늘 존재했다. '다시re 나타낸다presntation'는 뜻의 '리프레젠테이션representation'은 우리말로 대의뿐 아니라 대표, 대변, 재현, 묘사 등으로도 번역된다. 대의제 민주주의 이전에도 교황은 교회공동체를 대표했고, 법률가는 의뢰인을 대변했다. 또 연극배우도 실제 인물들의 특징을 끄집어내 재현하기도 했다. 정치적으로는 모든 군주정, 혹은 부족정치에도 정치적 대표로서의 우두머리는 늘 존재했다. 현대의 대의제 민주주의 방식으로 국민을 대표하는 것은 '대표'의 여러 형태 중 하나이지, 누군가를 대표한다고 해서 반드시 민주적 대표가 이뤄지는 것은 아니다.

고대로부터의 대표 개념 변화를 연구해온 모니카 브리투 비에이라Mónica Brito Vieira와 데이비드 런시먼David Runciman은 대표자와 피대표자 사이의 관계를 기준으로 대표 개념을 세 가지로 분류한다. 첫째는 '위임으로서의 대표: 무엇을 할지 피대표자로부터 대표자가 지시받는 경우', 둘째는 '체현으로서의 대표: 무엇을 할지 피대표자를 위하여 대표자가 결정하는 경우', 셋째는 '묘사적 대표: 무엇을 할지 피대표자를 대표자가 모방하는 경우'다.[29]

각 대표 개념마다 관용적으로 기대되는 대표자의 의무와 역할은 조금씩 다르다. '위임으로서의 대표'에서, 대표자는 피대표자의 동의하에 그리고/또는 그의 이해관계 안에서 피대표자를 위해 행동해야 한다. '체현으로서의 대표'에서는 대표자는 피대표자를 위해 해석하고, 발언하고, 행동하여 피대표자들이 더 나은 상황으로 갈 수 있도록 해야 한다. '묘사적 대표'에서는 대표자는 피대표자를 닮아야 하고 피대표자를 대신해서 그 자리에 서야 한다.[30]

세가지 유형의 대표 개념은 완전히 독립적이진 않다. 각각의 유형은 다른 유형과 겹칠 수 있다. 예를 들면 어떻게 행동할지 대표자가 알아서 결정하라고 지시받는 일도 있을 수 있다.[31] 가령 변호사가 의뢰인을 대표할 때 전문가는 의뢰인의 지시를 받으면서도, 전문가로서 의뢰인을 위한 결정을 할 것으로 기대받는다. 또 교황이 교회를 대표할 때 교황은 신의 뜻을 아는 자로서 교회를 위해 결정하지만, 또 교회 신자 전체의 모습과 닮아 있다고 전제되기도 한다. 배우가 현실 속 인물을 재현할 때도 현실 인물을 모방하지만, 현실에서 실현되지 않은 선택을 결정하면서 현실 인물인 관객들의 갈망을 채워주기도 한다.

민주주의하에서 정치적 대표에서도 세 가지 대표 개념은 섞여 있다. 정치인은 유권자의 이해관계를 위해 위임된 권력을 행사해야 한다. 하지만 유권자들 사이의 이해관계는 매우 복잡하기 때문에 이익을 대변한다는 것은 단순한 일이 아니고, 또 유권자 각각의 정보와 판단의 한계가 있기 때문에 정치인들은 유권자의 총체로서 국가의 이익을 위해 대신 결정해줄 것을 기대받는다. 정치인이 '평범한 유권자'와 비슷한 모습이어야 하는지는 민주주의에 대한 고전적 논쟁이지만, 끊이지 않고 '서민 후보' '보통 사람'이 구호가 되는 걸로 봐서는 둘 사이의 유사성에 대한 기대도 늘 일정 정도 있다고 볼 수 있을 것이다.

대의제 민주주의가 군주정 등 여느 정치제도와 다른 점은 이런 책임 개념의 혼재에도 불구하고, 궁극적으로 유권자 다수의 의사에 정치인이 따라야 한다는 게 제1의 원칙이라는 점이다. 정치 현실에서 정치인은 자의적인 결정을 할 때가 많지만, 유권자가 그 결정이 자신의 이해관계를 벗어난다고 판단하면 선거를 통해 심판할 수 있다. 체현으로서의 대표처럼 활동하는 정치인들이 실은 위임으로서의 대표라는 틀을 넘을 수 없다는 점이 만드는 갈등은 대의제 민주주의의 핵심이다. 정치인 각자가 국민 전체를 위한 길이라고 판단한 다양한 방법들이 위임이라는 틀 내에서 서로 경쟁한다. 대의제 민주주의는 겉으로는 정치인 인물 간 경쟁으로 보이지만, 실제로는 대표하는 방법들 사이의 경쟁이다.

문제는 여기서 '국민의 뜻'은 언제나 복잡하고, 늘상 변화하고, 때론 비합리적으로 보이기까지 해 결코 쉬이 해석되지 않는 난제다. 그리고 무엇보다 정치적 경쟁자의 행동에 따라서도 국민의 뜻은 계속 움직인다. 계급이나 정체성을 이용해 꽤 오랜 기간 유권자들을 묶어두는 데 성공할 수도 있지만 영원히 안정적인 민주적 대표 관계란 없다. 꽤 안정적으로 보이는 대표 관계도 치열한 설득과 협상이 유지되지 않으면 곧 깨지기 마련이다. 민심은 슈뢰딩거의 고양이인 동시에 테세우스의 배다. 대의제 민주주의는 유권자의 의사를 완벽하게 대표한다는 끝내 다다를 수 없는 이상에 조금이라도 가까이 가기 위한 경쟁이다. 이를 '민심의 불가해성 문제'라고 하자.

86포퓰리즘은 민심의 불가해성 문제를 독특한 방식으로 오독한다. 그들은 민심을 '표출된 문제'와 '본질적 문제'의 이중구조로 이해한다. 대중이 당장 요구하는 문제 밑에는 그들에게 진정으로 필요한 별도의 과제가 따로 있다. 대중이 표현하는 여론은 혼란스럽고 급변할 수 있지만 진짜 문제는 변하지 않는다. 하지만 대중은 투쟁의 경험이 없고, 외세와 독재정권에 의해 억압받고 있어 '본질적 문제'를 깨닫지 못하고 있다. 그렇기에 운동가는 먼저 깨달은 자로서 대중의 일상적 불만이 운동으로 이어지도록 적극적으로 결합하고, 그 과정에서 '본질적 문제'를 깨닫도록 이끌어야 한다고 보았다. 《강철서신》의 설명을 보자.

> 지금 우리나라에서는 전국적으로 민주주의적 개헌을 위한 천만 명 서명운동이 높은 열기로 진행되고 있으며, KBS 시청료납부 거부운동이 새로운 바람을 일으키며 확산되고 있습니다. (중략)
> 우리는 이러한 운동이 비록 그수준이 낮다 하더라도, 민중의 이익과 입장에 근거한 민중의 산발적 투쟁에 무관심하여 남의 일처럼 생각해서는 안됩니다. 역사의 주인은 민중입니다. 그리고 민중의 운동은 그들의 이해와 사상의식에 기반한 민중자신의 요구에 의해서만 일어나는 것입니다. 민중은 지금 파쇼적 폭압과 독재정치에 대해 진절머리를 내고 있으며 기만과 왜곡과 착취에 대해 분개하고 있읍니다. 물론 지금 급박하게 다가오고 있는 양키 침략자들의 전쟁도발 책동을 어떻게 저지하는가는 우리 육천만의 생활이 달린 중차대한 문제이고, 양키 침략자들을 몰아내야만이 이 지긋지긋한 파쇼적 폭압과 독재정치로부터 벗어날 수 있다는 사실을 민중에게 알리고 양키 침략자들을 몰아내는 투쟁에 동참시켜야 할 것입니다. 그러기 위해서라도 더더욱 민중의 자발적 투쟁을 적극적으로 포착하고 이를 적극적으로 주도하며 반전반핵투쟁과 올

바로 배합시키고 결합시켜야 합니다.[32]

인용문에서 표출된 문제는 "민주주의적 개헌"과 정권에 유리한 편파방송만 하는 KBS에 대한 "시청료납부 거부운동"이다. 그리고 본질적 문제는 "양키 침략자들의 전쟁도발 책동"이다. 《강철서신》의 저자 김영환은 표출된 문제는 "수준이 낮"고 "산발적인 투쟁"이며, 본질적 문제를 해결해야 표출된 문제도 해결할 수 있다고 설명한다. 그러나 민중은 아직 "이해와 사상의식" 수준이 낮아 그 점을 깨닫지 못하고 있기에, 활동가들은 이러한 사실을 민중에게 알리고 진짜 문제에 동참시켜야 한다. 그 방법은 민중의 자발적 투쟁에 적극적으로 결합하면서 그들의 이해와 사상의식을 고취시키는 것이다.

'대표자'임을 자임하려고 하는 운동가들이 설정한 '본질적 문제'는 피대표자인 민중이 명시적으로 위임한 부분을 넘어선다. 이런 점에서 86포퓰리즘에서 대표 개념은 '위임으로서의 대표'보다는 '체현으로서의 대표'에 가깝다고 볼 수 있다. 그들은 선출된 대표가 아니고, 결정권을 위임받은 적도 없다. 그들이 민중을 대표해 진짜 문제를 대신 결정할 수 있는 건, 문제를 먼저 깨달은 자이기 때문이다.

'체현으로서의 대표'는 종교공동체에서의 성직자와 신자 사이의 관계에 가깝다. 성직자는 신자들에게서 선출되지는 않지만 공동체를 대표하고, 구성원들을 이끌 자격이 있다. 신자들에게 진짜 필요한 것을 먼저 깨우친 자이기 때문이다. 성직자는 모든 지식과 양심을 걸고 신자들을 위해 결정하고, 실제로 그것이 신자들을 행복과 영생으로 이끈다고 하더라도, 민주주의적 대표-피대표 관계의 기본이 되는 '위임으로서의 대표'와는 다르다.

운동가들은 스스로 민중을 체현하여 대표한다고 자임하고 싶지만, 곧 문제에 부딪힌다. 그들이 왕도, 성직자도, 아무것도 아니란 사실이다. 게다가 86들은 독재정권에 반대하여 존재하기 때문에, 정치적 결정권을 모든 국민이 평등하게 가진다는 근대 민주주의의 원칙을 벗어날 수 없었다. 그들은 '위임으로서의 대표'를 기반으로 한 민주주의적 언어로 '체현으로서의 대표'를 표현하는 난제를 맞닥뜨린다. 그들은 이 난제를 곧 민중을 설득해낼 수 있다는 당위성과 그렇게 해야 한다는 책임감으로 극복한다.

《강철서신》에선 이를 '배합의 원칙'이라고 설명한다. 김영환은 "투쟁에 있어서의 '배합'의 원칙이란 합법투쟁과 비합법투쟁, 경제투쟁과 정치투쟁, 비폭력투쟁과 폭력투쟁, 일상투쟁과 정치투쟁을 올바르게 배합하여 대중의 이익과 의식수준, 투쟁열기를 정확히 포착하여 견인, 교양해낸다는 원칙"이라고 설명한다.[33] 다시 말해, 민중이 필요하다고 위임한 문제에 대한 투쟁에서 시작해, 운동가들이 민중을 체현해 대신 결정한 문제에 대한 투쟁으로 이끌어야 한다는 것이다.

운동가와 민중 사이에서 '체현으로서의 대표' 관계가 성립하기 위해선, 운동가는 반드시 민중의 일부여야 한다. 위임으로서의 대표 관계에서는 대표자가 반드시 피대표자에 속할 필요는 없다. 변호사가 의뢰인 집단의 일원일 필요는 없는 것이다. 정치적 관계에서도,

서민을 대변하는 국회의원이 반드시 서민이어야 하는 건 아니다. 위임받는 대표가 피대표 집단의 일원이어야 그 처지를 잘 알 것이란 기대는 늘 있지만, 특정집단의 구성원만 그 집단을 대표할 수 있다면 민주주의는 끝없이 세분화된 정체성 집단들의 무질서한 소음이 될 것이다.

하지만 왕이 국가의 일부가 아닐 수 없고, 교황이 교회의 일부가 아닐 수 없는 것처럼 운동가가 민중이 아니고서는 민중을 체현할 수 없다. 운동가들은 민중 대오의 일부이면서, 단지 민중의 한 사람이 아니라 민중을 이끌어야 하는 사람이다. 이러한 운동가 집단을 그들은 '선진대오' '전위조직' 등 앞서간다는 뜻의 이름으로 불렀다.

> 혼돈의 시대에는 빛이 필요하다.
> 따라서 민중의 선진대오인 민족·민주진영의 역할이 그만큼 막중하다.[34]

> 첫째, 전위조직은 대중의 가장 선진적 부분이며 여러 대중조직을 지도하는 혁명의 참모부로서의 조직이다. (중략)
> 둘째, 사상에 있어서의 주체를 세워야 한다. 전위조직은 가장 고도의 결사체이며 모든 투쟁의 선동체라 할 수 있다. 그러므로 올바른 지도사상, 지도이념에 따라 통일단결의 중심으로 세워야 하며, 어떠한 기회주의, 종파주의에도 흔들림없는 사상의 통일을 확보해야 한다.[35]

앞서 '민중'은 사회적·경제적 범주인 동시에 윤리적 실천을 통해 이뤄지는 존재라고 이야기했다. 그렇다면 민중의 선진대오, 전위조직이 되기 위해서 그만큼 모범적인 윤리적 실천을 해내야 한다. 반대로 내가 윤리적 실천에서 모범을 보이는 한, 나는 누구보다 강한 민중성을 갖게 되고 민중을 이끌 자격을 갖추게 된다. 민주적 위임이 배제된 대표-피대표 관계에서 '윤리적 실천의 엄격성'이 대표로서의 자격을 갖추게 한다.

여기서 유명한 '품성론'이 등장한다. 품성론은 말 그대로 품성이 좋아야 한다는 것인데 김영환의 《강철서신》에서 처음 주창된 후 학생운동에서 급속도로 받아들여졌다. 품성론이 등장하기 이전인 1980년대 중반까지는 학생운동 내 치열한 이론적 논의가 소모적으로 반복되었다. 이 지난한 다툼은 동시대 학생들이 연속된 독재정권의 집권 속에서 그만큼 답을 쉬이 찾지 못했다는 걸 보여준다. 이런 갑갑한 상황은 86들을 점점 더 포퓰리즘적 상상력으로 몰아넣었다. '인성이 중요하다'는 품성론의 단순한 지침은 당장의 실천을 원하는 대학생들을 사로잡았다.

품성론은 북한의 주체사상에서 따온 것이다. 초기 주체사상은 1930년대 김일성의 항일투쟁 경험과 고난을 바탕으로 만들어졌다. 김일성은 주체사상을 내세운 북한식 사회주의를 통해 본인 중심의 독재국가를 건설하려고 했고, 항일투쟁 경험은 김일성의 정당성을 입증하는 중요한 소재였다. 그중 품성론은 극도로 자원이 부족한 항일투쟁 상황에서 인간의 의지를 강조하기 위해 등장한다. 그런데 품성론은 북한식 사회주의 건설에 필요한 태도를 설명하는 것일 뿐, 사실 주체사상의 핵심은 아니었다.

그런데 86들은 품성론을 중심으로 주체사상을 받아들였다. 운동가들은 철학과 사상으로서보다는 운동가의 실천적 지침으로서 주체사상에 크게 매료되었다.[36] 1980년대 학생운동권에 대해 심층보도한《한겨레》기자 박찬수가 학생운동이 가장 강력했던 전남대 출신의 어느 84학번 인사와 한 인터뷰는 흥미롭다. 1986년 여름 서울에서 내려온 어느 학교 대표로부터《강철서신》과 북한 방송 녹취록을 받아 처음 읽었다는 그는 "북한 방송 문건은 사실 내용 면에서 그리 큰 감흥은 없었다. 매력적이었던 건 품성론이었다. 혁명이론보다 의리와 헌신, 성실함이 더 중요하다는 품성론은 충격적이고 감동적이었다"라고 말했다.[37]

86들은 주체사상을 통으로 받아들이고 그 기반에서 품성론을 실천했다기보다는, 막막한 현실을 타개할 실천적 지침을 찾던 중 주체사상 내의 품성론을 발견한 편에 가깝다. 그들이 찾고 싶었던 것은 의지만 꺾지 않으면 혁명은 언젠가 이룰 수 있다는 확신이었을지도 모른다. 그런 의미에서 품성론은 혁명가를 위한 자기계발서다. 그런데 혁명 방법론 중 하필 품성론을 급격히 받아들이게 되었을까? 이를 더 살피기 전에 '품성'이 무엇인지 알아보자.

'품성'은 공적 사안을 다룰 때 흔히 요구되는 공정함, 청렴성과는 다르다. 또 차이와 다양성에 대한 인정이나 공공성 옹호 등 민주시민의 덕성으로 꼽히는 것과도 다르다.《강철서신》에서는 품성을 불굴의 의지를 가진 어머니의 마음 같은 것이라고 설명한다.

> 남편이 일본군에게 화형 당해 죽어도 슬픔에서 머물지 않고, 오히려 자신의 무명옷을 나무껍질로 물들여 군복으로 만들어 유격대에 참가하는 아들에게 입히는 어머니의 품성. 모진 고문을 당해도 끝까지 조직을 말하지 않고 지혜롭게 항거하는 어머니. 온갖 슬픔을 딛고 마지막에는 스스로 총을 드는 어머니에게서 보여지는 혁명적 낙관주의(혁명적 낙관주의란 '과학적 정세관'과 '역사발전의 필연성'에 기초하여 언제나 혁명의 전도를 낙관하고, 일시적인 시련과 난관을 뚫고 혁명의 승리를 위해 낙천적으로 싸워나가는 혁명정신이다)에서 우리는 당시 투쟁했던 주체적인 혁명전통을 볼 수 있다.[38]

여기서 '품성'은 우선 슬픔과 애도, 가족애, 신체적 고통, 폭력에 대한 두려움 등 인간으로서의 당연한 감정을 부정하고 초월하는 극기의 태도다. 일본군이 남편을 죽였는데, 어떻게 아들을 또 유격대로 보낸단 말인가. 그리고 자신을 뛰어넘어 도달해야 하는 곳은 민족과 국가다. 이런 극기가 가능하게 하는 원동력은 언젠가는 혁명의 승리가 올 것이라 믿는 "혁명적 낙관주의"다. 이 낙관주의는 사실에 기반한 것이라기보다는 그냥 믿어서 믿는 것에 가깝다.

김영환은 품성의 구체적인 내용은 솔직, 소박, 겸손, 성실, 용감이라고 이야기한다. 첫째, '솔직'에 대해선 그 반례로 "노동자라는 것을 감추기 위해 일부러 잘 차려 입고 다니는 사람" "거짓말을 아주 능청스럽게 하는 사람" "아첨을 잘 하는 사람"을 든다. 둘째, '소박'의 반례로는 "화려한 부르조아지의 생활이나 여러 사람 위에 군림하는 고관대작을 동경"하는 사람을 꼽는다. 셋째, '겸손'의 반례는 "아랫사람들에게 거만한 태도로 억누르려는 사람"을 들고, 넷째, '성실'의 반례로는 "술과 당구 등으로 여가를 소일하는 사람" "생활에 계획성이 없이 몸가는 데로 사는 사람" "책을 읽거나 편지를 쓰는 일 등에 손조차 대지 않으려는 사람"이다. 다섯째, '용감'의 반례로는 "윗 사람의 처사에 불만을 품고 있는데도 그렇게 하면 자기에게 무슨 해가 돌아올까봐 겁이 나서 아무말도 못하는 사람" "동료가 부당하게 당하고 있는 것을 보고도 겁이 나서 도와주지 않는 사람"을 든다.[39]

품성의 실천은 기존의 자신을 넘어서는 것이지만, 형이상학적 목적을 이루려는 구도 과정은 아니다. 실천과제들의 문법은 대부분 '무엇을 하지 말라'는 규칙의 형태다. 남북한 민중이 하나 되는 '해방조국'을 건설하겠다는 거대한 목표에 비해, 그 과제들은 굉장히 구체적이다. 혁명지침이라고 해서 대단한 걸 기대했는데, 어쩐지 어디선가 많이 듣던 잔소리처럼 들릴 수도 있을 것이다.

주체사상의 품성론은 역설적이게도 '박정희의 아이들'인 86들에게 가장 익숙한 실천방식이었다. 박정희 정권하에서 일상생활에서부터의 실천이 국가의 근대화를 이루는 길이라고 배워온 이들이었다. 그리고 그들은 국민교육헌장의 지침을 성실하게 이행한 모범생들이었다. 스스로 '진선미의 화신'으로서 '진선미의 극치인 국가'와 연결하는 방식은 전혀 낯설지 않았다. 사실 주체사상의 품성론도 원래 북한에서는 정권의 지침을 군말 없이 적극 실천하라는 대국민지침에 가까웠다. 북한판 국민교육헌장인 셈이다. 품성론은 독재정권과 맞서 싸우고 박정희의 유산을 죽여야 했던 86들이 북한이라는 상상 속 공간으로 우회해 받아들인 박정희의 유산이었다.

품성론은 '체현으로서의 대표'를 이루고 민중의 선진대오가 되어야 한다고 생각한 86들이 만들어 낸 '모범에 의한 정치'다. 이 책의 1장에서 박정희의 정치관이 법, 절차, 제도 등 민주주의 원리보다는 지도자로서의 개인적 덕성과 수양에 의지하는 '모범에 의한 정치'라고 지적한 바 있다.[40] 그리고 박정희 시대 모범생이었던 86들은 박정희의 모범을 잘 모방해서, 또 다른 이들의 모범이 되어 윤리적 판단을 독점할 수 있게 될 것이라 기대했다는 점도 지적했다. 품성론은 민중의 모범인 선진대오가 되어 민중의 '체현으로서의 대표'를 할 수 있는 자격을 갖추기 위한 86들의 노력인 동시에 정치적 욕망이었다.

사람으로 태어나 좋은 품성을 갖추기 위해 실천한다는 건 그 자체로 좋은 일이다. 실제로 극도로 실망스러운 몇몇 인사들 때문에 색이 바래서 그렇지, 많은 86들은 그 뒤로도 공동체와 이웃을 위해 헌신하는 삶을 살고자 노력했다. 그러나 품성론이 대표가 되기 위한 경쟁의 기준을 대체하면 몇 가지 치명적 문제가 생긴다.

우선 개인의 도덕이 정치적 목표에 종속된다는 것이다. 품성론은 개인의 도덕적 실천을 강조하지만 그 최종적 목표가 해탈이나 천국 같은 종교적 이상이 아니다. 다른 목적이 있어서 실천하는 도덕을 우리는 흔히 위선이라고 부른다. 정치적 목표와 맞지 않는 도덕은 불필요한 일이 되고, 각자의 성찰에 기반한 윤리와 정치적 위선은 구별하기 어려워진다.

86들이 학생운동을 시작할 때의 정치적 목표인 '남북한 민중이 하나 되는 해방 조국' 건설은 종교적 이상만큼이나 이루기 어려운 것이었다. 그렇기에 당장의 정치적 목표가 도덕적 실천의 내용을 위협할 위험이 적었다. 그렇지만 그들이 점차 권력에 가까워지고, 정치적 목표가 선거 승리 등 가시적인 사안이 될수록, 문제는 까다로워진다. 정치적 목표가 그때그때 필요한 도덕적 실천을 재규정할 위험이 커진다. 그리고 정치적 목표가 옳다고 믿는 한, 그것을 위한 실천 자체를 도덕적 행위라고 믿게 될 위험도 커진다.

여기서 품성론의 두번째 문제가 두드러진다. 정말로 도덕적인 행위가 무엇인지 정의하는 게 결코 쉽지 않다는 것이다. 이는 고대로부터 모든 철학의 주제였지만 인류는 도덕적 행위를 판단하는 단일한 기준을 찾지 못했다. 이 역시 86들이 권력을 갖고 그들이 원하는 정치적 목표에 가까워질수록 어려운 문제가 된다.

가령 보수정권이 사유화한 검찰 권력으로 무리하지만 합법적 방법으로 86들을 수사 및 기소한다면 어떤 선택이 도덕적인가? 모든 수단을 동원해 법적 절차를 회피해야 하는가? 아니면 악법도 법이니 일단 그 법에 따라야 하는가? 만약 극도로 과장되었지만 86세력에게도 일말의 범죄 혐의가 있다면 어떤 선택이 윤리적인가? 86세력이 여당으로서 공권력을 지휘할 수 있을 때, 무리해서라도 적폐를 때려 잡아야 하는가? 윤리적 실천이 무엇인지는 늘 논쟁적이고 성찰적이고 유동적이다. 정치적 목표의 절박함은 윤리적 판단의 어려움을 너무 쉽게 이긴다.

세번째 문제는 정당한 정치적 목표를 위해 헌신하는 나는 도덕적으로 정당하고, 도덕적으로 정당한 내가 이루려는 정치적 목표는 정당하다는 순환논리가 발생한다는 점이다. 정치적 판단은 물론 도덕적 판단도 독점할 수 있는 '나'만 남을 뿐이다. 품성론은 상시적으로 자기반성을 하라는 지침이지만, 역설적으로 외부적 요인을 통한 반성이 들어갈 틈이 없는 구조이기도 하다. 이 굴레 속에서 같은 진영 사람의 어떤 행위도 도덕적으로 단죄할 수 없는 수렁에 빠진다. 특히 가진 것은 열정뿐인 대학생이던 그들이 점차 사회적·경제적으로 자리를 잡아갈수록 문제는 커진다. 그들도 때로는 타인의 권리를 빼앗고 부당한 결정을 할 수 있다는 가능성을 인정하지 않으면서, 종종 사회적 민폐가 되기 때문이다.

86 중 누군가는 뇌물을 받았고, 위력에 의한 성추행을 했고, 개발사업에 부당히 개입했고, 입시비리를 저질렀다. 이들은 죽거나, 감옥에 가거나, 자격정지를 당하거나, 여론에 떠밀려 정치권에서 방출되었다. 그런데 많은 86들은 이들 중 누구도 버리지 못했다. 부끄러워하거나 미워하지 않고, 심지어 많은 경우 유죄라고도 생각하지 않는다. 86을 비난하는 사람들은 부패한 일부 86을 들어 86 전체의 도덕적 타락을 이야기하지만, 나는 여전히 그들이 다른 집단의 평균보다는 도덕적으로 살려고 노력한다고 생각한다. 다만 동지에 대해 도

덕적 단죄가 불가능한 수렁은 86 전체의 도덕적 기준을 점차 낮추는 역할을 한다.

마지막 문제는 여론이 갈리는 문제에서 위임을 확인하기 위해 여론을 설득하는 작업을 포기하게 된다는 점이다. 민주주의적 대표들은 국민 전체의 이익을 위해 국민 각자가 위임한 범위를 넘어서 대신 결정하기도 한다. 하지만 결국 그 방안을 국민 대중에게 설득하고 다수의 위임을 받도록 해야 한다. 문장으로 쓰니 단순하지만, 대중을 설득하는 과정은 지옥불 위에서 외줄을 타는 것만큼 겁이 나는 일이다. 그 길 위에서 타협과 후퇴가 필요하기도 하고, 많은 이들, 특히 정치인 스스로를 실망시켜야 하기도 한다. 그러나 이 과정은 현실의 이러저러한 한계들을 뛰어넘는 정치의 예술적 가능성을 보여줄 수 있는 순간이다.

그러나 86들은 여론을 설득하는 대신, 자신들이 모범을 보이면 대중이 언젠가 알아줄 것이라 기대한다. 여기서 아직 대중의 동의를 충분히 얻지 못했더라도, '역사적 과제'이기 때문에 해야 한다는 명분이 자주 따라붙는다. 대중의 위임이 부족한 과제를 '역사적 과제'라고 하는 순간, 대중은 역사를 읽지 못하는 사람이 되고, 정치인만이 오로지 과거로부터 미래로까지 이어지는 역사를 이해하고 그 역사에 따라 대중 대신 결정함으로써 '체현으로서의 대표'를 할 자격이 있는 존재가 된다.

그러나 많은 경우, '역사적 과제'라는 명분은 설득할 자신이 없어 평행우주로 도망가는 행위에 불과하다. 이 평행우주의 국민은 86이 체현으로 대표할 수 있는 국민이다. 지금은 아니더라도 언젠가는 86의 '역사적 과제'를 이해할 사람들만 국민인 가상의 세계다. 물론 그 평행우주는 현재의 대한민국을 무척이나 닮았고, 구조적 문제도 매우 흡사할 것이다. 그러나 도무지 알 수 없는 민심의 행방과 설득의 어려움은 사라진 곳이다. 국민은 아직 진짜 필요한 게 모르는 상태이기 때문에, 선거에서 져서 국민이 위임을 철회했을 때도, 진짜 필요한 게 무엇인지를 아는 86들은 언제나 '국민'을 대변하고, 우리 진영만이 진정한 '국민의 대표'라고 이야기할 수 있다.

어쩌면 그건 86들도 제도적 민주주의가 없었던 1980년대에나 하던 생각이라고 여길 수도 있다. 1980년대엔 대중이 자신의 정치적 의사를 표현할 방법이 없었고 정보도 극도로 통제되었기 때문에, 선도적으로 고민한 운동가들이 민중의 이해를 대변할 수밖에 없었다는 것이다. 그리고 제도적 민주주의가 자리 잡은 지금은, 86 정치인들도 국민의 위임 범위 안에서 정치를 하며 선거를 통해 늘 다시 신임받는다는 것이다.

당연히 86들도 선거에 이기기 위한 정치에 몰두한다. 그리고 그들이 정치권력을 갖게 되었다는 건 그들이 그만큼 선거 경쟁에서 능력을 보였다는 뜻일 것이다. 그들은 자신들이 배웠던 '표출된 문제'와 '본질적 문제'의 이중구조를 선거정치에 대입한다. 그들은 선거 국면에서 표출된 문제를 끌어와 선거 승리를 이끄는 데 뛰어난 능력을 보여왔다.

때로는 '표출된 문제'가 86의 정치적 방향과 대체로 비슷할 때도 있었다. 권위적 대통령제에 대한 환멸, 부패한 보수정권에 대한 분노, 전직 대통령에 대한 과도한 능멸처럼 말이다. 하지만 때로는 지역이기주의에 해당하는 사안이건, 기후변화를 촉진하는 방향이건, 소수자를 차별하고 혐오하는 방향이어도 크게 주저하지 않는다. 심지어 상황에 따라 이랬다가 저랬다가도 잘한다. '표출된 문제'는 대중의 호감을 얻어 득표만 할 수 있다면 사실 무엇이든 상관없다. 그건 어차피 대중을 '진짜 문제'로 끌고 가기 위한 도구에 불과하므로 승리를 통해 대중을 '진짜 대표'할 수 있는 권력을 갖기만 하면 된다.

그런데 이러한 '표출된 문제'를 도구적으로 여기는 시간이 길어질수록 '대중 앞에 표현된 민주당'은 도무지 무엇을 하는 정당인지 알 수 없는 모호한 정당이 된다. 현대 대의제 민주주의에서 선거는 정당이 추구하는 방향을 대중에게 보여주는 가장 중요한 창구다. 선거를 일회성 프로젝트처럼 여기다보니, 대중은 정당으로서의 정합성과 일관성, 책임성을 보지 못한다.

어떤 방법으로든 선거에서 이겨도 문제다. 선거를 통해 대중에게 약속한 정치와 86이 생각하는 '진짜 대중에게 필요한 정치'가 다르기 때문이다. 권력을 잡은 후 '진짜 정치'를 실현하려는 86 정치인의 욕망은 정치인들이 위임한 범위 내에 있으리라는 대중의 기대와 반복적으로 충돌했다. 집권세력이 공약을 다 지키지 못해 대중을 일정 정도 실망시키는 건 선거민주주의에서 흔한 일이지만, 86들은 많은 지지로 권력을 잡았을 때도 대중을 실망시키기 일쑤였다.

선거민주주의에 뛰어든 86들은 정치를 '표출된 문제'를 해결하는 '대중정치'의 국면과, '본질적 문제'를 해결하는 '선도정치'의 국면으로 나누어 이해하는 경향이 있다. 노무현 정권이 끝날 무렵인 2007년에 당시 초선의원이었던 이인영의 글을 보자. 많은 기대를 모았던 노무현 정권에 대해 여론이 크게 실망하자 어떻게 반성할지 논란이 컸고, 과감한 개혁을 주도했던 86집단도 한 원인으로 꼽히고 있었다.

> 우리는 우리만이 옳다는 정치적 선민의식에 빠져 있지 않는지 우선 반문해 봅니다. 한나라당에 비해 우리가 옳다는 것은 맞지만, 국민대중보다 우리가 더 옳다는 것은 오만이고 독선일 것입니다. 대중 개개인은 모자라고 느릴 수 있지만 민심이 천심이라는 말은 여전히 진리입니다. (중략)
> 우리는 선도정치가 아니라 명실상부한 대중정치를 해야 합니다. 10년이 지나면 적어도 지금의 어젠다, 언술, 개혁을 국민이 인정하고 그 업적을 평가해 줄 것이라 확신합니다. (중략)
> "사람들 사이에 산이 있다"고. "오르고 오르다 보면 사람(人)이 서로의 연대를 통해 하나의 산(山)이 되어 솟구치게 된다"고.[41]

여기서 이인영은 '우리만이 옳다는 선민의식'을 반성한다. 그러면서 '국민대중의 민심 > 민주당 > 한나라당 = 한나라당을 선택한 대중 개개인' 순으로 옳다는 도식을 완성한다. 그런데 '모자라고 느릴 수 있는 대중'과 '국민대중의 민심'은 어떻게 다른 걸까? 여기서 "천심"이라는 "민심"은 무엇일까? 10년이 지나면 86들이 옳았다는 걸 알아줄 민심이다. 10년 후면 알아준다는 걸 어떻게 확신할까? 이인영은 비유의 세계로 가버린다. 과학적 분석이 도달하기 어려운 비유와 낭만의 평행우주다. 아직 도착하지 않은 '진짜 민심'을 전제하면서, 민주당을 선택하지 않은 '대중 개개인'의 민심은 계속 옳지 않은 것으로 맘 편히 둘 수 있게 된다.

86들도 선거민주주의를 20여 년 겪었으니 이제는 많이 달라지지 않았을까? 2022년의 이인영의 글을 보자. 이때도 많은 기대를 받고 시작한 민주당 정부가 정권 연장을 하지 못했고, 뒤이은 지방선거에서도 참패한 후다. 그의 반성은 크게 달라지지 않는다.

> 언제나 그렇지만, 특히 이런 정세에서는 서민 중산층의 먹고사는 문제로부터 신뢰를 쌓고 정치이슈로 발전시켜야 합니다.
> 정치는 서민경제에 유능하게 대처하지 못할 때 어떤 정당성도 확보하기 힘듭니다. (중략) 당분간 정치투쟁 일변도의 민주당 모습을 탈각해야 합니다. 검수완박도, 언론개혁도, 재벌개혁도 민생정치의 기반위에서 전략적으로 다시 추진할 필요가 있습니다.
> 경제에서 시작된 정치이슈가 새롭게 형성되는 과정에 이르기까지 전면적 정치투쟁은 유연하게 발전시키는 것이 좋겠습니다.
> 그러다가도 의외의 정치사안이 닥쳐오면 우리는 불같이 대처할 수 있습니다. 한국에서 정치투쟁은 그 잠재적 인화성이 높습니다.[42]

여기서 "민생정치"는 "정치투쟁"을 준비하기 위한 도구다. 대중은 "먹고사는 문제"에 우선적으로 관심을 가지며, 민주당이 이 문제를 잘 다룬다면 자연히 정치투쟁에도 따라올 것이라고 가정한다. 정치권에서 짧지 않은 시간 동안 있었지만, '정치와 분리된 민생'은 여전히 도무지 알아들을 수 없는 말이다. 사회경제적 이해관계를 어떻게 조정하는지의 문제는 현대 정치의 가장 크고 어려운 부분이다. 국민을 대충 뭉뚱그린 한 덩어리로 보지 않는 한, 국민 다수에게 대충 다 좋은 '민생정치'란 성립할 수 없다. '정치 말고 민생'이란 이야기를 들을 때마다 '그렇게 쉽게 할 수 있는 거면 진작 좀 하지'란 생각을 안 할 수 없다.

민생을 단지 대중을 쫓아오게 하는 당근으로 보는 한, 경제와 분배 문제의 정치적 복잡성을 제대로 직면할 수 없다. 극적인 사연이 있는 노동자 한 명을 위해 모든 정치적 자산을 투여할 수 있을 것같이 굴다가도, 국익을 위해 노동자의 양보는 어쩔 수 없다는 재벌의 말에도 박수치는 '민생정치'는 정치적으로 기이하다. '민생정치'는 사회경제적 이해관계 조정에 미숙한데, 그걸 넘어서는 '진짜 정치투쟁'이 있다고 생각하는 86들을 위한 알리바이가 되어갔다.

주석

1. 개정판이 출간되었다. 백기완·송건호·임헌영, 《해방전후사의 인식》 1~6, 한길사, 2004~2006.
2. 박찬수, 《NL현대사》, 인물과사상사, 2017, 168쪽.
3. 박찬수, 같은 책, 172쪽.
4. 박찬수, 같은 책, 173쪽.
5. 박세길, 《다시 쓰는 한국현대사 1》, 돌베개, 2015, 7쪽.
6. 박세길, 같은 책, 382~383쪽.
7. 박세길, 같은 책, 40~57쪽.
8. 박세길, 《다시 쓰는 한국현대사 2》, 돌베개, 2015, 354~355쪽.
9. 조형근, 《나는 글을 쓸 때만 정의롭다》, 창비, 2022, 3부 4장, 전자책.
10. 박세길, 같은 책, 137~144쪽.
11. 박세길, 같은 책, 370~371쪽.
12. 이창언, 〈NL(민족해방) 계열 학생운동의 주류화와 한계: 전국대학생대표자협의회와 한국대학총학생회연합〉, 이호룡·정근식 엮음, 《학생운동의 시대》, 도서출판 선인, 2013, 219쪽에서 재인용.
13. 박세길, 《다시 쓰는 한국현대사 1》, 돌베개, 2015, 7쪽.
14. 샹탈 무페, 《좌파 포퓰리즘을 위하여》, 이승원 옮김, 문학세계사, 2019, 〈이론적 부록〉, 전자책.
15. 샹탈 무페, 같은 책, 1장, 전자책.
16. 카스 무데, 크리스토발 로비라 칼트바서, 《포퓰리즘》, 교유서가, 2019, 1장, 전자책.
17. 이하나, 《대한민국, 재건의 시대》, 푸른역사, 470쪽.
18. 박세길, 《다시 쓰는 한국현대사 3》, 돌베개, 2015, 73~74쪽.
19. 이창언, 같은 책, 214~215쪽.
20. 민경우, 《86세대의 민주주의》, 인문공간, 2021, 215~216쪽.
21. 박세길, 《다시 쓰는 한국현대사 1》, 돌베개, 2015, 8쪽.
22. 이창언, 같은 책, 238쪽에서 재인용.
23. 박세길, 《다시 쓰는 한국현대사 2》, 돌베개, 2015, 77쪽.
24. 박세길, 같은 책, 82쪽.

25. 김영환(편집부 엮음), 《강철서신》, 도서출판 눈, 1989. 1986년부터 팸플릿 형태로 대학가에서 유통되었고 1989년에 단행본으로 묶여 출판되었다. 지은이는 김영환의 필명인 '강철'로 알려졌고, 단행본에선 '편집부 엮음'으로 표기되었다.
26. 김영환, 같은 책, 59~60쪽.
27. 더불어민주당 제82차 원내대책회의 모두발언, 2022. 4. 12.
28. 오현석, 〈박홍근 "文·李 지키려 검수완박? 우린 직 걸고 역사책무 수행"〉 《중앙일보》, 2022. 4. 15.
29. 모니카 브리투 비에이라, 데이비드 런시먼, 《대표: 역사, 논리, 정치》, 노시내 옮김, 후마니타스, 2020, 26, 40쪽.
30. 모니카 브리투 비에이라, 데이비드 런시먼, 같은 책, 34쪽.
31. 모니카 브리투 비에이라, 데이비드 런시먼, 같은 책, 27쪽.
32. 김영환, 같은 책, 56~57쪽.
33. 김영환, 같은 책, 56쪽.
34. 박세길, 《다시 쓰는 한국현대사 3》, 돌베개, 2015, 364쪽.
35. 김영환, 같은 책, 90쪽.
36. 박찬수, 같은 책, 80~82쪽.
37. 박찬수, 같은 책, 81쪽에서 재인용.
38. 김영환, 같은 책, 24쪽.
39. 김영환, 같은 책, 39~40쪽.
40. 전인권, 《박정희 평전》, 이학사, 2006, 262~263쪽.
41. 이인영, 《나의 꿈 나의 노래》, 이룸, 2007, 179~181쪽.
42. 이인영, 본인 페이스북, 2022. 6. 14.

4장

두 개의 민주주의

: 민주정부와의 경쟁

6월항쟁을 어떻게 볼 것인가

86들과 동년배인 가수 임재범은 헤비메탈 그룹인 시나위의 보컬로 데뷔해 나름의 인지도를 얻었지만 가난을 벗어나지 못했다. 그는 자신이 원하는 록 음악을 하기 위한 수단으로 생각하며 발라드곡 〈이 밤이 지나면〉이 담긴 솔로 1집을 발매한다. 그는 로커 스타일을 버리고 장발이었던 머리도 짧게 자른다. 주말 버라이어티쇼에서 딱 한 번 부른 〈이 밤이 지나면〉은 바로 음악차트 상위권에 올랐고, 그의 솔로 1집은 60만 장 넘게 팔린다. 그러나 그는 1집의 대성공에도 불구하고 록을 하지 못한다는 사실에 내내 괴로워했다. 시나위 시절 팬들은 그에게 솔로 1집과 그의 사진을 갈갈이 찢어 보내기도 했다고 한다. 그 뒤로 그는 대중이 원하는 음악과 본인이 원하는 음악 사이에서 계속 고민하는 시간들을 보냈다고 한다.

86들에게 1987년 6월항쟁은 임재범의 솔로 1집 같은 것 아닐까 생각한다. 그것은 분명 일생에 다시 없을 어마어마한 성공이었고 젊은 날에 큰 명성을 가져왔다. 그리고 두고두고 86의 상징이 되지만 86 스스로에게는 그것 자체가 목표가 아니었다는 점에서도 비슷하다. 그리고 86들은 1987년을 딛고 자신이 원래 목표를 추구하려 했지만 쉽지 않았다는 점에서도 말이다.

1987년 6월항쟁 당시 전대협 의장이었던 이인영은 2017년, 6월항쟁 30주년을 기념하는 자리에서 이렇게 이야기한다.

> 6월항쟁의 역사 속에서만 살 수는 없었다. 정말 졸업하고 싶었다. 이제 6월항쟁을 졸업하고 촛불혁명으로 진학할 수 있게 됐다. (중략)
>
> 두 번의 시민혁명을 경험한 것은 엄청난 행운이다. 세 번째 시민혁명에 성공할 수 있다는 욕심이 있다. 통일이다. 올여름부터 민통선을 따라서 걸을 것이다. 내년에도 후년에도 걸을 것이다. 통일될 때까지 걸을 것이다.[1]

6월항쟁은 전두환 군부의 장기집권을 막고, 대통령직선제 개헌을 하기 위한 항쟁이었다. 그리고 당시 민정당 대표위원이던 노태우가 대통령직선제 개헌, 김대중 사면복권 등을 담은 6·29선언을 하고, 10월 27일 직선제 개헌안이 국민투표로 통과되면서 일단락된다.

그런데 86들은 유독 6월항쟁을 끝나지 않은 혁명으로 보는 경향이 있다. 이인영도 지난 30년간 6월항쟁의 역사 속에서 살아왔다고 이야기하며, 심지어 정말 벗어나고 싶었다고 고백한다. 그들은 왜 6월항쟁이 끝나지 않았다고 생각하며, 6월항쟁은 언제 끝나는 것일까? 이인영은 박근혜 대통령 탄핵을 이뤄낸 촛불혁명을 두번째 혁명이라고 지칭하며, 통일이라는 세번째 혁명으로 나아가겠다고 다짐한다. 86 세계관에서 6월항쟁은 통일에서 끝나는 것이다. 더 정확히는 남북한 민중이 하나 된 공화국을 만드는 86포퓰리즘의 목표 속에서 6월항쟁은 하나의 성공적 국면이었다고 평가하는 게 맞을 것이다. 임재범 솔로 1집이 임재범의 록 인생에서 성공적이지만 특이한 한 국면이었던 것처럼 말이다.

86들은 1986년을 전후해 품성론과 대중운동론을 받아들이고 소수의 서클 중심의 학생운동을 넘어 대중적 학생회를 통해 더 많은 학생들이 참여하는 운동을 만들고자 했다. 그러면서 당시 학생들의 보편적인 관심사였던 직선제 개헌 투쟁에도 적극적으로 나섰다. 당시는 대통령 전두환의 임기 만료를 앞두고 신민당과 민주화추진협의회(민추협)가 대통령직선제 개헌서명운동에 적극적으로 나섰고, 국민들의 공감대도 빠른 속도로 늘고 있을 때였다.

개헌에 대한 학생 대중의 공감대도 높아졌으나, 운동가들의 고민은 복잡했다. 일부는 자유주의 부르주아의 타협적 '개헌'이 아니라 혁명적 방식으로 헌법을 새로 만드는 '제헌'을 해야 한다고 주장했다. 학생운동 주류도 직선제 개헌보다는 반미투쟁에 집중해야 한다고 보았지만, 직선제 요구가 대중을 결집하고 투쟁역량을 고취시킬 수 있는 계기라고 보았다.

개헌 논쟁은 전두환 임기 이후 한국 정치가 어디로 가야 하는가에 대한 다양한 주장들이 터져나오게 하는 장을 만들었다. 이런 분위기와 대중적 학생회론이 맞물리며 학생운동에 관심을 갖는 대학생들도 점차 늘어났다. 군부정권도 권력을 유지하기 위해 학생운동을 포함한 반정부운동이 거세지는 것을 막는 데 노력했다. 정부·여당은 학생운동의 과격한 모습을 부각하며 체제안정을 위해 이들을 탄압해야 한다는 여론을 만들어나갔다.

서로 커져가는 학생운동과 군부정권의 탄압은 1986년 10월 28일 건국대 사태에서 크게 충돌한다. 학생운동세력은 소수의 활동가 중심의 조직을 대신하는 전국적 연대조직인 '반외세 반독재 애국학생투쟁연합(애학투)'의 발족식을 서울 건국대에서 열었다. 발족식에는 지방에서까지 전에 없이 많은 학생들이 참석했지만 당국의 탄압 역시 거셌다. 정부는 보통의 대학연합집회에서 외부 출입을 통제하거나 교외 진출을 막는 수준에서 그쳤던 것과는 달리, 이번에는 건국대에 모인 학생들을 일망타진하려고 들었다. 경찰은 건국대를 완전히 포위하고 집회에 참석한 학생들은 물론, 일반 학생들까지 가리지 않고 연행했다, 학생 2천 명이 참여한 집회에 8천 명에 가까운 경찰이 투입되었고, 1525명을 연행하여 1288명을 구속하고 395명을 기소했다.[2]

건국대 사태로 학생운동세력은 큰 타격을 입었다. 대중적으로 바뀌려 노력했다고 생각했지만, 여전히 공권력 앞에선 너무나 나약

했다. 그러나 공권력의 강력한 탄압에도 학생 대중의 분노는 크게 뒤따르지 않았다. 우상호는 이렇게 회고한다.

> 건대의 경험은 내게는 다른 면에서 새로운 문제의식을 불러일으켰다. (중략)
>
> 각 과마다 동맹휴업을 결의하자는 방침을 정하고 과 토론회를 열었다. 나는 당연히 수업거부가 쉽게 결정될 것으로 판단했다. 경찰들이 워낙 강경진압을 했고, 우리 과에서도 잡혀간 친구들이 많았으니까. 그러나 토론회는 다른 방향으로 전개되었다. (중략)
>
> 자기들끼리 들어가 놓고는, 이제 와서 독재정권이 나쁘니까 수업을 거부하자? 우리는 뭔가요? 운동권들이 일단 일을 벌이면 나중에 수업이나 거부하는 사람인가요?
>
> 국문과 3학년의 수업거부는 거부되었다.[3]

건국대 사태는 학생운동이 학생 다수의 공감대가 큰 직선제 투쟁에 더 집중하도록 만들었다. 그게 운동가들의 최종적인 목표는 아니었지만 말이다. 특히 1987년 초에 서울대 언어학과 3학년 학생인 박종철이 물고문을 받다 사망하면서 독재정권을 물러나게 해야 한다는 대중적 공감은 폭발적으로 커졌다. 특히 과거의 고문 사건이 언론 통제로 진상이 널리 알려지지 못한 반면, 박종철 고문치사 사건은 언론에 의해 사실이 폭로되었고 정권의 은폐 시도까지 드러나자 민주화에 대한 열망도 확대되었다. 박종철의 동년배인 대학생들에겐 말할 것도 없었다.

학생운동권은 1987년에 들어서 기존의 선도적 정치투쟁이나 전위조직 노선을 비판하고 대중투쟁 노선에 입각한 민주정부 수립을 당면과제로 상정했다. 선도적 정치투쟁 노선의 폐기와 서클주의 극복이 강조되면서 조직활동의 무게중심이 투쟁위원회에서 총학생회로 이동했다. 학생들의 관심사나 이해를 대변하려는 움직임이 늘어났고, 학내 문제에 대한 관심도 키워나갔다. 학내에서는 대중조직인 학생회가, 학외에서는 재야와 민주당을 중심으로 직선제 개헌을 위한 여론을 모아나갔다.[4]

하지만 학생운동세력이 6월 10일 국민대회를 처음부터 주도한 것은 아니었다. 재야단체와 야당은 민정당 대통령 후보 지명일인 6월 10일에 맞춰 대규모 국민대회를 열기로 했다. 이 국민대회는 학생운동세력에게 준비된 투쟁은 아니었다. 오히려 민주당은 학생운동세력의 참여를 부담스러워하기도 했다. 하지만 군부정권이 대통령 후보를 지명하여 차기 구도를 분명히 하면 상황을 바꾸기 더 어려워진다는 절박함에 학생운동세력은 일단 최대한 결합할 수밖에 없었다.

하지만 학생 대중의 참여는 운동 지도부의 예상보다 오히려 훨씬 컸다. 우상호는 6월 10일 국민대회에 3만여 명의 학생이 참여했는데, 이는 학생회장단의 예상보다 두 배가 넘는 인원이었다고 회고한다. 교내의 집회 참석인원은 점차 늘어 6월 26일 전국집회에는 서울에서만 9만여 명이 참여했다고 한다.[5]

이는 운동가들이 학생 대중의 참여를 선도한 결과이지만, 학생 대중이 단순히 수동적으로 동원되었다고 말할 수는 없다. 1980년대 들어 경제가 발전하고 절대적 빈곤이 해결되면서, 정치적 의사를 표출하려는 대중적 바람은 점차 커지고 있었다. 특히 당대의 엘리트인 대학생들은 정치적 자유에 대한 갈망이 매우 컸다. 이런 상황에서 1987년 1월의 박종철 고문치사 사건과, 6월 10일 국민대회 직전인 6월 9일에 일어난 폭력진압으로 인한 연세대 학생 이한열의 사망은 평범한 대학생들도 거리에 나서게 하는 기폭제가 되었다.

1986년부터 본격화된 대중적 학생회는 평범한 학생들이 거리에 나설 수 있게 해주는 결사체이자 플랫폼으로서 기능했다. 학생운동 지도부가 대중적 학생회로 학생들을 조직하지 않았다면, 대학생들이 개인으로서 홀로 거리에 나서기는 쉽지 않았을 것이다. 또 이렇게 조직적인 대학생들의 참여가 없었다면 시민들도 6월항쟁에 참여하기 어려웠을 것이다. 이처럼 학생운동세력은 6월항쟁의 성공에 지대한 공헌을 했다. 직선제 개헌 투쟁에 대한 학생 대중의 열렬한 참여는 그것을 도구적·단계적 과제로 생각했던 학생운동세력에게는 큰 기회이자 과제였다. 성공한 항쟁인 6월항쟁을 그들은 끝나지 않은 혁명이라고 여기게 된 이유다.

하지만 6월항쟁은 그들의 기대를 넘어서서 예상과는 다른 방향으로 진행되었다. 6월항쟁의 성과인 대통령직선제로 치러진 1987년 대통령선거는 군부정권인 여당의 노태우 후보의 승리로 끝났다. 민주정부 수립을 위해 거리로 나섰던 많은 국민들은 극심한 실망에 빠졌다. 이러한 실망은 다양한 민주주의적 요구들이 민주주의적 제도로 해결될 것이란 기대를 꺾었고, 역설적으로 다양한 급진적 요구들이 제도 밖에서 폭발하도록 했다. 노동운동 등 다양한 사회경제적 요구들이 터져나왔고, 통일운동 등 국가의 정체성에 관련한 요구들도 거세졌다. 김영삼이나 김대중의 대통령이 되었다면 더 빨리 제도 내로 들어갈 수도 있던 요구들이었다.

직선제 개헌이라는 중요한 제도적 개혁에도 불구하고 그 효과를 널리 느끼기보다는 한계를 먼저들 실감하게 되었다. 직선제 개헌을 대중의 눈높이에 맞춘 최소한의 과제로 생각했던 86들에게는 유독 더 큰 충격으로 다가왔다. 6월항쟁에 대해 《뉴욕 타임스》와 진행한 인터뷰에서 국가를 모독했다는 죄로 구속된 우상호는 1987년 대선 패배를 아래와 같이 소회한다.

> 87년 겨울 대통령선거에서 패배한 후, 감옥 안은 무거운 정적만이 감돌았다. 그것은 충격이었으며 분노였다.
> 하루하루가 더 힘들고 괴로웠다. 한열아, 결국 너의 죽음이 헛된 것이었느냐 하는 생각에 나는 잠을 이루지 못했다. (중략)
> 지금까지 그래왔듯이 멀고 먼 길을 또 다시 떠나야 할 것이다. 언제 이 길이 끝날지 모르지만, 그리고 그 길이 어디로 향하는 것인지는 모르지만, 자꾸 걸어야 한다. 발톱이 빠지고 굳은살이 박혀도 자꾸 걸어야 한다.[6]

또다시 포퓰리즘 계기였다. 직선제 개헌으로도 민주주의적 요구들이 받아들여질 수 없다는 좌절은 제도적 민주주의를 넘어선 투쟁이 필요하다는 공감대를 더 많은 학생들에게 불러일으켰다. 6월항쟁 승리는 투쟁에 대한 자신감을, 뒤이은 대선에서의 좌절은 투쟁의 필요성을 고취시켰다.

노태우 정권도 초기에는 학생운동을 적극적으로 탄압하지 못했다. 간신히 대선에서 승리하긴 했으나 득표율은 36.64%에 불과했다. 김영삼과 김대중이 거의 표를 똑같이 나눠가져 어부지리로 이긴 셈이었다. 민심은 분명하게 민주화세력의 손을 들어주었다. 거기에다 뒤이은 국회의원선거에서 여당에 압도적으로 유리한 선거제도에도 불구하고 여소야대가 되었다. 여소야대 국회를 상대해야 하는 것도, 다음 직선제 대선을 고려해야 하는 것도 군부세력에겐 모두 적응하기 어려운 것이었다. 무엇보다 대선에 이기고 나서도 6월항쟁에서 보여준 폭발적인 민심이 남은 군부세력까지도 발본색원할지도 모른다는 공포를 가졌다.

6월항쟁의 성취와 좌절, 노태우 정권의 불안정성을 기반으로 1987년부터 1990년대 초까지 학생운동은 규모나 내용으로나 최전성기를 향해 달려간다. 6월항쟁으로 열린 정치적 공간에서 분출된 노동자, 농민, 빈민 등의 요구들을 대변하면서 그 덩치를 키워나갔다. 이 시기 학생운동은 대학문화 그 자체라고 할 만큼 대중적으로 커져갔다.

특히 김영삼과 김대중의 야당이 대선에서의 분열이라는 원죄 때문에 정치적 명분을 잃은 상황이기에 더더욱 그랬다. 명분이 없던 야당 간의 분화와 경쟁은 시민들에게 민주주의를 지연시키는 '분열'로 인식되었다. 그런 만큼 '단결'을 강조하는 학생운동의 정당성은 더욱 크게 다가왔다. 86포퓰리즘이 강조하는 민중 간의 동일성과 단결은 더욱 설득력을 갖게 된다.

6월항쟁을 계기로 학생운동은 전국적 조직을 갖추게 된다. 그 성과가 전대협이었다. 전대협은 6월항쟁에서 희생된 이한열의 장례 절차를 논의하기 위하여 전국 대학의 총학생회장들이 모인 자리에서 시작되었다. 여러 개의 조직이었던 학생단체를 통합한 것으로, 서울지역대학생대표자협의회 의장 이인영을 초대 의장으로 추대했다. 전대협은 이한열 열사 사망 진상규명 촉구, 대통령선거 참여 투쟁 등을 거치며 조직을 다져나간다.[7]

노태우와 86포퓰리즘의 최전성기

노태우 정부는 민주주의적 정부일까? 한국에서 민주주의가 무엇인지를 규정하는 현대정치사의 고전적 질문이다. 민주주의의 형식성을 강조하는 입장에서는 민주주의적 정부라고 대답할 것이다. 노태우 정부는 어찌 됐든 국민들의 직접투표로 당선되었다. 여러 불법 선거와 여론 조작 의혹들이 등장했고 일부는 사실로 밝혀지기도 했지만, 35년이 넘게 지난 지금까지도 선거 자체의 중대한 하자는 발견되지 않았다.

물론 김영삼과 김대중으로 나뉜 민주화 지지 표심을 더하면 노태우 후보보다 많은 지지를 받았기 때문에 노태우의 당선이 부당하다고 주장할 수도 있다. 그러나 같은 논리라면 1997년 대선에서 김대중 후보의 득표율 40.27%도 보수후보였던 이회창의 38.74%, 이인제의 19.20%를 더한 것에 훨씬 못 미친다. 그럼 최초의 평화적 정권교체를 이룬 김대중 정부도 민주주의적 정부가 아닌가? 이 점은 단순다득표제 선거방식 자체의 문제점일 수는 있지만 노태우 정부의 민주적 정당성의 문제가 될 수는 없다.

민주주의가 정부와 지도자의 정체성에 따라 결정된다고 보는 입장에서는 노태우 정부를 민주주의적 정부라고 인정하기 어렵다. 대통령 노태우는 쿠데타와 군부독재정권의 핵심 일원이었다. 또 집권 후에도 5·18광주민주화운동에서의 학살 등 제5공화국의 국가폭력에 대해 사죄하지 않았다. 또 많은 기본권 탄압과 국가폭력은 헤아릴 수 없이 많았고, 퇴임 후에 막대한 비자금이 밝혀지기도 했다.

노태우 정부의 성격 규정은 결국 민주주의의 핵심을 무엇이라고 규정하는지에 대한 질문이다. 그 질문은 사실 현재까지도 계속 논쟁 중이다. 민주당 인사들은 흔히 민주당의 집권 시기를 '민주정부'라고 부른다. 김대중 정부를 민주정부 1기, 노무현 정부를 2기, 문재인 정부를 3기로 지칭하고 이제 민주정부 4기로 가야 한다는 식이다.

나도 실무를 하면서 이런 뜻으로 '민주정부'라는 말을 종종 쓰긴 했지만 쓸 때마다 정확한 뜻이 무엇인지 고민이 들었다. 민주정부는 단지 민주당 계열 정부의 약어인가? 현재 국민의힘인 민정당 계열이 집권할 때는 민주적 선거를 통해 집권했을 때도 민주정부라고 볼 수 없다는 뜻일까? 민주당 정부라고 하지 않고 굳이 민주정부라고 하는 건 선출방식의 형식적 민주성보다는 집권세력의 정체성이 중요하다는 인식일 것이다.

노태우 정부 시기는 두 가지 민주주의관이 실제로 정치적 경쟁을 벌인 기간이다. 이 시기의 정치를 노태우와 김영삼·김대중·김종필, '3김'의 경쟁으로 설명할 수도 있겠지만, 그것만으로는 이 시기의 역동성을 설명하기 어렵다. 형식적 민주주의에 기반한 정당성을 가진 노태우 정부에 맞서 형식적 민주주의를 넘어 '진짜로 민중에게 필요한 것'을 이루는 것이 민주주의라는 정치운동이 거세게 들끓었다.

그 중심에는 86포퓰리즘이 있었다. 전력을 다한 투쟁으로 직선제 개헌을 했는데도 군부독재정권 일당이 집권해버린 허무맹랑한 상황에서 야당과 재야세력도 제대로 움직이지 못하고 있었다. 김영삼, 김대중과 그 세력들에게 독재정권의 탄압은 익숙한 것이었지만, 직선제 대통령선거에서의 패배는 아주 낯선 것이었다. 학생운동세력은 이런 정치적 공백을 뚫고 남북한 대중을 모든 성원으로 하는 '진짜 민주주의' '진짜 나라'를 완성하려는 운동인 86포퓰리즘을 본격화해갔다.

전대협은 1988년부터 본격적으로 대중적 통일운동에 매진한다. 1980년대 중후반은 세계적으로 탈냉전 국면이었다. 1985년부터 미국-소련 간 데탕트가 시작되었다. 냉전의 최정점에 있던 한국 정부도 바뀌는 국제정세에 어떻게 적응할지 고민해야만 했다. 노태우 정권은 북방정책을 표방하며 공산주의 국가와의 관계 개선에 나섰고, 북한과의 교류도 조금씩 시작됐다. 전대협의 통일운동은 이런 시대적 분위기 속에서 많은 관심을 받을 수 있었다.

하지만 그들의 통일운동은 한국 정부와 북한 정부 간의 관계를 개선하는 것을 넘어 더 급진적으로 민중 간의 통합을 추구했다. 그들은 6월항쟁으로 열린 정치적 공간을 바탕으로, 드디어 북한 대중을 직접 만나고자 했다. 1988년 판문점 남북학생회담과 서울올림픽 남북 공동개최 운동은 그 일환이었다.

노태우 정부는 이런 학생운동의 투쟁에 대해 남북교류는 환영하지만 접촉과 교류를 위한 창구는 정부로 일원화되어야 한다는 이른바 '창구 단일화' 명분을 내세우면서 남북학생회담을 불허하고 저지했다. 하지만 학생운동세력은 어떻게든 북한 사람들을 직접 만나려고 했다. 1988년 6월 10일, 김일성대학 학생회와 판문점에서 만나기 위해 판문점을 향해 행진하다 890명이 연행, 32명이 구속되었다. 학생회담을 재추진하기로 한 8월 15일에는 2020명이 연행되었다.[8]

학생운동세력의 급진적인 통일운동은 통일에 대한 대중적 관심을 높이는 데 기여했다. 하지만 왜 하필 학생들이 직접 만나는 방식에 전력해야 하는지는 크게 설득력을 갖지 못했다. 1988년의 통일운동은 제5공화국 비리 청산 등 다른 민주화 과제와 긴밀히 결합되지는 못했다. 또 통일운동 차원에서도 남북학생회담 성사 자체에 집중하다보니, 올림픽 남북 공동개최나 군비 축소 등의 실질적 변화를 끌어내지 못했다는 평가도 받았다.

실제로 서울대학교 총학생회 산하 '조국의 평화와 자주적 통일을 위한 특별위원회'가 1988년 상반기에 대학생 770명을 상대로 남북청년학생체육대회에 대해 실시한 여론조사를 보면, 47.8%의 학생은 '통일에 대한 의지는 좋지만 낭만적이며 비현실적'이라는 의견을 보였다. 반면 39.7%만 '통일운동을 위한 획기적인 문제 제기로 범국민운동으로 승화시켜야 한다'라고 답했다.[9] 통일운동의 필요성에 대한 폭넓은 공감대에도 불구하고, 학생들이 직접 만나는 방식에는 이견이 있었다.

하지만 86들은 굴하지 않았다. 지금 민중에게 필요한 것은 여론조사 따위로 알 수 있는 게 아니었다. 더 급진적으로, 남북한 민중의 하나 됨을 보여주면 민중도 깨달을 것이다. 결국 전대협은 북한 주민을 진짜로 만난다. 전대협은 1989년 7월 1일 평양에서 열린 세계청년학생축전의 대표로 임수경을 파견했다. 7월 7일에는 북한의 조선학생위원회 위원장 김창룡과 함께 '1995년까지 조국통일위업을 실현하기 위하여 공동투쟁을 벌여나간다'라는 성명서를 발표했다.

평범한 대학생인 임수경이 당국의 눈을 피해 북한에 갔다는 건 긍정적으로든 부정적으로든 남한 사회에 큰 충격이었다. 정부의 창구를 거치지 않고도, 평범한 학생들이 오랜 분단의 벽을 깨부술 수 있다는 희열을 느끼는 이들도 많았다. 하지만 오랜 분단의 벽이 깨진다는 건 그만큼 북한에 대한 오랜 공포를 불러일으키는 것이기도 했다.

노태우 정권은 학생들의 통일운동을 정부 창구 아래로 관리하려는 전략을 깨고 사회운동을 본격적으로 탄압하는 공안정국을 조성했다. 정권 중반부에 들어서면서 다소 안정을 찾아가던 시기였다. 다시 군부독재로 돌아갈 가능성, 아니면 혁명적 요구가 더 폭발적으로 분출되어 정부가 뒤집힐 가능성, 둘 다 있었을 만큼 매우 불안한 정권 초기를 지나, 정권은 다시 군부독재로 돌아갈 순 없다는 흐름을 받아들이며 의원내각제 개헌 등을 통해 권력을 유지할 방안을 찾기 시작했다. 또한 노동운동과 학생운동 등이 폭증하긴 했으나 통제할 수 있는 수준이라고 여기고 이들을 본격적으로 탄압하기 시작했다.

그러나 '민주적 정당성이 없는' 노태우 정권의 학생운동 탄압은 더 많은 학생들이 86포퓰리즘의 정당함에 공감해 동조하도록 했다. 때맞춰 3저 호황이 끝나고 호황에 묻혀 있던 다양한 불평등 문제가 부각되면서 사회경제적 요구들도 늘어났다. 동시에 노태우 정권의 반민중성 역시 부각되었다. 임수경이 일으킨 파란은 학생운동이 진짜로 무엇인가 해낼 수 있다는 자신감을 고취시켰다. 1990년을 전후해 전대협은 최전성기를 맞이한다. 1987년 충남대에서 열린 제1기 전대협 출범식에는 약 3500명의 학생이 참가했지만, 1990년을 전후한 출범식에는 10만 명씩 참가하게 되었다.[10]

이 시기 전대협은 양적으로뿐만 아니라 질적으로도 크게 발전한다. 학생운동은 청춘의 의기를 표출하는 소박한 수준을 넘어, 노태우 정권을 가장 선명하게 위협하는 정치적 대안세력이었다. 그리고 그에 걸맞은 수준으로 독자적인 정치문화와 내부질서를 형성해갔다.

역대 전대협 의장 중 가장 유명한 사람은 1989년 3기 의장이 된 임종석일 것이다. 그는 정부의 감시망을 피해 동에 번쩍 서에 번쩍하며 민중과 함께한다는 뜻으로 의적 홍길동에 빗댄 '임길동'이란 별명으로 불리며 학생운동을 넘어 일반인들도 아는 '전국구 스타'가 된다. 경찰의 원천봉쇄를 뚫고 전대협 의장이 나타나고, 그에 맞춰 수만 명이 전대협 진군가를 부르는 장관은 현장에 있던 사람들에게 잊지 못할 카타르시스를 제공했다. 86포퓰리즘은 정서적·문화적 경험을 공유하는 정치공동체로 거듭났고, 이성적으로 옳다고 판단하는 차원을 넘어서게 된다. 민경우의 후일담이다.

> 나는 나도 모르게, 정말 나도 모르게 전대협 진군가를 부를 때가 있다. 나는 1990년 어느 날 수배를 뚫고 나타난 전대협 의장(송갑석)을 지켜봤고 수 천 명이 그와 함께 전대협 진군가를 불렀던 기억이 내 마음속에 선명히 남아 있다. 수 천 명이 함께 "~아아 전대협이여 우리의 자랑이여"으로 이어지는 전대협 진군가를 생각해 보라. 주사파를 이해하려면 책을 보지 말고 이들이 함께 노래하는 장면을 보는 게 좋다.[11]

특히 이 시기 86포퓰리즘은 카리스마적 지도자의 리더십을 강조하는 방향으로 발전했다. 그들은 학과 학생회장, 단과대 학생회장, 총학생회장, 지역 의장, 전대협 의장 순의 계층적 구조로 지도자의 서열을 나누고, 지도자에게 절대적 권위를 부여했다. 민경우는 "1987년 1기 전대협 의장이었던 이인영은 수많은 학생 중 한 사람일 뿐 특별한 대접을 받지 않았다. 3기 전대협을 계기로 의장을 의장님으로 부르고 의장을 옹립한다고 표현하며 의장에 대한 각별한 애정을 보이곤 했다"라고 이야기한다.[12]

이런 지도자 중심 사상은 북한의 주체사상 중 수령론에서 비롯한 것이다. 박정희와 전두환의 권위주의를 욕하면서 배운 몫도 있을 것이다. 또한 86들이 권위주의와 별반 다르지 않고 반민주주의적이기까지 하다는 비판의 근거가 되고 있다. 그런데 왜 민주주의를 표방하던 86들은 하필 수령론에 몰두했을까? 북한을 숭배해서 그렇다는 대답은 그저 수령론을 따랐기에 수령론을 따랐다는 동어반복일 뿐이다. 심지어 그들은 일상생활에서는 이전 세대에 비해 평등한 관계를 추구했다.

포퓰리즘 운동에서 카리스마적 리더십을 갖는 강한 지도자를 선호하는 현상은 흔히 일어난다. 이러한 지도자들은 위기에서 인민을 구출해내고 수호해줄 수 있는 특별한 권능을 지닌 이들로 간주된다. 가령 대표적인 포퓰리즘 운동인 20세기 중반 아르헨티나의 정치행동들은 아예 지도자인 후안 페론의 이름을 따서 '페론주의'라고 통칭된다. 후안 페론 스스로는 '페론주의'라는 말 대신 '정의주의justicialismo'라는 말을 썼음에도 불구하고 말이다.

포퓰리즘이 성립하기 위해선 다양한 민주주의적 요구들이 '민중'

이라는 하나의 정체성으로 묶여야 한다. 그런데 서로 다른 요구들이 하나로 뭉쳐지기는 쉽지 않다. 포퓰리즘 정치가 불안과 박탈감이라는 감정에 기반하는 만큼, 이 요구들을 합리적으로 조절해 단일안을 만들어내는 건 매우 어렵다. 결국 그 모든 것을 알아서 가장 좋은 방안으로 해결해주리란 비합리적 기대가 반영되곤 한다. 이 비합리적 기대는 다양하게 반영될 수 있지만, 비범한 능력과 의지를 가진 특정한 인물에게 이입되기 가장 쉽다. 포퓰리즘 운동에서 카리스마적 지도자는 다양한 민주주의적 요구들이 하나의 민중적 요구가 되도록 하는 용광로와 같다.

그런데 86포퓰리즘에서 카리스마적 지도자를 세우는 데 문제가 좀 있었다. 그들이 같은 시험에서 비슷한 성적을 받고 대학에 입학했고, 그것 외엔 이렇다 할 차이가 없는 동질적 집단이라는 점이다. 가난한 환경을 극복했건, 말을 잘하고 잘생겼건 비슷한 모범생들 사이에서 유독 뛰어난 업적과 능력을 가진 사람이 얼마나 있겠는가. 게다가 그들은 모두 진선미의 화신으로서 당대의 엘리트로 자임하던 사람들이다.

결국 그들은 카리스마와 업적이 있어 자연스레 지도자가 되는 사람을 따르는 대신, 일단 개중 뛰어난 자를 대표로 뽑고 그에게 억지로 카리스마를 부여해야만 했다. 상층의 지도자를 따라야 혁명이 가능하다는 주체사상 수령론의 논리를 세웠다. 그리고 부족한 카리스마를 보완하기 위해 다양한 의전과 호칭을 만들고, 서사를 부여해야 했다. 전설적인 전대협 의장들은 이후 제도권 정치에 들어와서 딱히 대중적 카리스마를 보여주진 못했다.

1987년 6월항쟁과 대통령선거 이후부터 1991년까지는 86포퓰리즘의 전성기였다. 그리고 그 핵심은 북한 민중을 직접 만나려는 방식의 급진적 통일운동과 카리스마적 리더십 및 문화적 카타르시스에 기반한 조직방식이었다. 그런데 86포퓰리즘이 많은 학생들을 매료시킨 것과 달리 대중과는 다소 괴리가 있었다. 당시 민주화로 열린 정치적 공간에서 그동안 억눌린 통일에 대한 관심이 다시 증가하고 전세계적인 데탕트를 맞아 남북관계도 새로운 전환이 필요하다는 주장이 부각된 건 사실이지만, 학생운동세력을 제외하곤 사실 통일이 당면한 1순위 과제라고 생각하진 않았다. 학생들은 노동자, 농민, 도시빈민 등 '기층민중'의 생존투쟁에 적극적으로 동참했다. 이를 통해 민중을 86포퓰리즘의 통일운동에 동참시키려 했으나 민중은 원론적으로는 동의해도 그걸 투쟁의 1순위로 삼진 않았다.

86들의 통일운동은 재야운동세력과도 차이가 있었다. 재야통일운동세력은 정부보다는 민간 주도의 통일운동이 필요하다고 하면서도, 북한과 사실상 별도의 국가처럼 된 남한의 현실과 남한 정부를 인정했다. 반면 학생운동세력은 남한 정부의 정통성은 물론 현실적인 필요성까지도 부정했다. 그들은 북한 민중을 만나기만 하면 '진짜 나라'를 세우는 길을 바로 만들 수 있으리라 기대했다.

학생운동세력과 재야통일운동세력의 차이를 대표적으로 보여주는 사례는 남북한 유엔 동시가입에 대한 입장이었다. 국제적으로 국가로 인정받는다는 의미인 유엔 가입은 서로 한반도 전체의 유일한 합법정부라고 주장하는 남북한 모두에게 매우 중요한 문제였다. 영화 《모가디슈》가 이런 유엔 가입 경쟁을 배경으로 하고 있다. 당시 남한은 유엔 가입을 여러 차례 시도했으나 소련과 중국의 거부권 행사로 번번이 실패하면서 남북한 유엔 동시가입으로 목표를 바꾸었다. 북한은 북한의 단독가입을 주장했으나, 이는 실제로는 현실성이 없는 방안으로 남한의 유엔 가입을 막으려는 목적이 더 강했다.

학생운동세력은 유엔 동시가입 계획이 "민족의 분열을 기정사실화하려는 온갖 음모"이며 "미제국주의와 그 앞잡이, 내외분열주의자들의 두 개의 한국정책을 위한 간교한 책동"이라며 강력히 반대했다.[13] 반면 재야세력을 대표하는 문익환은 유엔 동시가입은 반드시 필요한 절차는 아니나, 그렇다고 부정적으로 볼 필요가 없다고 주장했다. 물론 문익환도 유엔 동시가입이 분단의 고착화로 이어질까 우려하기는 했다. 하지만 남한과 북한의 입장을 잘 조율해 실제적인 통일을 앞당기는 것이 중요하지, 한반도의 국가를 몇 개로 볼 것이냐는 형식적인 문제일 뿐이라고 본 것이다.[14]

문익환은 주한미군 철수 문제에 대해서도 유보적인 입장을 보였다. 그는 미-소 군사대결의 시대가 끝나려 하고 있기 때문에 미국의 한국 주둔은 사실상 그 명분을 잃어가고 있다고 주장하면서도 미군의 한국 주둔이 공산군의 남침을 막는 데 그 목적이 전혀 없는 것은 아니라고도 이야기했다.[15] 외세에 의존해서는 안 되지만 냉전적 군사대결의 현실에서 남한 사회를 지키기 위해 주한미군의 필요성을 일부 인정한 것이다.

재야통일운동이 30년간 분단을 겪으면서 사실상 두 개의 국가가 된 북한과 남한이 거리를 좁혀가며 통일로 나아가는 운동에 가까웠다면, 86들의 통일운동은 아예 남북한 민중이 하나 되어 외세에 굴종된 남한 정부를 전복하고 새로운 나라를 만드는 혁명운동에 가까웠다. 그것은 보수세력이 주장하는 것처럼 현실의 북한 정부를 이롭게 하는 것만도 아니었다. 그들이 만들고자 한 나라는 분단으로 깨어진 민족주의를 완성하고 남북한 민중을 모두 정치적 성원으로 하는 포퓰리즘적 이상향이었다. 그러므로 일단 북한 민중을 만나야 했다. 그들이 굳이 평양까지 가서도 만날 수 있는 건 고작 북한 정부에 의해 동원된 통제된 북한 국민들뿐이었겠지만 말이다.

5월투쟁과 86포퓰리즘의 쇠퇴

1991년 4월 26일 명지대 신입생 강경대가 사망한다. 사인은 공안정국을 규탄하는 학교 앞 시위를 진압하던 전투경찰의 집단폭행이었다. 1989년부터 시작된 노태우 정권의 공안정국은 학생운동과 노동운동의 성장에 발맞춰 점점 강해지고 있었다. 정권 말에 들어서면서 어떻게든 권력을 연장하려던 집권세력은, 1991년 3월과 6월의 지방선거가 그 분수령이 될 것으로 보고 1991년 초부터 소위 '백골단'으로 불리던 사복 진압경찰을 늘리는 등 탄압을 강화했다. 거세지던 압력은 결국 한 청년의 사망으로 임계점을 넘어 폭발해버린다.

강경대의 죽음은 1990년 3당 합당으로 집권세력의 통치가 장기화될 것이란 불안이 크게 늘어난 상황에서 벌어진 사건이었다. 여당인 민주정의당과 야당인 김영삼의 통일민주당, 김종필의 신민주공화당이 합당하면서 국회 구성이 여소야대에서 압도적인 여대야소로 바뀌었다. 제1야당으로 여소야대 정국을 주도했던 김대중의 평화민주당은 호남 세력으로 고립되었다. 지역적뿐만 아니라 이념적으로도 고립시키기 위해 김대중이 '빨갱이'라는 공격도 거세졌다. 김대중은 정치적 확장을 위해 다양한 세력을 규합해내면서도, 대중적 불안감은 해소해야 하는 모순적인 상황에 처하게 된다.

폭력진압에 의한 청년학생의 사망은 늘 혁명의 도화선이 되었다. 4·19혁명 때 김주열이 그랬고, 6월항쟁 때 박종철과 이한열이 그랬다. 길게 보면 3·1운동도 청년학생들의 희생에 대한 분노 때문에 전국민적 운동이 될 수 있었다. 강경대의 사망에 놀란 노태우 정권은 내무부장관을 경질하고 진압경찰 5명을 바로 잡아들인다. 이어 노태우는 사과의 뜻을 밝혔으나 여전히 불법 폭력시위는 용납할 수 없다는 입장을 고수했다. 물론 대통령의 사과와 인사경질로 살인진압의 책임을 다할 수는 없겠으나 노태우 정권은 과거 독재정권이 비슷한 상황에서 드러냈던 태도보다 나름의 유연성을 보인 것이다. 2022년 10월 29일 이태원 참사 이후 윤석열 정권이 사과도 인사경질도 하지 않는 현재에 비해서도 그렇다.

정부의 이런 노력에도 불구하고 분노는 퍼져나갔다. 강경대의 죽음은 일시적이고 우발적인 사고가 아니라 운동세력과 정권 사이에 누적되던 압력 때문에, 다시 말해 두 종류의 민주주의가 충돌하면서 터져나온 것이다. 1991년 4월 29일 전남대 2학년인 박승희가 폭력진압에 규탄하며 분신자살했고 5월 1일 안동대 김영균, 5월 3일 경원대 천세용이 이어 분신했다. 5월 4일 전투경찰로 군복무 중이던 박석진이 정권 차원에서 폭력적 시위진압을 지시했다고 양심선언을 하기도 했다. 이런 희생들은 진압경찰의 자의적 과잉진압으로 사건을 마무리하려던 정권의 의도를 뚫고 정권 자체의 폭력성이 드러나게 했다.

그러던 중 1991년 5월 6일 서울구치소에 수감 중이던 한진중공업 노조위원장 박창수가 의문사한다. 그는 이마에 의문의 상처가 나 중태인 채로 병원에 입원했는데, 구치소 측은 그가 벽에 스스로 머리를 찧었다고 발표했다. 결국 그의 죽음은 신병을 비관한 자살로 종결되었다. 박창수의 죽음을 계기로 학생운동 중심의 5월투쟁은 노동자들이 결합한 정권 타도 투쟁으로 확대되었다. 노동자, 주부, 고등학생 등으로 분신자살도 확대되어갔다. 연구에 따르면, 5월투쟁 중 가두시위에 참여한 인원은 20만여 명이다. 이는 6월항쟁 이후 최대 인원이었다.

우발적으로 벌어진 정국이었지만 운동세력은 제2의 6월항쟁이라고 의미를 부여했다. 공안정국은 6월항쟁의 성과로 얻어낸 형식적 민주주의의 분명한 한계를 드러내는 것이었다. 5월투쟁의 핵심 슬로건은 '노태우 정권 타도'였다. 그들은 정권을 타도하고 '진정한 민주주의'로 나아가야 한다고 보았다. 그리고 문자 그대로 목숨을 건 투쟁을 이어나갔다.

그러나 노태우 정권이 타도된 이후엔 무엇이 오는가? 김영삼이나 김대중인가? 김일성인가? 혹은 당장 대통령선거를 다시 하자는 것인가, 내각제를 포기하라는 것인가? 그것도 아니면 아직 상상해본 적 없는 어떤 유토피아인가? 이 점은 불분명했다. 당시 부동산가격 폭등과 잇따른 부정부패, 정권의 내각제 개헌 시도 등으로 정권에 대한 불만이 큰 상황이었는데도 투쟁의 쟁점은 좀처럼 구체화되지 못했다.

많은 학생들의 열띤 투쟁에도 불구하고 6월항쟁과 달리 중산층 시민, 농민 등 '기층민중'의 참여는 저조했다. 박창수의 죽음으로 노동운동의 결합은 꽤 있었지만 투쟁을 이끌어간 건 시종일관 학생들이었다. 여당의 일부가 된 김영삼은 정권의 과잉진압을 비판하면서도, 학생들의 불법시위를 더 거세게 비판했다. 김대중과 평화민주당도 거의 아무런 반응을 하지 않았다. 그들은 과격시위가 코앞의 1991년 6월 지방광역의원선거에 악영향을 주지 않을까 걱정했다. 이미 형식적 민주주의가 자리를 잡아가면서, 시민들과 정치인들의 정치적 패턴도 선거 주기에 맞춰지고 있던 것이다.

4월 말에 시작된 투쟁은 장기화되었다. 참여가 점차 줄어드는 와중에도 지도부는 명동성당을 점거하며 6월 말까지 투쟁을 이어나갔다. 그러던 중 5월 25일 성균관대 학생인 김귀정이 또다시 폭력진압에 의해 사망하는 사건이 발생했는데도 투쟁의 열기는 확산되지 못했다. 오히려 6월 20일 광역의원선거에서는 여당이 압승했다. 투쟁에 대한 여론의 차가운 반응이 확인된 것이다. 결국 지도부는 6월 29일 농성을 해제한다.

노태우 정권의 물리적·이데올로기적 탄압에 밀려 어떤 가시적 성과도 얻지 못한 채 투쟁이 마감됐다. 5·18광주민주화운동처럼 상징적 의미도 부여받지 못했다. 이 투쟁으로 학생운동은 치유되기 힘든 상처를 입었다. 학생들이 운동진영에서 이탈했고 민중운동 전체적으로도 기존의 투쟁방식에 대한 회의를 갖게 되었다. 5월투쟁은 민주화운동세력 내부에서 조차 '잊힌' 아니 '잊고 싶은' 역사적 사건이 되었다.[16]

5월투쟁의 실패 이유에 대해 기존 연구들은 첫째, 적절한 전략·전술을 구사하지 못한 지도부의 실책, 둘째, 정부와 언론의 이데올로기적 공세, 셋째, 강고한 보수세력으로 변한 중산층의 이반, 넷째, 조직화되지 않은 시민사회와 기존 운동의 괴리, 다섯째, 정치권과의 연대 실패 등을 언급한다.[17] 나는 이런 분석들에 대체로 동의하지만, 정권과 기존 정치세력이 투쟁의 요구들을 어떻게 선별적으로 수용했는지도 중요했다고 본다. 즉, 다양한 민중적 요구들을 담아내는 한편, 체제가 수용할 수 없는 요구들은 밀어내는 형식적 민주주의의 유연한 능력에도 주목해야 한다.

대통령 노태우는 5월 28일, '민심 수습대책'을 발표한다. 가장 핵심적인 내용은 내각제 개헌을 포기하고 현행 헌법대로 1992년에 대통령선거를 치른다는 것이었다. 그와 더불어 물가 안정, 주택 문제 해결, 부동산 투기 근절, 세제 개혁, 농어촌 구조조정 등 대중의 생존권과 관련된 문제들도 해결해나가겠다고 밝혔다.[18] 학생들의 투쟁 열기에 놀란 정권이 기존의 입장을 철회하며 정책적 변화를 예고한 것이다. 이는 5월투쟁의 성과이고 결코 작다 할 수는 없다. 하지만 학생운동세력들은 이를 딱히 성과라고 여기지 않고 투쟁을 이어나갔다.

정권은 이렇게 한발 양보하는 동안에도 투쟁하는 학생들에 대한 공격을 이어갔는데 핵심은 그들의 '도덕성'이었다. 그 시작은 시인 김지하였다. 김지하는 1970년대 독재정권을 비판하며 사형선고까지 받은 민주화 인사였다. 그는 1991년 5월 5일 조선일보에 〈젊은 벗들! 역사에서 무엇을 배우는가〉라는 기고문을 싣는다. 편집기자가 붙인 '죽음의 굿판 당장 걷어치워라'라는 부제로도 유명한 글이다. 김지하는 이 글에서 5월투쟁 참가 학생들을 비판한다. 투쟁보다 소중한 생명을 경시하고 죽음을 전파한다는 것이다.

> 지금 곧 죽음의 찬미를 중지하라. (중략) 생명은 자기 목숨이라 하더라도 함부로 할 수 없는 무서운 것인데 하물며 남의 죽음을 제멋대로 부풀려 좌지우지 정치적 목표 아래 이용할 수 있단 말인가? (중략)
> 지금 당신들 주변에는 검은 유령이 배회하고 있다. 그 유령의 이름을 분명히 말한다. 네크로필리아 시체선호증이다. 싹쓸이 충동, 자살특공대, 테러리즘과 파시즘의 시작이다. (중략) 자살은 전염한다. 당신들은 지금 전염을 부채질하고 있다. 열사호칭과 대규모

장례식으로 연약한 영혼에 대해 끊임없이 죽음을 유혹하는 암시를 보내고 있다. 생명말살에 환각적 명성을 들씌워 주고 있다.

김지하는 학생들이 정치에 대한 과도한 확신으로 생명을 함부로 내던지고 있으며, 이것은 변태적 기호이자 파시즘의 시작이라고 이야기한다. 또 자살을 찬양함으로써 타인들까지 목숨을 던지게 한다고 주장한다. 여기서 김지하는 '정권-폭력-부도덕 대 저항-자살-도덕'의 구도였던 기존 선악구도를 뒤튼다. 정치 수준보다 더 넓은 수준인 생명윤리를 끌고 오는 것이다. 여기서 학생들의 절대적인 정당성이 위협받게 된다.

죽음을 암묵적으로 전염시킨다는 김지하의 비판에 뒤이어 자살을 누군가 적극적으로 선동하고 강압한다는 주장까지 생겨났다. 서강대 총장이었던 신부 박홍은 5월 8일 "죽음을 선동하는 어둠의 세력이 있다"라는 발언을 했다. 그날 아침 8시경에는 전국민족민주연합(전민련) 사회부장 김기설이 박홍이 재직하던 서강대학교 본관 옥상에서 분신자살하는 사건이 있었다. 박홍 역시 지난 시대 민주화운동에 기여했다고 평가받았고, 신부인 그가 성경에 손을 얹고 이야기하니 이를 부정하기가 쉽지 않았다. 김지하와 박홍이 어떤 근거와 동기를 갖고 이런 이야기를 했는지는 아직도 알려지지 않았지만, 그들의 발언은 정권이 학생운동을 물리적으로뿐 아니라 도덕적으로도 공격하는 발판이 되었다.

정권은 기다렸다는 듯이 유서 대필 의혹을 발표한다. 김기설의 친구인 전민련 총무부장 강기훈이 김기설의 유서를 대필하고 자살을 방조했다는 것이다. 이 사건은 2015년에서야 검찰의 조작이었음이 최종적으로 확정된다. 이 사건은 처음부터 검찰의 왜곡이라는 의혹이 제기되었으나, 검찰은 국과수 필적 감정 등을 통해 사건 수사를 빠르게 진행해나갔다. 그리고 왜곡된 수사 내용이 언론에 실시간으로 공개되었다. 이 사건을 계기로 5월투쟁의 쟁점은 정권의 무능이나 폭력성이 아니라, 자살까지 동원한 격렬한 투쟁의 정당성으로 옮겨가게 된다.

6월 3일에는 신임 총리로 임명된 정원식이 학생들에게 밀가루와 달걀을 맞는 사건이 발생했다. 정원식은 한국외국어대학교에서 총리 취임 전 마지막 강의를 하고 나오던 길이었다. 그가 밀가루와 달걀 세례를 받는 모습은 총리 서리를 취재하려던 취재진에 의해 대서특필되었다. 일각에서는 그가 굳이 할 필요 없는 마지막 강의를 갔고, 그가 강의한다는 사실이 언론에 미리 공지됐다는 이유 등을 들어 정원식이 일부러 학생들에게 공격당하는 '그림'을 만들려고 한 것이라는 음모론까지 돌았다.

정치인이 시민들에게 밀가루나 달걀로 항의를 받는 게 드문 일은 아니다. 하지만 정부·여당과 언론은 이 사건에서 '정치인-저항세력'의 구도가 아닌 '스승-제자' '노인-젊은이'라는 유교적 관계를 부각했다. 학생들은 공안정권에 저항하는 운동가가 아니라, 노인인 스승에게 폭력을 행사한 패륜아가 되었다. 여기서도 김지하의 생명윤리론과 마찬가지로 학생들이 독점하던 도덕에서 다른 잣대가 들어

오며 틀어지는 것이다.

5월투쟁은 왜 실패했을까? 이는 86포퓰리즘의 한계에 대한 질문이기도 하다. 우리는 여기서 다시 '위임으로서의 대표'와 '체현으로서의 대표' 사이의 충돌에 부딪힌다.

노태우 정권은 여러 한계에도 불구하고 국민들로부터 주권을 위임받았다. 그리고 앞으로의 선거를 통해 위임을 계속 이어가야만 했다. 노태우 정권은 권력 유지를 위해 더 많은 자유와 생존에 대한 민중의 요구를 폭력적으로 억눌렀지만, 탄압이 한계에 다다르자 일부를 수용했다. 정권이 선뜻 한 것은 아니지만, 위임 관계를 계속 이어가자니 억지로라도 유연성을 발휘할 수밖에 없었던 것이다. 그것이 형식적 민주주의의 힘이고, 위임으로서의 대표가 대의제 민주주의의 근본적 원리가 될 수밖에 없는 이유다.

'체현으로서의 대표'를 강조한 86포퓰리즘은 어떠했는가? 그들은 도덕적 결정의 복잡함이라는 문제를 돌파하지 못했다. 자신들이 고수한 도덕관과 다른 기준이 작용한 '도덕들'이 등장하자 86의 도덕관은 금세 무너지고 만다. 교회공동체와 교황처럼 강고하고 유기적인 도덕관을 공유하는 조직이 아니고서야 품성론을 통한 도덕적 우위를 가지고 민중을 대표한다는 것은 허술해지기 쉽다. 심지어 교황마저도 내세의 문제를 넘어, 이해관계가 촘촘히 얽힌 현실의 문제를 통치하겠다고 나섰다가는 당장 저항에 부딪히고 말 것이다. 도덕성을 정당성의 기반을 여겨온 86들은 그 도덕성이 공격받자 즉시 무너져버렸다.

대의제 민주주의가 제대로 작동하지 않아 국민을 '위임으로서 대표'할 방법이 없을 때는 '체현으로서 대표'하는 것이 그나마 가능하다. 독재권력 역시 본인들이 스스로 국민을 체현한다고 주장하기 때문에, 서로 다른 방식의 체현들이 경쟁하는 구도가 된다. 그러나 여러 한계에도 불구하고 대의제 민주주의가 작동하기 시작할 때 유권자들은 자신들의 위임 의사를 더 직접적으로 표출할 수 있는 대의제 민주주의에 더 큰 열망을 품게 된다. 선거는 갈수록 정치적 열망의 중심이 된다. 선거의 구심력이 작동한다.

하지만 86들은 이 시점까지도 형식적 민주주의가 강제하는 유연성과 선거정치의 구심력을 받아들이지 못하고 있었다.

> 전국민적 항쟁이 진행되고 있는 지금도 현 정권의 폭력이 난무하는데, 그놈이 그놈인 개각과 선거로 투쟁 열기가 식는다면 더욱 가혹하게 국민들을 탄압하고 수탈할 것이라는 것은 자명한 일이지 않습니까?[19]

> 외세에 의한 예속과 억압이 극심한 우리나라와 같은 사회에서 제도정치권은 (그 의의가 부단히 변화되어오기는 하였으니) 기본적으로 민중의 정치적 이해와 변혁의 요구를 충족시키기에 충분한 틀이 되지 못한다.
>
> 따라서 변혁운동의 관점에서 제기되는 정치세력화의 문제는 제도정치권에의 참여와 그 속에서의 활동을 한부분으로 하는 보다 포

괄적인 문제이다. (정권대체세력으로서의 정치세력화라 했을 때 오히려 제도정치권 참여문제는 부차적인 것이 된다. 왜냐하면 우리나라와 같은 폭압적 조건에서 선거만으로는 결코 정권교체가 이루어질 수 없기 때문이다.)[20]

86들은 직선제 개헌을 위해 열심히 싸웠지만, 정작 형식적 민주주의가 공고화되는 상황에서도 그 잠재력을 제대로 인지하지 못하고 있었다. 노태우 정권은 선거를 통해서 권력을 위임받은 자로서의 책임을 다하지 못하고 위임의 한계도 넘어서고 있었다. 민중의 사회경제적 요구를 제대로 만족시키지 못했고, 위임할 수 없는 기본권인 집회와 언론의 자유를 짓눌렀다. 그리고 그 과정에서 기본권 중의 기본권인 생명권을 침해하는 상황까지 다다랐다. 5월투쟁은 이런 정권의 무능과 권력남용을 어떻게 바로잡을 것인가 하는 질문에서 시작되었다.

86들은 이를 형식적 민주주의 자체의 한계로 바라보고, 자신들이 체현하는 민중의 뜻에 따라 '진정한 민주주의'로 가야 한다고 주장했다. 5월투쟁이, 정확히는 강경대의 우발적인 사망이 제기한 문제는 대중적 공감을 얻었으나 그 대답은 공감을 받지 못했다. 5월투쟁의 실패는 형식적 민주주의와 86포퓰리즘이 주장한 '진정한 민주주의' 간의 경쟁에서 후자의 패배이기도 했다.

노태우 정권은 5월투쟁 참가자들이 '반체제'세력임을 강조했다. 가령 외대 밀가루 세례 사건에 대한 국무위원 간담회에서 "이 사태의 뒤에는 조직적인 반민주·반체제·좌경용공세력이 있다"라고 강조했다.[21] 물론 '반체제'라는 표현은 박정희, 전두환 정권 때부터 저항세력을 비판하기 위해 흔히 쓰이던 표현이었다. 하지만 군부가 권력을 독점해 군부 자체가 체제이던 때와 형식적 민주주의가 자리를 잡아가던 1991년의 '반체제'는 서로 다른 것을 지칭하게 된다.

권력의 분점, 나아가 정권교체의 가능성도 열려 있는 상황에서는 현 집권세력뿐 아니라 권력을 획득하기 위해 노력하는 대안세력들도 그 체제의 일부가 된다. 유권자들은 이미 1988년 총선에서 여소야대로 대통령도 난관에 처하는 상황을 경험했다. 여러 한계가 있었지만 국회에서는 국회의원 노무현을 스타로 만든 제5공화국 청산 작업까지도 진행됐다. 1990년 3당 합당으로 다시 여대야소가 되고 정권교체의 가능성도 낮아졌지만 군부독재 시절만큼 권력이 독점된 것은 아니었다. 김대중은 여전히 유력한 대통령 후보였고, 심지어 여당의 김영삼이 대통령이 되어 문민정부가 들어서는 것도 실질적인 정권교체라고 보는 시선도 많았다.

이런 상황에서의 '반체제'는 '정권에 대한 반대세력'과 '형식적 민주주의의 외부'라는 이중적 의미를 갖게 된다. 다수 국민들은 정권과 반체제세력 중에 택일하지 않더라도, 형식적 민주주의 내부에서 정권에 반대하는 입장에 머무를 수 있게 된다. 정권은 형식적 민주주의 외부의 공간을 통제할 수 없는 폭력과 패륜의 공간으로 몰아갔다.

86포퓰리즘의 전성기는 그렇게 저문다. 1987년 6월항쟁의 승리와 대통령선거에서 민주화세력의 낙선으로 시작되고 1991년 5월투쟁의 실패로 끝난 것이다. 《경찰통계연보》에 따르면 연간 학원 부문 시위 참가자는 1986년 48만 명이었다. 그리고 1988년부터 꾸준히 증가해 1991년 200만 명을 넘겼다가 1992년 142만 명으로 급감한 후 계속 줄어들어 1995년에는 92만 명을 기록해 100만 명 이하로 떨어진다.[22] 5월투쟁 이후 학생운동이 즉시 소멸한 것은 아니었다. 여전히 제도권 정치가 담아내지 못하는 정치적 요구들이 많았기 때문이다. 하지만 1993년 문민정부인 김영삼 정부가 들어서면서 86포퓰리즘의 한계는 더욱 두드러진다. 그렇게 형식적 민주주의의 승리가 굳어져갔다.

합법정당 논쟁: '진짜 민주주의'의 패배

그런데 의문이 든다. 86들이 아무리 확고한 신념에 빠져 있었다 한들, 그들도 동시대를 강타한 선거민주주의의 강력한 구심력을 느끼지 않았을까? 그들도 1987년 개헌으로 열린 선거민주주의 공간에 나름 적응하려고 노력했다. 처음에 그들은 선거를 자신들의 이념을 알리는 공간으로 활용하여 민중을 자신들의 투쟁에 결합시킬 수 있다고 자신했다. 하지만 갈수록 선거의 구심력에 본인들이 끌려들어갔고 나중엔 기성정당과 큰 차이 없이 선거에 대응하게 된다. 형식적 민주주의와 '진짜 민주주의' 사이의 줄다리기에서 점점 균형을 잃고 상대에게 끌려간 것이다.

운동세력이 합법적인 정당을 만들거나 기존 정당과 연합해 선거에 참여해야 하는지를 두고 논쟁은 계속됐다. 이를 흔히 '합법정당 논쟁'이라고 부른다. 86포퓰리즘이 합법적 정당과 선거를 어떻게 바라보았고 그 관점이 어떻게 변해왔는지는 매우 중요하다. 왜냐하면 그들이 이 시기 이후로는 정당 소속으로 선거를 치르는 정치인, 정당인으로 살아가기 때문이다. 1987년부터 1992년 대선까지의 선거를 중심으로 합법정당 논쟁을 되짚어보자.

86들은 원래 합법정당에 큰 관심이 없었다. 선거로는 어차피 근본적인 변화가 불가능하며, 그들의 관심은 하나 된 남북한 민중이 새로 만드는 나라였기 때문이다. 기본적으로 사회 특정부분part의 이익을 대변하는 정당party으로는 민중의 공통된 요구를 해결할 수 없다고 보았다.

> 각계각층 모든 세력은 공동의 정치적 목표와 지향을 가지고 있기 때문에 단결해야 하며, 또 단결할 수 있는 것이다. 극소수의 매판세력을 제외한 모든 세력은 그 내부에 직업, 종교, 출신지역, 성별, 연령, 정치적 견해가 다르더라도 미국의 제국주의적 지배와 군사독재정권의 폭압에 모두 피해를 입고 있다는 점에서 동일하다. 지배세력의 폭압과 착취, 탄압은 비록 정도와 방식의 차이는 있지만 노동자나 중소기업가나, 경상도 사람이나 전라도사람이나, 불교신자나 기독교신자나 모두에게 가해지고 있다. 때문에 모든 각계각층 세력은 자신의 처지를 개선하고 자기 삶을 올바르게 실현하

기 위하여 미국과 군사독재정권의 억압을 타파하고 조국의 자주화, 민주화, 통일을 이루려는 공동의 정치적 목표를 가질 수밖에 없다. 바로 이것이 각계각층 모든 세력의 통일단결을 가능케 하는 근거이며 동력인 것이다.[23]

그들은 정당보다는 민중이 하나 되어 싸울 수 있는 '통일전선' 구축에 더 몰두했다. 이 통일전선은 때론 레닌식의 전위정당과 섞여서 사용되기도 했고, 때론 '혁신정당' 등으로 표현되기도 했으나 선거 승리를 목적으로 하는 현대적 의미의 정당과는 다른 개념이었다. 통일전선은 '이 땅의 주인이자 진정으로 역사를 움직이는 주체인 민중'의 '통일된 투쟁조직'이었다.[24] 남한에서의 통일전선은 남한의 애국적 민주역량을 구국투쟁으로 동원하는 역할을 하며, 이는 남북통일전선의 일부가 된다. 남북통일전선은 민족 주체적인 역량에 의거해 외래침략세력을 물리치고 자주적 평화통일을 이루는 정치적 역할을 한다.[25]

그리고 합법정당은 통일전선의 필요에 따라 일시적으로 사용될 수 있는 전술의 하나였다. 선거정치를 혁명을 위한 부차적 수단으로 여긴 것이다. 실로 대단한 자신감이고, 선거의 구심력에 대한 무지였다.

합법정당과 반합법 전선체와의 관계는 남한사회의 변혁의 기본경로에 따라 반합법 전선체가 중심적인 기본축이며, 합법정당은 전

> 선체의 부차축이다. 합법정당은 반합법전선체의 지향과 동일한 이념적 지향을 갖되, 공간적 특수성에 따른 제약을 받으며, 합법공간과 반합법공간의 차이에 근거한 역할의 배치가 이루어진다. 〈단 시기적 특수성에 따른 정치일정에의 대응에 있어서의 전술적 주도를 합법정당이 행할 수도 있다〉[26]

그들은 통일전선운동을 위해 1989년 1월 22일 전민련을 결성한다. 전민련은 대선 패배를 겪으며 분열된 민주화 진영을 재정비하고, 민주화 이후 성장한 다양한 민중조직들의 결합체로 출범했다. 그러나 실무적으로 가장 많은 역할을 하고, 선도적인 투쟁을 이끌었던 건 전대협 출신을 비롯한 학생들이었다. 이후 유서 대필 조작 사건에 휘말리게 되는 전민련 사회부장 김기설, 총무부장 강기훈도 스물다섯 살이었다. 학생운동을 제외한 지역단체, 노동단체 등은 아직 연합운동을 이끌 정도의 역량이 부족했다.

그러나 전민련은 조직으로서 유기적이고 강고한 체계를 갖추지는 못했다. 전민련은 스스로의 위상과 역할에 대해 첫째로 정치투쟁체, 둘째로 대중투쟁조직, 셋째로 상설적인 투쟁조직이라고 설명한다.[27] 이 세 가지도 각기 어떻게 다른지 잘 모르겠지만, 이를 합치면 '상설적이고 대중적인 정치투쟁조직'이다. 그런데 우리는 이미 이런 조직을 '정당'이라고 부른다.

실제로 전민련은 창립 시절부터 진보적 정당으로 나아갈 것이라는 의심을 받기도 했다. 하지만 전민련은 "민족민주운동의 구심체

임에는 분명하나 정당으로 발전해야 한다는 논의는 그동안 중요하게 제기되지도 않았다"라고 일축한다.[28] 민주주의 국가에서 활동하는 '상설적이고 대중적인 정치투쟁조직'인데 정당은 아니란 설정은 취약한 것이었다. 대중도 전민련과 정당을 잘 구별하지 못할 정도였다. 언제든 선거의 구심력에 휘말리기 딱 좋았다.

전민련은 선거정치가 중요하지 않다는 처음의 설명과는 달리, 출범 후 얼마 지나지 않아 열린 1989년 8월 18일 서울 영등포 을 국회의원 재선거에 참여키로 한다. 독자적 출마는 아니었고, 원내 4당에 모두 문제 제기하던 소위 '무소속 서명파 의원'을 중심으로 민주사회를 위한 변호사모임(민변), 민주화를 위한 전국교수협의회(민교협), 민족문학작가회의, 종교계 대표 등과 연대하는 방식이었다. 소위 재야사회정치세력이 모두 포함된 것이었다.

통일전선을 우선으로 하고 선거는 전술적으로 활용한다는 원칙을 세우는 건 사실 어렵지 않지만, 당장 그걸 개별 선거에 적용하는 게 쉬운 일이 아니었다. 선거에서는 승리가 최우선 과제가 되지, 통일전선의 홍보 따위는 우선순위가 되긴 힘들기 때문이다. 전민련 지도부는 처음으로 발을 딛는 선거정치인 영등포 을 재선거 참여를 두고 격론을 펼친다. 심지어 선거운동을 하던 중에도 철수해야 한다는 논쟁도 벌어졌다.[29] 하지만 접해보지 않은 상황에 대해 막연한 예측과 당위가 뒤섞이는 논쟁에서 명쾌한 결론이 나기는 불가능했다. 결국 전민련은 선거에 끝까지 결합하는데, 전민련 소속 단위들도 지도부의 결정 과정을 제대로 듣지 못했다고 불만을 표한다.[30] 그들은 몰랐을 것이다. 선거정치의 구심력에 발이 빠지는 순간이라는 걸.

전민련은 당선을 위해 선거에 참여한 것이 아니었다. 공안정국으로 정치적 공간이 줄어들고 제도권 밖의 정치에 대한 국민들의 관심이 적어지는 상황에서 정치적 주장을 할 공간을 만들기 위해 선거에 뛰어들 수밖에 없었던 것이다. 그들은 대중이 진짜로 바라는 걸 깨닫게 되면 득표로도 이어질 것이라고 생각했다. 전민련은 영등포을 선거 참여를 결정하며 다음과 같이 목표를 설정한다.

> 가. 선거라는 열려진 합법공간을 최대한 활용하여 실종되는 정치적 쟁점들을 전면적으로 드러내고 공안정국을 폭로, 돌파하며 국면반전의 계기를 확보한다.
> 나. 발생하고 있는 노점상, 전교조, 통일운동 등의 기본계급 대중운동을 지원 연대하여 대중운동의 강화 발전, 대중투쟁 의지를 고취시킨다.
> 다. 6공화국의 본질을 전면적으로 폭로하며 제도권 야당의 타협성, 동요성을 전면적으로 드러내어 보대연(보수대연합)의 진전을 저지하는 중요한 계기를 삼는다.
> 라. 민족민주운동의 정치세력화의 역사적 의의를 적극적으로 선전선동한다.[31]

당시 전민련이 참여한 연대체의 국회의원 후보는 변호사 고영구였다. 판사 출신인 그는 1981년 관제야당인 민주한국당 소속으로 국회의원을 했으나, 다음 선거에서 또다른 관제야당 후보에게 밀려 낙선한다. 그 후 그는 민주인사를 변호하는 인권변호사로 활동했지만, 1988년 한겨레민주당 창당에 참여하는 등 제도권 정치와 재야에 걸쳐 있는 인물이라고 볼 수 있었다. 제도권 정치 내에서 그를 지원한 그룹은 소위 '서명파 의원'들이었다. 그들은 대체로 1987년 대선 당시 김영삼, 김대중의 단일화를 촉구했고 그 뒤 둘 모두에게 비판적이었던 인물들이었다.

이처럼 당시 영등포 을 재선거는 온전히 재야세력만으로 치러진 것이 아니라 기존 야당 정치인들이 깊게 개입한 선거였다. 후보인 고영구를 매개로 하여 재야인사 및 진보적 전문가 그룹은 비교적 큰 충돌 없이 선거에 결합할 수 있었다. 서명파 의원들은 이번 선거에 이기지 못하면 1991년 지방선거와 1992년 총선과 대선으로 이어지는 본격적인 선거 국면에서 존재감을 완전히 상실할 상황이었기에 급진적인 선전선동을 꺼렸다. 결국 전민련만 동상이몽이었다.

청년들이 많았던 전민련은 선거 실무에 적극적으로 동원됐지만, 정작 그들의 목표는 당선이 우선이라는 현실론에 번번이 좌절되었다. 이기거나 만족할 만한 득표가 나왔으면 그래도 의미가 있었을 텐데, 7.14%를 득표해 4등을 하는 데 그친다. 여당 후보가 당선되었고, 김대중의 평화민주당, 김영삼의 통일민주당 후보 순이었다. 선거정치 따위 전술이고 도구일 뿐이라고 생각한 86들은 지조를 구기고 참여한 첫 선거에서 선거정치의 매운맛을 봐야만 했다.

선거의 다수 득표가 당면정세에 대한 제반 선전·선동, 투쟁과 더불어 중요한 우리의 목표라는 데 인식을 공유했음에도 그것이 우리의 정책, 정견 투쟁을 약화시킴으로써 가능하다고 판단하지 않았으며 오히려 보다 선명하고 민중적인 노선을 구체적으로 드러내는 것이 득표전략에도 유리하다는 판단을 제출했다. (중략) 전민련이 선거운동의 주도권을 상실한 채 선거운동을 표획득 운동으로 전락시켰으며 이는 우리 전민련의 선거참여의의를 상당히 훼손하게 되었다.[32]

영등포 을 선거의 실패를 계기로 전민련 내부에서는 합법정당 논쟁이 본격적으로 거세게 터져나왔다. 이는 전민련이 어떤 민주주의를 추구할 것인가, 어떤 성격의 정치조직인가와 직결된 것이었기 때문에 이 문제를 해결하지 않고서는 다른 사업을 도통 진행할 수 없었다. 전민련 지도부는 조심스레 합법정당 논쟁을 공식화하면서 "이 논의는 전민련의 조직강화사업의 한부분으로 진행되어야 하며 당면투쟁이나 제반사업을 방기한 채 절제없이 매몰되어서는 안된다"라고 조직원들에게 주의를 준다.[33]

내가 오랜 기간 고도비만으로 살아오면서 느낀 바가 있다면, 음식을 많이 못 먹고 태생이 마른 사람들은 결코 음식을 '절제한다'는 말을 쓰지 않는다는 것이다. 음식을 절제해야겠다고 다짐하는 건 언제나 나의 몫이었다. 무언가를 절제해야 한다고 다짐한다는 건 그만큼 대상에 강력한 끌림을 느끼고 있다는 것이다. 그들은 합법정당 논쟁을 시작하면서부터 운동을 잡아먹으려 드는 선거정치의 강력한 구심력을 느낄 수밖에 없었다.

합법정당 논쟁은 선거가 변혁운동을 위한 적절한 수단이라는 원론적인 방법론 차원도 있었지만, 합법정당을 만든다고 해도 성공할 수 있는지도 의문이었다. 전민련 조직강화소위는 전민련 내부의 이견들을 세 가지로 분류했다.

> 이 문제와 관련하여,
>
> (1) 대체세력의 전망이 국민적으로 가시화되고 있지 못하다는 사실이 대중적 차원에서 민주화운동의 침체를 가져온 가장 중요한 원인이라고 파악하고, 현정세 속에서 반합법 전선조직과 별도로 합법정당의 건설을 시급히 추진하는 것이 민족민주운동의 발전과 전민련 강화에 기여하는 방안이라는 견해와
>
> (2) 지속적인 탄압과 함께 보수대연합 구조가 추진되는 현정세와 지배세력의 개량화 공작을 극복할 만한 힘이 미약한 주체역량을 감안할 때, 현시기 합법정당 건설은 시기상조이며 민족민주운동과 전민련의 발전에 많은 어려움을 초래하게 될 것이므로, 우선 전민련의 조직강화에 주력하면서 선택적인 후보전술을 구사하는 것이 올바르다는 견해가 각각 조직강화소위에 제출되었다.
>
> (3) 이와 함께 현시기 합법정당에 대한 논의 자체를 반대하거나 합법정당 건설을 추진하는 것은 변혁운동에 있어서 오류라는 견해도 조직 내외에 존재한다는 사실이 확인되었다.[34]

1989년 1월 전민련이 창립할 때만 해도 합법정당은 전선운동의 부차적인 수단에 불과하니 필요한 대로 쓰면 된다던 자신감을 생각하면 너무나 빠른 후퇴였다. 전민련의 합법정당 논쟁은 진퇴양난이었다. 전민련이라는 조직, 혹은 당대 민족민주운동세력의 전략적 실패가 아니라 그들이 가진 민주주의관, 대표관 자체의 한계에 대한 문제였기 때문이다.

합법정당 논쟁을 단순히 운동세력이 제때 선거민주주의를 받아들이지 못했다는 것으로 평가해서는 안 된다. 당시는 대통령이 군인 출신인 노태우인 만큼 군의 정치적 개입이 여전하던 상황이었고, 반공 이데올로기 등 권위주의정치의 제도적 유산도 여전했다. 대표적으로 서슬 퍼런 국가보안법은 언제든 반체제세력을 무력화할 수 있었다. 특정지역을 기반으로 하지 않은 정당은 과반의 득표를 얻어 의회에 진출하기가 매우 어려운 상황이었다.[35]

전민련은 1989년 합법정당 논쟁을 일단락하려고 했지만 실패한다. 결국 그들은 합법정당 논쟁에 대해 일단 무시하기로 결정한다. 전민련은 "합법정당 선설에 참여하고자 하는 조직 내 성원은 그 직을 사임"하도록 하고 "합법정당 건설 여부에 대해 전민련 내부에서 공식적으로 찬반을 분립시키거나 표결처리하지 않는다"라고 결정한다.[36] 그리고 대중적인 통일전선을 일정한 수준 이상으로 발전시키는 게 먼저라고 결론내린다.[37]

겉으로는 합법정당 추진론자들이 패배한 논쟁이었지만, 실제로는 거세지는 선거정치의 구심력에 일단 눈을 가려버리는 조치였다.

그러나 1990년 초 3당 합당으로 민주자유당(민자당)이 생겨나고, 선거 밖 정치의 공간은 더더욱 좁아진다. 군부세력의 잔당은 김영삼, 김종필과 손을 잡고 영원히 남을 것처럼 보였다. 민자당의 장기집권이 이어질 경우 민족민주운동은 존재 자체가 불확실하게 되었다. 김대중이라도 지켜야 후일을 도모할 수 있는 상황에 빠지게 된다.

3당 합당 후 처음 치러진 전국단위 선거인 1991년 지방선거를 앞두고 전민련의 고민은 복잡해진다. 야당 및 운동세력은 3당 합당을 '보수대연합'이라고 평가했는데 그에 맞서서 나머지 세력들도 '민주대연합'을 해야 한다는 여론이 조직 안팎에서 커졌다. 선거는 근본적 문제를 해결할 수 있는 '진짜 정치'가 아니라고 하면서도, 현실적으로 선거에 자꾸 발을 들일 수밖에 없게 되었다. 내 미래를 위해 만나선 안 된다고 생각하면서도 자꾸 끌리는 나쁜 애인처럼, 그만 먹자고 생각하면서 이 글을 쓰는 내내 약과를 까먹는 황두영 작가처럼 말이다. 결국 전민련은 처음으로 김대중의 민주당과 연합공천을 꾀한다는 전술을 공식적으로 결정한다.

전민련의 지방선거 대응전술 문건은 "지방의회의 구성이 지금의 정치체제, 즉 중앙집중적 독재정치체제에 큰 영향을 주지는 못한다"라고 시작한다. 그러나 후술하는 문장들은 왜 지방선거에 참여해야 하는지로 가득하다. "지방의회선거는 (중략) 장기집권 저지투쟁의 한 계기"이며 "민족민주세력 및 범민주세력 재편의 계기"라고 평한다. 또 "지방의회는 주민의 직접적 문제(도로, 상수도, 청소 등)를 다루기 때문에 선점하지 못하면 뚫고 자리 잡기가 힘들어진다"라고 전망한다. 이토록 중요한 선거가 왜 중앙집중적 독재정치체제에만은 큰 영향을 주지 못하는지에 대해선 부언이 없었다.[38]

그러나 정작 김대중은 색깔론을 피하기 위해 운동세력과 거리를 두었다. 그리고 5월투쟁이 우발적으로 터지면서 운동세력은 선거에 직접적으로 결합할 여력이 없어졌고, 김대중은 과격한 운동세력과는 더더욱 거리를 두려고 했다. 1991년 지방선거를 앞두고 전민련은 마음을 크게 고쳐먹으며 김대중의 민주당에게 프러포즈하려 했으나, 제대로 만나 반지조차 전해보지 못한 채 선거는 여당인 민자당의 압도적인 승리로 끝난다.

1992년 총선부터 민주당과의 연대는 더욱 본격적이 된다. 5월투쟁에 실패하고 지도부가 대거 구속되면서 전민련은 크게 세력이 줄어들었고, 1991년 12월 출범한 '민주주의민족통일전국연합(전국연합)'에 참여하면서 해산했다. 전국연합은 노태우 정권 동안 성장한 다양한 부문운동, 진보적 종교인 등 전민련에 비해 다양한 조직이 참여했다. 반면 5월투쟁으로 큰 상처를 입은 학생운동세력의 역할은 크게 축소됐다. 그리고 전국연합이 원래 보수대연합에 맞서기 위한 한시적 조직에서 시작한 만큼, 상설조직이 된 이후에도 민자당의 장기집권 저지라는 당장의 정치적 목표에 더욱 치중했다.

이때부터 '민주대연합' '범민주' 등의 표현이 흔히 사용된다. 1989년 영등포 을 재선거에서도 재야 및 무소속 연대의 이름이 '1노3김 청산을 위한 범민주선거대책위'이긴 했다. 하지만 이때 '범민주'는 '1노3김 청산'이 목표인 만큼 확실히 김대중의 민주당을 배제하는 것이었다. 그러나 3당 합당과 5월투쟁의 실패를 겪으며 '범민주'는 자연스레 김대중을 포함하게 되었다. 전민련은 자신들이 범민주의 중심이 될 것이라고 스스로 위안했으나, 당연히 범민주의 중심은 유력한 대선후보 김대중이었다.

1992년 12월 대통령선거를 앞두고 전국연합은 아예 종합지침서를 만들어 소속 단체와 회원들에게 배포한다. '선거 공간을 통한 계몽'을 당선보다 앞세우던 지난날과 달리 당선을 1순위 목표로 내세운다.

> 전국연합 소속단체의 모든 성원들은 다같이 힘을 모아 벽돌을 나르고 휘파람을 부르며 못질을 해야 할 때가 되었다. 비바람이 불고 눈보라가 쳐도 기둥을 세우고 대들보를 올려야 한다. 그리하여 민주정부라는 건물이 우뚝섰을 때 우리는 검게 그을린 팔뚝을 치켜들고 이글거리는 눈빛으로 서로를 자랑스럽게 돌아볼 수 있을 것이다.[39]

북한 문건에서 볼 것 같은 혁명선동 어투가 선거민주주의 관련 내용에 안착한 것이다. 선거 승리가 최우선 과제가 되면서 연대의 폭도 밑도 끝도 없이 넓어진다. 전국연합은 "범민주진영은 민주화와 민주정부 수립에 동의하는 모든 세력"이라며 "민주당이 포함되는 것은 이미 확인된 바"라고 재차 확인한다.[40] 전국연합은 범민주진영의 후보단일화라는 전략을 내세운다. 그런데 후보단일화는 복수의 후보들끼리 협상을 통해 연대하는 것이다. 내세울 후보군조차 없는 전국연합의 후보단일화는 사실 김대중을 지지하기 위한 명분이지 진짜 후보단일화는 아니었다. 전국연합은 운동세력 내에서 다른 후보가 나오는 것도 반대했다.

민주당 후보를 위해 전력으로 선거운동을 하는 전국연합은 민주당의 일부가 된 것 아니냐는 안팎의 질문에 부딪혔다. 전국연합은 "우리는 민주당에 대한 일방적인 지지가 절대 아닙니다. 이런 이유로 민주당에 의존하려는 태도는 민주진영의 승리를 위해서도 결코 올바른 태도는 아니라고 판단된다. 우리의 사업은 기본적으로 우리의 능력으로 해결하려는 노력이 중요하다"라고 설명한다.[41] "절대" "결코" 등 강력한 수식어는 전국연합이 처한 답이 없는 상황을 강조할 뿐이었다.

대통령선거 결과 민자당의 김영삼 후보가 41.96%로 당선되고, 민주당의 김대중 후보는 33.82%를 받는 데 그쳤다. 통일국민당의 정주영 후보가 영남과 보수 유권자 득표를 일부 나눠가져갔음에도 불구하고 큰 표차였다. 전국연합은 '민주정부 수립의 실패, 정통성을 강화한 김영삼 민간파시즘정권의 등장'이라고 선거 결과를 평가했다.[42] 1992년 대선 결과는 운동세력에게 더 깊은 좌절을 남긴다. 1987년 대통령선거의 패배는 선거 밖의 제3자로서 마음껏 욕할 수 있었지만, 1992년 대통령선거는 전력을 다해 참여했기 때문이다.

민족민주운동이 대안적 정치세력은커녕 '의미있는 정치세력'으로

> 조차 자리 잡지 못한 채 정치적으로 왜소화되었다는 점이 더욱 뼈아픈 지점이다. 87년 이후 가열차게 전개되어온 노동자, 근로민중의 피터지는 투쟁의 성과가 발전적으로 총화되기는커녕 퇴보한 것이다. 패배의 결과가 일반대중보다도 활동가들에게서 더욱 심각하게 나타나고 있는 것은 바로 여기서 연유한다. 민족민주운동의 전망, 즉 민족민주운동의 발전을 통한 자주통일과 민주변혁의 전망에 동요가 일고 있는 것이다. 이 점에서 이번 대통령선거의 패배는 '치명적'이다.[43]

형식적 민주주의와 '진짜 민주주의' 사이의 경쟁에서 86포퓰리즘의 패색이 짙어지며, 처음으로 "자주통일과 민주변혁의 전망에 동요"한다는 감상이 등장한다. 득표 결과뿐 아니라 선거 내용적으로도 아주 굴욕적이고 치명적이었다. 김대중은 자신이 전국연합 등 운동세력과 소통해 이들이 과격해지지 않을 수 있도록 길들일 수 있는 후보라는 점을 보여주려고 했다. 3당 합당 이후 민자당은 김대중에 대한 색깔론을 계속 강화했고, 김대중은 자신이 온건한 인물이라는 걸 계속 증명해야 했기 때문이다.

> 대선 과정에서 민주당–김대중 후보는 파쇼–보수대통합 구도에 적극적으로 영합하였다. 지배블럭에 대하여 타협적 태도를 취하는 것을 넘어서서 독점자본을 포함한 부르조아세력 전반의 이해를 가장 잘 대변하는 세력으로 자신을 부각시키고자 했다. 정치적

안정을 이룩하고 자본축적의 애로를 타개하며 북한을 (흡수)통일하는 데 적임자임을 내세웠던 것이다. (중략)

방침을 결정한 이후 전국연합의 실천은 민주당–김대중을 따라가는 것 이상이 아니었다. 민주대개혁의 요구와 정책에 근거한 반민자–반재벌투쟁은 실종되었다. '범민주진영의 정치연합'은 처음부터 '민주당과의 정책연합'으로 변질되었으며, 그 정책연합마저 핵심요구사항을 포기하고 후보의 서명, 공동발표조차 없는 굴욕적인 협상으로 전락하였다.[44]

김대중은 어떤 의미로 두 가지 민주주의 사이의 경쟁에서 86포퓰리즘에 최종적 패배를 안긴 사람이다. 독재잔당인 지배세력과 어떤 방식으로 싸울지를 두고 결국 김대중이 선택한 형식적 민주주의가 이겼다. 김대중은 대통령선거에서 졌지만, 김대중의 방식으로도 적을 이길 수 없을 때 김대중 외의 방식은 더더욱 설 공간이 없었다. 운동세력은 권력을 획득할 가능성이 실제로는 거의 없는 제도권 밖의 경고자 역할에 머무르거나, 자신의 방식을 포기하고 형식적 민주주의의 규칙 안에서 권력을 갖기 위해 애써야 했다. 그리고 압도적 다수는 꿈을 유예한 채 평범한 생활인이 되었고, 비극적인 몇몇은 시대의 광인이 되었다.

프랑스의 정치학자 모리스 뒤베르제Maurice Duverger는 결선투표제가 없는 단순다득표제 선거는 양당제를 추동하는 경향이 있다고 주장했다.[45] 이 '뒤베르제의 법칙'은 정치학 이론 중 가장 고전적이고 신뢰할 수 있는 법칙으로 꼽힌다. 이에 따르면 민주화 이후 선거가 반복되면서 다양한 정치세력이 두 개의 거대정당으로 수렴하는 건 예견된 결말일 수 있다.

문제는 포퓰리즘 방식을 포기할 수밖에 없었던 포퓰리스트들이 그들의 꿈을 어떤 식으로 형식적 민주주의 틀 안에 끼워맞췄는지다. 1992년 대통령선거는 86포퓰리즘 세력에게 민주당의 당선이 정치적 꿈을 위한 초석이라는 인식을 강하게 남겼다. 심지어 그들의 꿈 자체는 점차 흐려졌지만 이런 인식만은 강고하게 남았다. 민주당의 일원인 정치인이 되고서는 자신들의 정치적 이익과 역사적 과업이라는 당위는 점차 구분하지 않게 되었다.

86포퓰리즘 전성기의 '민중' 개념에는 명백히 민주당은 포함되지 않았다. 그러나 1992년 대통령선거를 계기로 '지배엘리트'의 상대항으로서의 '우리' '민중'의 중심에 민주당이 자리 잡는다. 그러면서 '민중'보다는 '시민' '국민' '상식' 등 계층성이 사라진 표현들이 사용되기 시작한다. '민중'은 '민주당을 중심으로 한 상식적인 시민들'로 대체된다. 소위 '민주 대 반민주' 전선의 본격화다.

비교적 성공적인 포퓰리즘 정치운동조차 아르헨티나 등 남미 사례처럼 권위주의적인 집권세력이 되거나, 20세기 초 농민운동 중심의 미국 민중당처럼 길게 버티지 못하고 쇠퇴했다. 한국의 86포퓰리즘도 전성기는 짧았다. 하지만 그들은 민주당 안팎에 머물며 정치적 꿈을 유예하는 방식으로 일정하게 세력을 유지한다. 이후 민주당의 특정한 정치적 계기마다 86들의 포퓰리스트다운 모습이 불쑥 튀어나오게 되고, 그 경향은 그들이 민주당의 중심이 될수록 더욱 두드러진다.

주석

1. 성한용, 〈86세대, '6월항쟁' 졸업하고 '촛불혁명' 진학하다〉《한겨레》, 2017. 6. 28.
2. 이기훈, 〈학생운동의 발전과 6월항쟁〉, 민주화운동기념사업회 한국민주주의연구소 엮음, 《6월 민주항쟁: 전개와 의의》, 한울아카데미, 2017, 164쪽.
3. 우상호, 《촌놈》, 두물머리, 2004, 217~218쪽.
4. 허은, 〈1980년대 상반기 학생운동 체계의 변화와 학생운동 문화의 확산〉 이호룡·정근식 엮음, 《학생운동의 시대》, 도서출판 선인, 2013, 221~222쪽.
5. 우상호, 같은 책, 229~241쪽.
6. 우상호, 같은 책, 260~262쪽.
7. 정근식, 〈학생운동 연구를 위한 방법론적 모색〉, 이호룡·정근식 엮음, 《학생운동의 시대》, 도서출판 선인, 2013, 41쪽.
8. 홍석률, 〈6월항쟁직후 통일운동의 분출〉, 민주화운동기념사업회 한국민주주의연구소 엮음, 《6월 민주항쟁: 전개와 의의》, 한울아카데미, 2017, 392~393쪽.
9. 홍석률, 같은 책, 394~395쪽.
10. 박세길, 《다시 쓰는 한국현대사 3》, 돌베개, 2015, 281쪽; 민경우, 《86세대의 민주주의》, 인문공간, 2021, 74쪽.
11. 민경우, 같은 책, 265쪽.
12. 민경우, 같은 책, 99쪽.
13. 서울지역총학생회연합건설준비위원회, 〈청년학생 조국통일 투쟁 선언〉, 민주화운동기념사업회 소장, 1988. 4. 16.
14. 이유나, 《통일의 선각자, 문익환의 삶과 분단극복론》, 도서출판 선인, 2014, 183, 213쪽.
15. 이유나, 같은 책, 180쪽.
16. 전재호, 〈한국 민주주의와 5월 투쟁의 의미〉, 전재호·김원·김정한, 《91년 5월 투쟁과 한국의 민주주의》, 민주화운동기념사업회, 2004. 16쪽.
17. 전재호, 같은 책, 24쪽.
18. 〈내각제 추진 않겠다〉《한겨레신문》, 1991. 5. 29.
19. 〈창수야 일어나라! 일어나서 싸워라!〉(유인물), 범국민대책회의, 1991. 5. 25. 김정한, 《대중과 폭력》, 후마니타스, 2021, 142~143쪽에서 재인용.
20. 전국민족민주운동연합, 〈합법정당 건설에 관한 토론제안서〉, 민주화운동기념사업회 소

장, 1990. 2. 20., 4쪽.

21. 〈정부, 총리 폭행 사건 계기로 반체제 색출〉, MBC, 1991. 6. 4.

22. 전재호, 같은 책, 160쪽.

23. 전국민족민주운동연합, 〈합법정당 건설에 관한 토론제안서〉, 민주화운동기념사업회 소장, 1990. 2. 20., 2쪽.

24. 전국민족민주운동연합, 〈전국민족민주운동연합 창립에 즈음한 보고서〉, 민주화운동기념사업회 소장, 1989. 1., 1쪽.

25. 〈통일전선론〉 《혁신정당자료모음집》, 민족과세계문화연구소(민주화운동기념사업회 소장), 12쪽,

26. 전국민족민주운동연합, 〈전민련의 발전 전망과 조직적 과제 사업계획서〉, 민주화운동기념사업회 소장, 1989, 2쪽.

27. 전국민족민주운동연합, 같은 글, 2쪽.

28. 전국민족민주운동연합, 〈전국민족민주운동연합 창립에 즈음한 보고서〉, 민주화운동기념사업회 소장, 1989. 1., 4쪽.

29. 전국민족민주운동연합 정책실, 〈영등포을구 재선거 관련 평가자료〉, 민주화운동기념사업회 소장, 1989.

30. 전국민족민주운동연합 선거대책위원회, 〈영등포을구 선거투쟁에 대한 전민련 선거대책위원회의 평가서〉, 민주화운동기념사업회 소장, 1989. 8. 28., 3쪽.

31. 전국민족민주운동연합 선거대책위원회, 같은 글, 3쪽. 괄호 안 설명은 인용자인 저자가 넣은 것이다.

32. 전국민족민주운동연합 선거대책위원회, 같은 글, 3쪽.

33. 전국민족민주운동연합, 〈합법정당건설문제에 대한 조직강화소위의 최종결론보고〉, 민주화운동기념사업회 소장, 1989. 9., 1쪽.

34. 전국민족민주운동연합, 같은 글, 2쪽.

35. 강원택, 《정당론》, 2022, 박영사, 63쪽.

36. 전국민족민주운동연합, 같은 글, 5쪽.

37. 전국민족민주운동연합, 〈합법정당 건설에 관한 토론제안서〉, 민주화운동기념사업회 소장, 1990. 2. 20., 5쪽.

38. 전국민족민주운동연합, 〈지방자치제와 전민련의 대응전술〉, 민주화운동기념사업회 소장, 1991. 1.

39. 민주주의민족통일전국연합, 〈전국연합 대통령선거투쟁 종합지침서〉, 민주화운동기념사

업회 소장, 1992, 1쪽.

40. 민주주의민족통일전국연합, 같은 글, 4쪽.

41. 민주주의민족통일전국연합, 같은 글, 13쪽.

42. 민주주의민족통일전국연합, 〈전국연합 14대 대통령선거투쟁 평가안〉, 민주화운동기념사업회 소장, 1992. 12., 1쪽.

43. 민주주의민족통일전국연합, 같은 글, 1쪽.

44. 민주주의민족통일전국연합, 같은 글, 3~6쪽.

45. Maurice Duverger, *Political Parties: Their Organization and Activity in the Modern State* (London: Methuen, 1954), p. 217.

5장

반적폐 포퓰리즘

: '깨어 있는 시민'의 탄생

트라우마와 좌판 위 고등어

"살아 있는 고등어 떼를 본 일이 있니?" (중략)

"그들은 생각할 거야. 시장의 좌판에 누워서 나는 어쩌다 푸른 바다를 떠나서 이렇게 소금에 절여져 있을까 하고. 하지만 석쇠에 구워질 때쯤 그들은 생각할지도 모르지. 나는 왜 한때 그 바닷속을, 대체 뭐하러 그렇게 힘들게 헤엄쳐 다녔을까 하고."[1]

젊은 나이에 한국 사회를 근본적으로 바꿀 큰 꿈을 꾸고, 정치적 최전성기와 좌절을 모두 겪은 86들은 깊은 트라우마에 빠진다. 1980년대 학생운동에 대한 후일담 소설을 쓴 공지영의 표현대로, 바닷속을 힘들게 헤엄쳐 다니던 86들은 시장 좌판에 누워 있는 꼴이 되었다. 그들이 바라던 새로운 나라는 이뤄지지 않았지만, 민주주의는 또 나름대로 굴러갔다. 사람들은 문민정부가 수립되었다면 엄청난 민주적 진척이라고들 이야기했다.

대통령이 된 김영삼은 전두환 신군부의 상징과도 같은 하나회를 척결하고, 금융실명제를 통해 검은 돈을 몰아내는 등 과거와의 과감한 단절에 나섰다. 한때 김영삼의 지지율은 93%까지 치솟았다. 감히 대통령을 농담거리로 삼은 《YS는 못말려》 유머집이 베스트셀러가 됐다. 1993년 4월 MBC 예능 프로그램 〈이야기 쇼, 만남〉에선 고등학생 500명을 대상으로 좋아하는 스타를 조사했는데, 김영삼 대통령이 당대 최고의 국민배우 최진실을 꺾고 1위를 차지했다. 지금으로 치면 중고등학생들이 BTS나 뉴진스가 아니라 윤석열 대통령을 더 좋아한다는 소리다. 어쩌면 한국현대사에서 정치적 불만이 가장 낮았던 시기일 것이다. 근본적 변화가 필요하다는 86들의 주장은 설 데가 없었다.

이 시기는 국제적으로도 격변의 시기였다. 1989년 독일 통일에 이어, 1991년 12월 사회주의 종주국인 소련이 붕괴하면서 현실 사회주의의 몰락이 분명해졌다. 1990년 9월 한국-소련 수교, 1992년 8월 한국-중국 수교를 맺으며 한국 사회도 빠르게 냉전질서에서 벗어나기 시작했다. 사회주의 몰락에 따라 체제 존립에 대한 불안을 심각하게 느낀 북한이 1992년부터 핵무기 개발을 본격화하면서 남북관계는 급속도로 냉각되었다.

북한은 한편으로는 심각한 식량난에 부딪힌다. 소련의 지원과 사회주의 국가와의 교역이 크게 줄어든 와중에 1993년 대기근이 겹친 탓이다. 몇 년간 이어진 기근으로 수백만 명이 아사한 것으로 추정된다. 북한 대기근은 우리민족서로돕기운동 등 인도적인 차원의 새로운 남북교류를 만들어내긴 했으나, 북한 체제의 우월성 따위의 이야기는 완전히 사라지게 만들었다. IMF 외환위기 직전, 최전성기를 맞았던 남한 경제와 북한의 상황은 철저히 대비되었다.

그때쯤 나는 초등학교 고학년이었는데, 성당에서 미사가 끝난 후 신부님이 긴히 드릴 말씀이 있다며 시간이 괜찮은 신도들은 잠시 남아달라 했다. 용건을 바로 말하던 보통의 공지사항과는 다른 분위기였다. 그리고 신부님은 피골상접한 북한 아이들의 사진을 보여주었다. 지금은 텔레비전만 틀면 경쟁적으로 전세계의 가난한 아이들을 보여주는 모금 광고를 접할 수 있지만, 이미 자본주의 중진국 대한민국에 태어나 굶기는커녕 심각한 소아비만에 시달리며 억지로 살을 뺐던 나는 아사자의 모습을 처음 보았다. 신부님은 평소와 달리 아주 낮은 목소리로 조심스럽게 이야기를 꺼냈고, 어쩐지 그날은 성당에 조명도 어둑어둑했다. 왜 그렇게 신부님이 북한 아이들을 돕자는 이야기를 조심스럽게, 오해하지 말아달라며 꺼냈는지는 나이를 먹어서야 알게 되었지만 말이다.

그 와중에 1994년 7월 8일 김일성 주석이 사망했다. 그의 아들 김정일로의 2대 세습은 한창 민주주의의 승리에 빠져 있던 남한 사람들에게는 더욱 비합리적으로 보였다. 사회주의권이 몰락하고, 북한은 잇달아 체제의 한계를 여실히 드러냈다. 그런 와중에 사회주의니, 주체사상이니, 남북한 민중이 하나 된 통일조국 건설이니 하는

86포퓰리즘의 주장들은 어떻게 봐도 설득력이 없었다.

1980년대부터 1990년대 초까지의 정치적 격변기를 지독히도 사랑하고 또 그만큼 미워한 86들은 그 시기에 대해 애착과 고통이라는 이중적 감정을 보인다.

> 그 시절을 떠올릴 때마다 나는 왜 그렇게 쓸쓸했던 순간들만 떠오르는지 모르겠다. 60년대의 목가적인 농촌이 분명 더 고통스러웠을 텐데, 그리고 70년대 달동네에서 보낸 사춘기가 더욱 외로웠을 텐데, 이상하게 80년대 대학시절이 훨씬 더 스산하게 기억되곤 한다.[2]

> 옛날에 험악했던 시절 안기부나 대공분실이나 보안사로 끌려가서 징역살이를 하고 있는 꿈을 꾼 적이 세 번 있었습니다. 정말 묘하게도 '이건 사실이 아니고 꿈이야!' 하고 외치면 어김없이 꿈에서 깨었더랬습니다.
> 그러면 부끄러웠습니다. 반독재민주화, 조국의 평화통일, 반외세자주화를 위해 이 한몸 바치리 했지만 다른 한 곳에 탄압의 공포가 자리하고 있는 나 자신을 발견했기 때문이었습니다. 그러나 진심으로 잠에서 깨고 나면 다행으로 여기곤 했습니다.[3]

이 인용문들은 모두 2000년대 중반에 쓰인 것이다. 그때까지도 그들은 1980년대의 괴로움을 잊지 못하고 있었다. 그토록 괴로우면

잊거나 다른 삶을 살면 될 텐데 그들은 좀처럼 그 기억을 떠나지 못한다. 첫번째 글에서 우상호는 왜 그토록 1980년대가 쓸쓸하고 스산하게 기억되는지 스스로도 이해하지 못하고 있다. 그리고 두번째 글에서 이인영은 꿈에 나올 정도로 고통스러우면서도, 그 고통을 느끼는 스스로를 부끄러워한다. 고통을 있는 그대로 수용하지를 못한다. 실패한 투쟁의 역사이기 때문에 이들은 쓸쓸함을 이해하지도, 온전히 고통스러워하지도 못하는 상황에 처해 있다.

그들은 멈춰진 86포퓰리즘의 꿈을 이상화하고, 그 정신을 어떤 식으로든 부활시키는 것이 트라우마 극복의 길이라고 생각한다. 이 트라우마는 그들이 이후 정치인이 되거나, 유독 열렬한 정치 고관여 유권자로 남게 했다. 86들을 가장 쉽게 열 받게 하는 방법은 "초심을 잃었다"라고 공격하는 것이다. 한 세대가 흘렀으니 초심을 너무 온전히 유지하는 것도 문제일 텐데 그들은 유독 '초심'에 집착한다.

> 화장실 거울 속에는 술이 덜 깬 부스스한 몰골의 한 사내가 시선이 풀린 채 서 있었다. 그 모습을 물끄러미 쳐다보다가 생각했다.
> 예전의 나는 어떤 사람이었지? 뭐가 변한 걸까?
> 87년의 내 모습을 보고 학생운동에 뛰어들었다던 그 후배가 실망했다면, 내가 변한 것이 틀림없었다.
> 잠시 떠나 있어야겠다는 생각을 하게 되었다. (중략)
> 자신이 변질되었는지 아닌지를 가장 잘 판단할 수 있는 것은 순수의 시절로 돌아가 보는 것이다. 자신의 모든 것을 걸고 사회의 변

화를 위해 헌신했던 기억은 우리의 현재를 가늠해 주는 바로미터 가 될 수 있을 것이다.[4]

86포퓰리즘의 프로젝트는 실패했지만, 86들은 아직 그 시기를 포기하지 않았다. 그들의 청춘을 온전히 무의미하게 만들 수 없기도 했겠지만, 문민정부 수립 이후에도 사회에는 여전히 모순으로 가득했기 때문이다. 민주주의는 지속적으로 더 많은 국민들이 원하는 방향으로 나라를 바꿀 수 있는 가능성을 가진 형식적 제도일 뿐 그 자체로 어떤 유토피아를 담보하는 것은 아니다. 하지만 그들은 이러한 모순들을 보며 자신들의 프로젝트가 이어져야 한다는 당위를 찾아냈다.

하지만 어떻게 실패한 프로젝트를 계속 이어갈 수 있는가? 이때부터 사람, 인간, 정의 등 아주 추상적이고 모호한 개념들이 구체적인 정치적 목표를 대신한다.

물론 선거에 나서는 대부분 정치인들은 당장의 선거 승리 전략을 넘어서는 아주 구체적인 비전을 가지고 있지 않다. 하지만 86들은 겉으로는 자신들만의 분명한 지향점을 갖고 움직이는 것처럼 보이면서도 실상 도통 그 목표가 무엇인지는 굉장히 뿌옇다는 점에서 특이했다.

1999년에 새천년민주당의 창당 발기인으로 정치에 입문했습니다. 가장 가까운 친구들이 가장 염려했고 또 질타했습니다. 지금까지의 삶이 마치 정치의 길을 걷기 위한 경력 쌓기처럼 비쳐져서 심한 자괴감과 무력감에 휩싸일 때도 있었습니다.

그러나 1987년과 지금의 이인영이 한 사람이라는 것만큼은 부정할 수 없습니다. 1987년 시청 앞 광장에 섰던 열정과 진정성은 지금도 아무런 흔들림이 없습니다. 정치에서 제 당당한 역할을 찾을 때까지 저는 결코 포기하지 않을 것입니다. 저는 지금도 스스로에게 묻습니다. 제가 선택한 길에서 저의 역할을 제대로 하고 있는지……. 그러면서 또 다짐해 봅니다. 성숙한 개인, 따뜻한 공동체를 향한 나의 길을 묵묵히 걸어갈 것입니다.[5]

우리에게는 꿈이 있었다. 현실을 변화시켜 보겠다는 그 원대한 꿈은 부분적으로 실현되었다. 그러나 꿈을 포기할 정도로 완성된 것은 결코 아니다. 누구에게나 버릴 수 없는 꿈이 있는 법이다. 꿈을 버린 순간부터 우리는 사실상 죽어가고 있는 것이다.

나는 정의롭고 깨끗한 사회를 늘 꿈꾸어왔다. 그때 버릇처럼 말했었다. 우리 아이들에게만은 이런 사회를 물려주지 말자. 어두운 골방에서 경찰의 눈을 피해 시위계획을 짜야 하는 세상, 최루탄 뽀얀 거리에서 짐승처럼 울부짖어야 하는 세상, 감옥에 끌려가 법정에서 부모님을 울게 만드는 그런 세상은 물려주지 말자. 나는 지금도 맑고 깨끗한 세상을 만들고 싶다.[6]

스스로 정치인이 되어야 하는 이유를 말하는 이인영과 우상호의 논리는 놀랄 만큼 닮아 있다. 1980년대부터 이어진 그들의 프로젝트는 일견 실패한 듯 보이지만 그 염원만큼은 아직 고스란히 남아 있다는 것이다. 남아 있는 프로젝트를 이인영은 "성숙한 개인, 따뜻한 공동체"라고, 우상호는 "정의롭고 깨끗한 사회"라고 말한다. 미성숙하고 차가운, 불의하고 더러운 사회를 바라는 정치인이 있을까?

목표의 모호함을 대체한 건 스스로에 대한 확신이었다. 그들은 여전히 민족중흥의 주체이자 '진선미의 화신'이라고 자임했다.

> 우리 개개인은 현재는 다소 불완전하며 미래는 아주 불확실한 사람들일지 모르지만 대중으로서의 386, 생활인 386들의 역사는 아주 낙관적이며 비전이 있다는 점을 다시 강조하고 싶습니다.
> 왜냐하면 우리는 민주화운동의 3세대이면서 통일운동의 1세대이며, 우리 당대에 통일을 이뤄 통일 1세대가 될 것이기 때문입니다.[7]

> "아니요, 절망하지 않는 사람들도 있어요. 잊지 않는 사람들, 죽어간 친구와 미쳐간 친구와 그런 사람들을 기억하는 이들…… 그들이 곧 이 나라를 이끌어가게 돼요. 이제 곧 우리 세대에게서…… 그래요, 형 말대로 우리 세대를 거치느라 운전면허 하나 따지 못했던 젊은이들이…… 그들이 대통령이 되고 그들이 예술가가 될 거라구요. 가짜들 말구 진짜들……"[8]

정치를 이끌 합당한 자격을 갖춘 "통일 1세대"나 "진짜"가 되기 위해서는 여전히 합당하고 구체적인 실천이 따라야 한다. 성실, 근면, 봉사하면서 동지들을 기억해야 한다. 이는 반대로 이러한 '품성'을 유지하는 한 우리는 옳고, 나라를 이끌 자격이 있으며 심지어 이끌어야 한다는 논리까지도 이어진다. 86 프로젝트가 실패로 끝났지만, 진선미의 화신이라는 자기확신과 품성론만큼은 삶의 태도로 고스란히 남았다.

모호한 비전을 자기확신으로 대체한 86들의 정치는 특히 사회경제적 쟁점에 대한 무능과 무관심으로 두드러졌다. 1990년대는 1980년대 영국과 미국에서 시작한 신자유주의적 변화가 전세계적으로 확대되던 시기였다. 특히 한국에선 신자유주의적 변화와 독재정권의 관치경제에서의 탈피가 동시에 진행되었다. 신자유주의적 변화는 IMF 외환위기 이후 더 본격화되지만, 대통령 김영삼도 '세계화'를 주장하며 한국 경제의 체질 개선을 추진했다.

> 기존의 사회구성체 논쟁의 연장선에서 한국 자본주의의 발전단계를 규명하는 것은 더는 가능하지도 않고 바람직하지도 않습니다.
> (중략)
> 그러나 어찌되었든 우리는 이 현상을 구조적으로 진단하고 새로운 해법을 구할 새로운 인식론을 마련해야 합니다. (중략)
> 형용모순 같지만 지나온 길을 돌아보고 새로운 성찰을 통해 열심히 걷는 인간의 얼굴을 한 따뜻한 시장경제, 아름다운 시장경제의

모습을 보고 싶습니다.[9]

86들이 제도정치권에서 활동한 지난 30년간 한국 사회의 가장 큰 갈등은 신자유주의적 정책의 작용과 반작용이었다. 이 문제에 대해 86들은 경쟁에서 최종적으로 낙오한 사람들을 위한 최소한의 안전망이 있어야 한다는 것 외에 대체로 뚜렷한 입장이 없었다. 특히 계속 '빨갱이'라는 비판에 시달려야 했던 86들은 스스로 얼마나 중도적인 사람인지를 계속 증명해야 하는 상황에 처했다. 그들은 신자유주의에 따른 경제적 갈등보다는 민주–반민주 전선에 더욱 집착하게 되었다.

실컷 비판해놓고 변명을 좀 하자면, 민주주의 공고화와 더불어 86들이 주창했던 모든 문제가 해결된 것은 당연히 아니다. 한국 사회는 그 뒤로도 오랫동안 독재의 잔재와 싸워야 했다. 독재세력의 잔당은 여당의 일부가 되어 여전히 정치현장에 남았다. 그리고 강요된 반공은 이데올로기적으로는 물론, 국가보안법 등 법과 제도로도 여전했다. 징병제나 주민등록제 등 남한 사회의 근간을 이루는 제도에는 반공국가의 정신이 깊이 박혀 있었다. 또 문민정부가 들어왔지만 강력한 독재국가의 권위주의적 통치 시스템은 그대로이기도 했다. 그리고 그 일부인 검찰, 정보기관 등은 쉬이 바뀌지 않았다. 독재정권과 결탁해 성장한 언론과 재벌 등은 정부가 통제할 수 없는 또 다른 권력이 되었다. 그리고 학교와 가정, 노동현장 등 일상에서의 군사주의적 문화도 해결해야 할 과제였다.

민주주의가 제대로 작동하기 위해 독재의 잔재들을 어떻게 해소할 것인가는 이후 한국 정치의 중요한 과제가 되었다. 이런 열망은 노무현 돌풍이나 박근혜 대통령 탄핵 등 중요한 정치적 국면 등에서 폭발적으로 터져나왔고, 그때마다 86 정치인들이 크게 성장하는 계기가 되었다.

그런데 독재의 잔재를 없애려면 독재에 맞서 싸웠던 방식으로만 싸워야 할까? 86들은 독재시대의 방법이 아닌 방법으로 독재의 잔재를 없애는 데 서툴렀다. 트라우마에서 벗어나려는 그들의 조급함은, 독재를 청산하는 것마저도 '위임으로서의 대표'라는 관계 안에 머물러야 한다는 사실을 자꾸 잊게 했다.

앞서 포퓰리즘은 "사회가 궁극적으로 서로 적대하는 동질적인 두 진영으로, 즉 '순수한 민중'과 '부패한 엘리트'로 나뉜다고 여기고 정치란 민중의 일반의지의 표현이어야 한다고 주장하는, 중심이 얇은 이데올로기"라는 정의를 소개했다. 여기서 '중심이 얇다'는 것은 포퓰리즘이 다른 이데올로기나 정치적 프로젝트로 쉽게 옮겨갈 수 있다는 뜻으로, 포퓰리즘은 정치적 현실을 분석하고 이해하는 일종의 '마음지도'로 이해라고도 이야기했다.

이런 포퓰리즘의 '중심이 얇은' 특징은 그들이 86 프로젝트가 실패한 이후에도 어떻게 포퓰리즘적 사고를 이어갈 수 있는지를 설명해준다. 애초에 그들이 내세웠던 이념을 극도로 추상화하여 바꾸고, 독재정권 타도가 독재 잔재 청산으로 은근슬쩍, 그러나 완전히 다르게 바뀌었음에도 그들은 포퓰리즘적 사고를 상당히 유지했다. 그들의 86 프로젝트는 실패했지만, 그들의 마음지도만큼은 또 다른 프로젝트로 옮겨가며 유지된 것이다.

노무현과 86들의 집단적 정치 진출

우리나라에 과학적 여론조사를 처음 도입한 것으로 평가받는 이영작 박사는 대통령 노무현에게 '82학번 운동권'이라고 평가한 적 있다.[10] 영화 〈변호인〉을 통해 잘 알려진 것처럼 평범한 변호사였던 노무현은 1981년 우연히 부림사건을 변론하면서 인권변호사의 길을 걷기 시작한다. 그는 1980년대 영남 지역 운동권 학생들과 변호를 도맡아 하며 많은 학생들의 연을 맺고, 1982년부터 변론을 통해 가까워진 청년들의 도움을 받아 역사와 사회를 공부하기 시작했다.

노무현은 86들보다 20여 년 위 연배이지만, 1980년 학생운동의 사상적 영향을 많이 받았다. 젊은 학생들을 존경한다는 말을 습관처럼 자주 했다고도 한다. 그러나 이미 그는 짧지만 판사로서 공무원 생활도 했고, 조세 전문 법률가로서 현실경제의 복잡함을 느끼고 있었던 만큼 학생들의 급진적 사상에 깊게 공감하지는 못했다.

> 이런 일들이 끝없이 벌어지는 근본적인 원인을 알고 싶었다. 청년들은 사회주의 이론서와 사회과학 서적을 소개해 주었다. 그 책들을 읽고 숱한 밤을 지새우며 토론했다. (중략) 그렇지만 사회주의

에 끌리지는 않았다. 마음이 좀 가다가도 '프롤레타리아 독재'라는 이름으로 일당독재를 합리화하는 문제에 부딪치면 아니라는 생각이 들었다. 자본주의에 많은 문제가 있지만 사회주의가 대안이 될 수는 없다고 보았다. 그것은 아마도 내가 법률을 먼저 공부했기 때문일 것이다. 헌법에서 일반 법률까지, 내가 공부한 법률 체계는 모두 상대주의 철학에 기초를 두고 있었다. 상대주의 철학은 전체주의를 용납하지 않는다. 나는 이 기초를 버릴 수 없었다.[11]

그럼에도 노무현은 학생들을 깊게 아꼈고, 몇몇과는 오랜 기간 동지로 지냈다. 또 워낙 많은 학생들이 노무현의 도움을 받았기 때문에 학생들도 노무현을 인간적으로 신뢰했다. 노무현은 평소 그의 보좌진 등 청년학생들에게 원하는 역사발전을 이루는 도구로 자신을 사용하라는 취지로 자주 격려했다.[12] 이 말은 노무현이 86들에게 보여준 깊은 애정을 드러내기도 하지만, 그만큼 노무현이 86들에게 온전히 공감하지는 않았다는 걸 보여주기도 한다. 하지만 그들의 사상적 차이는 사실 노무현이 대통령이 되기 전에는 두드러진 문제가 아니었다. 문제는 노무현이 대통령이 되고, 86들이 여당 국회의원이 되면서 실제로 아주 예민한 정책들을 결정해야 하는 상황에서 드러났다.

아무도 주목하지 않았던 후보인 노무현이 민주당 국민경선을 이기고 정몽준과의 후보단일화 경쟁에서도 이기며 대통령이 된 과정은 아마도 한국 선거정치사에서 가장 드라마틱한 승리일 것이다. 이후로도 정치적으로 극도로 고립되어 탄핵소추까지 되었던 노무현이 과반 여대야소의 명실상부한 통치자가 되기까지 이 모든 과정에서 86들의 역할은 중요했다.

그들은 노무현 캠프와 청와대의 실무를 총괄했으며, 밖으로는 '노무현을 사랑하는 사람들의 모임(노사모)'을 만들어 노무현 바람을 이끌었다. 노사모는 지역주의에 도전하는 노무현을 응원하기 위해 2000년 만들어진 팬클럽으로 86들이 많았다. 그리고 노사모 안팎의 86 유권자들은 노무현이 위기 때마다 딛고 넘어설 수 있는 디딤돌이 되었다. 이런 과정을 거치며 형식적 민주주의에 한 발을 집어넣었던 86들은 완전한 세력을 이루게 된다. 정치인 차원뿐만 아니라 유권자 차원에서도 마찬가지다.

노무현 경선캠프는 처음에는 영남 민주화운동세력들이 대부분이었고, 실무는 86들이 이끌었다. 그리고 노사모와 부산상고 동문회가 이를 지원했다. 민주당에서 처음 도입된 선거인단 모집 방식의 국민경선은 아직 민주당과 완전히 일체감을 갖지 못했던 86들이 정당 가입이 아닌 방식으로 대거 경선에 참여할 수 있게 했다. 국민경선은 의도치 않게 견고하게 호남 중심이었던 민주당의 정치지형에 86들의 몫을 키우는 계기가 됐다.

물론 86만의 힘만으로 노무현이 후보가 된 것은 아니었다. 당시 가장 유력한 후보였던 이인제로는 한나라당 이회창 후보를 이기기 어렵다는 여론조사가 이어졌다. 이인제의 장점은 민주당 다른 후보들에 비해 중도보수 및 충청 유권자에게 호소력이 있다는 것인데,

이 유권자층은 이회창을 더 매력적으로 생각했다. 전통적인 민주당 당원층인 호남인들에게는 호남을 대표할 만한 경선후보가 뚜렷하지 않았고, 이전 대선에서 김대중과 경쟁했던 이인제에 대한 비호감도 컸다. 호남 유권자들은 86 및 영남에서 시작한 노무현 바람이 정권을 연장하고 김대중을 지킬 수 있는 카드가 될지도 모른다는 도박을 했다.

그러나 민주당의 객식구인 86과 영남 기반의 노무현은 경선 승리 이후에도 입지가 계속 불안정했다. 당시 한국의 유력 대통령 후보들은 경선 승리 후 미국을 방문하는 관례가 있었는데, 노무현이 이를 거부하면서 보수 유권자의 반발을 샀다. 반대로 노무현은 김영삼을 예방해 그와의 친분을 강조했는데, 이를 두고 86들이 강하게 반발했다. 이때부터 노무현이 소구해야 할 중도 유권자들과 그의 핵심지지층인 86 사이의 갈등은 시작되고 있었다. 대선후보 경선 승리 직후 치러진 지방선거에서 민주당이 참패하면서 대통령 후보를 다시 뽑아야 한다거나, 국민통합21 정몽준 후보와 단일화해야 한다는 주장이 당내에서부터 제기되었다.

우여곡절 끝에 노무현 후보가 당선되었다. 노무현의 당선은 지방선거, 월드컵, 아시안게임, 미군장갑차 사고 등 사회적으로 거대한 이벤트들이 연이어 이어졌던 격변의 2002년에 걸맞은 엔딩이었다. 그의 당선으로 군부독재세력과 그들과 맞서 싸운 3김까지도 역사의 뒷장으로 사라졌지만, 민주주의가 공고화된 새로운 시대에 맞는 정치가 무엇이어야 하는지는 아직 답이 없었다.

2002년 한일월드컵의 성공적 개최와 4강 진출이라는 믿을 수 없는 성과는 이제 우리도 떳떳한 정상국가라며 지난 세기의 콤플렉스를 떨칠 수 있겠다는 기대를 갖게 했다. 하지만 월드컵과 같은 시기에 주한미군이 운전하던 장갑차에 여중생 두 명이 압사하는 불행한 사고는 기대와는 다른 현실을 환기했다. 사건 자체도 충격적이었지만 미군이 소파SOFA 규정을 들어 가해 미군들을 미국 법에 따라 재판하겠다고 나온 것이 더 문제였다. 많은 국민들은 어린 학생들의 억울함을 제대로 풀지 못하는 상황에서 주권이 침해받는 현실을 자각했다. 외세가 모든 문제의 원흉이라고 여기는 86포퓰리즘에 동의하지 않더라도, 대한민국이 온전한 정상국가로 서기 위해 정치적 변화가 절실하다는 데 국민들의 공감이 늘어났다. 그러면서 정치적 급변을 상징하는 노무현의 인기도 높아졌고, 반공 이데올로기도 어느 정도 줄어들었다.

노무현의 당선은 86들에게 선거민주주의로 근본적 변화를 만들 수 있다는 자신감을 주었다. 김대중 정권인 2000년 국회의원선거를 통해 김민석, 송영길, 임종석, 김성호, 우상호, 이인영 등이 출마하고 그중 몇은 당선이 되긴 했지만 아직 86들이 세력화되었다고 보긴 어려웠다. 노무현은 제도적 민주주의에 대해 일말의 불신을 갖고 있던 86들의 심적 부담감을 완전히 무너뜨렸다. 86 정치인들이 대거 늘어나고, 86 유권자들도 조직적으로 움직이기 시작했다.

노무현은 특히 자신을 가장 가까이 보좌하는 청와대 실무자에 86들을 대거 등용했다. 누가 86인지 무 자르듯 구별하긴 어렵지만,

한 보수언론은 노무현 정부 출범 당시 청와대 비서관 38명 중 14명이 86이고, 행정관들은 50명 이상이라고 분석했다.[13] 노무현 정권 이전 국회의원이 된 86들은 명문대 총학생회장이자 전대협 의장 출신이었지만, 이때부터 대중적 인지도가 없던 86들도 본격적으로 정치권에 진입한다. 이광재, 안희정 등이 대표적이다.

노무현 정부는 여소야대인 것도 모자라, 여당 내 권력도 확고히 하지 못한 채 출발했다. 임기 초부터 극심한 정책적·정치적 분란을 겪어야 했고 한나라당에서 시작된 대선자금 수사가 민주당으로까지 이어지며 도덕성에도 큰 타격을 받았다. 이러한 혼란 끝에 노무현 세력은 민주당을 탈당해 2003년 11월 열린우리당을 창당한다. 대통령이 속한 여당이 47석밖에 되지 않는 초유의 사태가 벌어진 것이다. 그리고 야당들은 2004년 3월 12일 노무현 대통령을 탄핵소추하는 것으로 응대했다.

국민이 뽑은 대통령을 납득하기 어려운 이유로 다수 국회의원들이 '왕따'시키는 모습은 '권력을 과점하고 있는 소수의 정치엘리트'와 '의사를 제대로 반영하지 못하는 다수의 민중'이라는 포퓰리즘 이분법을 다시금 부각시켰다. 86뿐 아니라 다수의 국민이 이 문제에 공감했다. 그래서 탄핵심판 중에 치러진 2004년 총선에서 열린우리당은 152석의 과반 여당이 된다. 1990년 노태우가 3당 합당으로 인위적으로 여대야소를 만든 것을 제외하면, 최초로 총선을 통한 여대야소가 이뤄진 것이다. 열린우리당 의원 중 108명이 초선이었다. 노무현 정부의 청와대 출신이나 노사모 출신도 많았고, 열린우리당이 급히 창당되면서 운동권 인맥을 타고 갑자기 출마를 결의한 평범한 86 생활인들도 많았다.

총선 결과는 탄핵소추를 바라보는 86들과 대중의 관점이 대체로 일치했다는 것을 뜻했다. 그리고 5월 14일, 헌법재판소도 탄핵소추안을 기각했다. 대통령은 다시 자리로 돌아왔고, 원인이 되었던 의회 구성도 완전히 바뀌었다. 그러면 문제는 해결된 것일까? 86들이 정치적으로 큰 승리를 얻은 이 시점부터, 86들과 대중의 관점은 다시 어긋났다. 포퓰리즘적 국면이 해소되었는지 여부를 두고 말이다. 대중들은 해소되었다고 여긴 반면, 86들은 권력을 잡은 그 순간부터 포퓰리즘적 싸움은 시작이라고 여겼다.

열린우리당의 총선 승리와 탄핵소추 기각은 한편으론 민주주의 제도가 잘 굴러갔다는 뜻이다. 헌법이 정한 절차와 국민의 여론에 따라 정치적 교착이 해소되었다는 뜻이기 때문이다. 물론 정치적 교착을 낳은 구조적 문제가 남아 있기 때문에 이런 교착은 다시금 재발할 수 있었다. 선거를 중심으로 한 민주주의 제도로 교착이 일시적으로 해소된 국면에 만족할 것인가, 아니면 구조를 발본색원해 개혁할 것인가의 문제를 둔 86들과 대중의 이견은 이때뿐만은 아니었다.

1987년 6월항쟁-개헌-대선-1988년 총선으로 이어지는 국면에서도 대중과 86들은 권력을 독점하고 있는 세력에 맞서 함께 싸웠지만, 개헌과 선거로 그 갈등이 일정 정도 해소되자 갈라서기 시작했다. 이후에 다루겠지만 2016~2017년의 박근혜 탄핵정국에서도 이는 반복되었다. 대통령 박근혜가 국민에게 위임받은 책임을 제대로

하지 않았을 때 국민들은 거세게 일어섰다. 그리고 탄핵인용과 문재인 대통령 당선으로 문제가 해결되자 86들과 대중은 또다시 엇갈린 판단을 한다.

청와대와 국회 권력을 모두 잡은 열린우리당에겐 꽃길만 펼쳐질 것 같았지만 당의 인기는 빠르게 떨어졌다. 더 큰 문제는 이렇다 할 개혁 성과를 남기지도 못한 채 인기만 없어진다는 것이었다. 의회를 점령한 열린우리당은 소위 '4대 개혁 입법'이라 불리는 국가보안법 폐지, 과거사 진상규명법 제정, 사립학교법 및 언론관계법 개정을 본격적으로 추진했다. 이 법들은 모두 독재 잔재 청산과 긴밀히 연관된 법들이었다.

노무현은 검찰·언론 개혁을 주장했으나 법 개정을 직접 주도하지는 않았다. 오히려 행정수반으로서 노무현이 내리는 여러 현실적 결정들은 86들에게 고민을 안겨주었다. 특히 미국이 일으킨 이라크 전쟁에 파병, 한미FTA 체결 등 미국과 관련된 문제는 아무리 노무현의 결정이라도 86들이 쉽게 동의하기 어려운 것이었다. 그리고 열린우리당과 노무현 사이의 불편한 관계가 계속되던 2005년 8월, 노무현의 대연정 제안으로 당과 대통령의 관계는 크게 틀어진다. 대연정은 야당들과도 내각을 같이 구성하겠다는 것이었는데, 86들 입장에선 그토록 몰아내고자 했던 독재의 잔당들과 권력을 나누는 것이었다.

이런 정치적 난제들에 대해 보수 야당들의 반발과 비협조는 상수였다. 노무현 정부 시기를 혼란스럽게 했던 변수는 열린우리당과

86들의 모호한 입장이었다. 차라리 예상과 다른 노무현의 국정운영에 당과 86들이 명확히 반대했다면 국정 혼란은 덜했겠지만, 86들은 극도로 혼란스럽게 대응했다. 86들이 포퓰리즘적 마음지도만 유지한 채 모호한 입장을 가지고 선거정치에 뛰어든 후과였다.

가령 이라크 파병에 대한 86들의 대응을 보자. 노무현 정부는 임기가 시작된 직후인 2003년 3월 미국의 이라크전쟁 파병 요구 문제를 처리해야 했다. 당시 미국의 이라크 침공에 대해 미국의 전통적인 우방국들조차 별로 동의하지 않았다. 미국은 군사력이 부족해서가 아니라 국제적 정당성을 자랑하기 위해서 동맹국들의 적극적인 파병을 요청했다. 그렇기에 더욱 논쟁적일 수밖에 없던 파병동의안이었다.

이 시기 파병반대 여론을 이끌었던 건 임종석이다. 그는 15대 국회에서 몇 안 되는 86 국회의원이었고, 그중에서도 학생운동가로서 86포퓰리즘 전성기를 겪었던 유일한 국회의원이었다. 그는 작은 규모의 비전투 인력을 파견하는 2003년 3월 첫 파병동의안에도 반대했지만, 10월부터 시작된 전투병을 포함한 대규모의 추가파병동의안 처리에 대해서는 아주 적극적으로 반대했다. 그는 무려 13일간이나 단식을 했고 정부의 지속적인 설득에도 2003년 2월 본회의에 올라온 파병동의안에 반대 표결을 했다.

그런데 열린우리당이 다수 여당이 되자 86 국회의원들도 무작정 반대하기엔 정치적 부담이 커졌다. 정말로 파병을 안 해서 미국과의 관계가 틀어지면 어떡하지? 합법적으로 미국을 거부할 수 있는 순간이 오자 그들은 매우 혼란스러워했다. 누군가는 파병을 아예 물리는 결의안을 내려고 했지만, 또 어떤 이들은 의견이 달랐다. 시민단체의 질의에는 파병반대라고 답해놓고 국회에 제출하는 반대결의 서명에는 참여하지 않기도 했다.

여당 대변인이 된 임종석은 당의 입장을 대변해 현실론을 주장할 수밖에 없었다. 파병반대의 상징이었던 만큼 그에 대한 실망과 비난도 커졌다. 무엇보다 그의 입장변화 자체를 이해할 수 없다는 반응이 가장 컸다.

> 손석희: 현실론이 작용했다고 볼 수 있었는데 단식농성 할 때는 현실론 없었나.
>
> 임종석: 그때그때마다 나의 목적은 비교적 분명했다. (중략) 유엔의 역할 높여졌으며, 자치정부 권한이 대폭 주어지는 등 상황 변화가 있었다.
>
> 손석희: 단식할 당시 근저에는 인본주의가 있었던 것 아니냐. 지금 바뀐 것은 아니지 않냐.
>
> 임종석: 전혀 바뀐 것 없다. 정치인으로서 항상 어려운 문제가 옳으냐 그르냐 하는 가치와 어디까지 할 수 있느냐라는 현실 사이에 어느 지점에서 조정해야 하는가라는 문제가 어렵다.[14]

임종석이 내세우는 '인본주의'는 가장 강력한 판단기준으로 보이지만, 예민한 정치적 결정을 할 때 그것은 사실 아무런 내용을 담보하지 못한다. '인본주의'는 미국 중심의 세계질서에 반대한다는 흐릿한 추억만을 남기고 있을 뿐 당대의 외교 현실이 던지는 구체적 질문에 대해 효과적인 대답을 하진 못한다. 미국은 안 되고, 유엔은 현실적으로 어쩔 수 없을까.

우여곡절 끝에 86들이 제도정치에 자리를 잡자마자 그들은 '미국'이라는 문제에 세게 부딪혀야 했다. 그들의 정체성 자체를 되묻는 문제인 것이다. 당시는 2001년 9·11테러 직후다. 탈냉전 이후 미국의 세계 패권 확장과 이에 대한 반발이 전쟁이라는 극단적 사태로까지 치닫고 있었다. 한국도 당장 어느 쪽에 서야 할지를 결정해야 했다. 역사의 장난이랄까, 제도정치에서 진열을 정비해보려던 그들에게 최소한의 공통된 정체성마저도 부정하게 하는 상황들이 계속되었다.

이라크전쟁은 지독히도 길었고 한국 국회는 몇 번이고 파병연장동의안을 처리해야 했다. 미국이 만사의 원흉이라고 믿었던 86들의 세계관은 파병연장동의안을 처리해야 할 때마다 모래성처럼 조금씩 무너졌다. 왜 달라져야 하는지에 대해서는 '현실적으로 어쩔 수 없다' 외에 뚜렷이 설명되지 못했다. 노무현이 적극 추진한 한미FTA와 맞물리며 혼란은 가중되었다.

그들은 이런 혼란들에 어떻게 대응했을까? '진선미의 화신'인 그들은 더욱 각자의 내면 기준에 매달렸다. 대중을 '체현으로서 대표'하기 때문에 선거에서 이기는 방법도 진짜 국민에게 필요한 방법을 찾는 것이라고 여겼다. '원흉인 미국을 몰아내고, 남북한 민중이 하나 된 조국 건설'을 해야 한다는 86포퓰리즘의 공통된 전제마저 사라진 상황에서, 그들의 판단기준은 선악, 역사, 숙명 등 더욱 모호한 구도적 과제로 넘어간다. 입법 논쟁에 86들이 어떤 자세로 임했는지를 보여주는 한 사례를 보자. 야당이 요구하는 사학법 재개정에 대해 노무현이 여당의 양보를 요청하자, 여당은 의원총회를 열어 이를 논의한다.

> 의원총회 도중 문득 머릿속에 떠오르는 구절이 있었습니다. 저는 평소에 기도를 아주 잘하는 사람은 아니지만, 가끔 전력을 다해 기도하는 경우가 있는데, 바로 "시험에 들게 하지 마시고 다만 악에서 구하옵소서"입니다. (중략)
> 우리는 지난해 왜 사학법을 개정했습니까? 과연 우리는 사학법 개정을 잘못한 것일까요? 과연 이 길이 사회와 국가가 발전하는 길이라는 확고한 역사의식이 없이 이맛살 찌푸리는 몸싸움을 해 가면서 사학법 개정을 강행할 수 있었을까요? (중략)
> 원칙 앞에 타협하고 불의 앞에 무력해 보이면 유권자가 등을 돌린다는 점을 유념해야 합니다.[15]

국회의원이 입법을 결정할 때 고려요인은 크게 보면 정책 효과와 유권자 반응 두 가지일 것이다. 이인영의 주장에서는 선과 악의 이분법이 정책 효과에 대한 논의를 대신한다. 또 정책 효과를 어떻게 검증할 것인가의 문제는 "확고한 역사의식"으로 대체된다. 그리고 입법 의사결정에 따라 유권자가 어떻게 반응할 것인지에 대해서는 "원칙 앞에 타협하고 불의 앞에 무력해 보이면 유권자가 등을 돌린다"라고 이야기한다. 그럴싸한 말이지만 여기서 원칙과 의로움이 무엇인지를 판단하는 자는 정치인 본인이지, 유권자가 아니다. 하지만 선한 판단이 무엇인지, 우리에게 주어진 역사적 과업이 무엇인지는 결코 하나로 정의하기 쉽지 않은 문제다.

열린우리당의 86들은 사안별로, 개인별로 제각기 다른 결정들을 보여준다. 각 결정마다 각각의 이유가 있었겠지만 유권자의 시각에서는 대혼란 그 자체였다. 열린우리당의 초선 108명들은 하도 제각각이라 정부·여당의 골칫거리란 의미로 '108번뇌'라는 멸칭까지 얻게 된다. 그들의 판단기준이 여론조사 결과라든가, 수출 성과나 GDP, 하다못해 당원 수 등이었다면 통일된 입장을 결정할 수 있었을 것이다. 그리고 그 시기에 대한 평가도 어렵지 않게 할 수 있었을 것이다. 그러나 역사와 선악에 기반한 그들의 정치는 지금까지도 제대로 평가하기가 어렵다.

더 큰 문제는 평가의 불가능함이다. 역사적 사명에 대한 전략적 판단이 다르다 한들 동지를 평가할 수 있겠는가? 무언가를 더 열심히 하지 않았다는 태도의 부족만이 평가과제가 될 뿐이다. 온전한 체현 방식에 도달하지 못한 품성과 노력의 부족만이 남는다. 무엇보다 포퓰리즘적 세계관 속에서 지배엘리트들은 악하고 우리는 민중을 체현하고자 하는 선한 존재인 이상 평가를 받을 필요도 사실 없다. 어차피 결론은 '더 열심히 하자'일 테니 말이다.

이인영은 이라크 파병에 대한 조변석개로 공격을 받는 임종석에 대해 이렇게 대신 변명한다.

> 양심을 항상 있는 그대로 드러내는 일은 반드시 중요한 일이지만, 더 중요한 것은 이기는 일입니다. 한번 냉전세력과 맞서 정말 이겨 보고 싶습니다. 임종석 의원에 대한 네티즌들의 뭇매, 이제 그만 있었으면 좋겠습니다. 언젠가 반드시 승리한 후 그 자리에 반드시 같이 있는 종석이의 환한 모습으로 보답하겠습니다.[16]

86들은 스스로에 대해 평가하지 않았지만, 국민들은 그들을 너무도 매정히 평가했다. 결국 152석으로 민주화 이후 최대 의석수를 얻은 여당이었던 열린우리당은 대통령 임기도, 국회의원 임기도 남아 있던 2007년 8월 해산한다. 대통령 임기 내 여당이 새로 창당해서, 과반수 정당이 되었다가, 해산하는 모든 일이 일어났다. 노무현 탄핵에 동참했던 이들과 다시 손을 잡고 대통합민주신당으로 합당한 것은 사실상 백기투항이었다. 기댈 곳이 호남 지역주의밖에 남지 않았다는 뜻이었다. 그리고 2007년 12월, 압도적인 표차로 한나라당 이명박 후보가 대통령에 당선되었다. 이어 대통합민주신당은 통합민주당으로 당명을 바꿔 2008년 4월 국회의원선거를 치렀지만 81석을 얻는 데 그친다. 서울만 보면 47석 중 7석에 불과할 정도로 참패였다. 통합민주당은 2008년 7월에 당명을 민주당으로 또 바꾼다.

반적폐 포퓰리즘의 태생적 난점

2008년 총선에서 통합민주당의 참패는 물론 통합민주당이 못한 탓도 크지만 비례성이 낮은 소선구제 단순다득표제 선거제도의 탓도 컸다. 한 표만 이겨도 지역구 내 모든 대표성을 가져가는 이 제도는 부동층이 조금만 마음을 돌려도 선거 결과에서는 전체 표심보다 큰 의석수 차이를 가져오게 한다. 2008년 총선 투표율은 46.1%이었는데, 이건 모든 전국단위 선거에서 지금까지도 최저다. 직전 국회의원선거인 2004년 선거의 투표율이 60.6%인 것을 고려하면 엄청나게 많은 유권자가 투표 자체를 포기한 것이었고, 이들 중 다수는 민주당 지지에 가까운 층인 것으로 분석되었다.

그 결과 2008년 총선에서 비례대표 정당투표는 통합민주당 25.2%, 한나라당 37.5%였지만 의석수는 통합민주당 27.1%, 한나라당 51.2%로 훨씬 크게 벌어졌다. 15년이나 지난 지금, 이때의 결과를 아까워할 필요는 없다. 2020년 총선에서 더불어민주당은 이런 선거제도의 큰 혜택을 보며 선거를 통한 역대 최대 의석수를 확보한 정당이 되기 때문이다.

붕괴에 가까운 야당의 참패에다가 대통령중심제와 제1당에 유리한 국회의원선거제도의 효과가 맞물리며 여당인 한나라당은 막강한 권력을 갖게 된다. 특히 한나라당 내부의 친 박근혜 세력과 자유선진당, 친박연대 등 군소 보수정당들까지도 캐스팅보트로서 나름의 역할을 가질 수 있었으나 통합민주당은 제2당이라는 말이 무색하게 의회에서 권한이 적었다. 진보정당인 민주노동당도 5석밖에 얻지 못했다. 이러한 실제 유권자 구성을 반영하지 못하는, 의회 내 결정권 격차 때문에 18대 국회 내내 민주당과 민주노동당은 점거, 농성, 물리적 충돌 등 몸으로 의사진행을 막는 전략을 택할 수밖에 없었다.

2008년 광우병 촛불집회는 선거로 뽑힌 대통령과 의회의 권력 구성이 민주주의적 요구를 제대로 대표하지 못하는 상황이 극단적으로 치달으며 벌어진 것이다. 이명박 정부는 한미FTA 협상을 서두르기 위해, 미국이 요구하는 쇠고기 수입조건 완화를 받아들이기로 했다. 이 과정에서 광우병 감염 우려가 있는 품목들이 일부 포함되면서 이에 항의하는 촛불집회가 벌어지게 되었다.

광우병 촛불집회는 종속적 한미 관계라는 전통적인 진보층의 의제와 관련된 사안이기도 했지만, '생명권'이라는 국민 모두의 관심과도 긴밀히 연결된 것이었다. 또 정부가 광우병에 대한 거짓 정보를 제공해 국민들을 속이려 했다는 의혹들이 제기되면서 위임받은 권력으로서 정부의 기본태도가 문제가 되기도 했다. 이러한 상황에서 내가 좋아하는 가수들이 광우병에 걸릴 수도 있다며 깃발을 들고 참여한 아이돌 팬클럽이라든가, 10대나 가정주부 등 기존에 볼 수 없었던 주체들이 집회에 적극 참여했다.

대의제 민주주의의 한계를 시민들의 참여로 극복하는 것 자체는 우리 사회의 민주적 역량과 뛰어난 시민의식을 보여주는 것이다. 하지만 그만큼 의회정치가 발전하지 못하고 특히 야당인 민주당이 의회 내에서 제 기능을 못하고 있다는 뜻이기도 했다. 광우병 쇠고기 수입 강행으로 '권력을 과점한 정부·여당 대 생명권을 침해받는 모든 국민'이라는 포퓰리즘적 구도가 조성되었지만 민주당은 뚜렷한 역할을 하지 못했다. 국가 간 협정의 비준동의라는 전형적인 의회의 기능에 해당하는 문제였지만 말이다.

보통 높은 지지율이 유지된다는 대통령 임기 초 '허니문' 기간이었지만 이명박의 지지율은 17%까지 떨어진다.[17] 6월 19일, 이명박이 대국민 사과문을 발표하고 국민 동의 없이 30개월 이상 연령의 미국 쇠고기 수입을 하지 않겠다고 약속하면서 촛불집회는 빠르게 소강 국면으로 진입한다. 시민사회 일부는 한미FTA 자체를 무효화해야 한다고 주장했고, 또 집회 과정에서 나타난 과잉진압의 문제나 언론 편향의 문제를 해결하기 위한 촛불집회도 이어졌으나 대중적으로 커지진 못했다.

2008년 촛불집회는 모든 국민의 기본권 중의 기본권인 생명권의 문제를 대의기관이 잘 다루지 못하면서 터져나온 사건이다. 포퓰리즘적 계기에 문턱에 다다랐으나 대통령이 사과하고 정책을 후퇴하면서 일단락되었다. 또다시 '위임으로서의 대표'가 유연성을 보여준 것이다. 애초에 유권자들이 자신들의 위임 범위를 벗어났다고 느끼지 않을 정도로 대의기관이 원활히 굴러가는 것이 더 좋았겠지만 말이다. 2008년 촛불집회에서는 물대포와 '명박산성' 등 심각한 수준으로 집회시위의 자유가 침해되는 상황이 일어났다. 하지만 결국 시민들의 평화적 집회시위로 인해 정책방향의 수정이 가능했던 것은 민주주의 제도가 삐걱삐걱 아슬아슬하게나마 돌아가긴 했다는 뜻이기도 하다.

새로운 포퓰리즘 계기는 아무도 예상하지 못한 비극과 함께 왔다. 2009년 5월 23일, 노무현이 스스로 목숨을 끊어 서거했다. 검찰의 과잉수사와 언론의 명예훼손성 보도가 이어지던 중 일어난 비극이었다. 선거로 뽑힌 대통령마저 검찰과 언론, 보수정당의 먹이가 되면 살아남기 힘들다는 사실에 많은 이들이 극심한 충격을 받았다. 이 충격은 현행 민주주의 제도에 대한 불신과 허무함, 더 나은 민주주의를 만들지 못했다는 죄책감과 부채의식으로 이어진다. 투표가 완전히 부질없게 느껴지고, 투표로 손댈 수 없는 진짜 권력이 있다는 심상이 대중적으로 공유될 때, 포퓰리즘 운동은 가장 좋은 토양을 얻게 된다.

그래서 혹자는 '적폐세력에 의한 타살'을 당한 '비극적 영웅'으로서의 노무현 트라우마가 민주당 정치에서 포퓰리즘의 원점이라고 주장하기도 한다.[18] 노무현의 서거를 계기로 출현한 '반적폐 포퓰리즘'은 기존의 86포퓰리즘과 많은 측면에서 질적으로 다르다. 이미 86포퓰리즘의 핵심이었던 민족·통일·반미 등의 가치는 지우개로 지운 연필 스케치처럼 희미한 자국만 남았다. 그리고 척결해야 할 대상으로서의 '외세, 군부독재, 매판자본'도 현실적 소구력을 잃었다. 그 자리에는 대신 '상대당(한나라당), 검찰, 언론'이 들어갔다. 그리고 반적폐 포퓰리즘에는 86들뿐 아니라, 2002년 대선 당시 청년으로서 한때 노무현을 강력하게 지지했고, 때론 실망하고 비판하기도 했던 1970년대부터 1980년대 초반까지의 출생자 세대도 많이 공감했다.

그러나 86포퓰리즘의 전통이 없었다면 노무현의 죽음을 그렇게 빨리 포퓰리즘적 이분법으로 해석하고, 이에 기반한 정치전략을 수립하기 어려웠을 것이다. 86 정치인들은 반적폐 포퓰리즘의 가장 적극적인 주창자로서, 대중의 깊고 복잡한 감정들을 빠르게 동원해 '깨어 있는 시민'이란 이름으로 정치적 실천과제를 부여하는 데 성공한다. 제도권 정치에 진입하면서 굉장히 모호했던 86포퓰리즘의 전선이 다시금 분명해진 것이다. 의도한 것은 결코 아니겠지만, 이 비극은 대중적 설득력을 거의 상실했던 86들이 새로운 정치적 명분을 갖게 되면서 정치적으로 부활하는 결정적 계기가 된다.

이 시기를 지나며 포퓰리즘의 이분법은 '외세-민중'이 아니라 '적폐-(깨어 있는)시민'으로 전환된다. 이러한 정치문법에 가장 많은 영향력을 끼친 이론가인 유시민의 설명을 들어보자.

> 여러분, 국민은 그냥 주어지는 거죠. 대한민국에 태어나면 여권 국적란에 '대한민국, Republic of Korea'라고 그냥 주어지는 겁니다. 자기가 아무것도 하지 않아도 국민이에요. 시민은 뭔가요? 자기의 권리가 무엇인지 알고 그 권리를 행사하려고 하는 각성된 국민이 시민이죠. 지금 벌어지는 이 모든 사회적 갈등을 보면 그 기저에는 우리가 보통 말하는 국민과 권리의 주체인 시민 사이의 갈등이 있습니다. 국민은 대개 한나라당 편, 시민은 우리 편이라고 볼 수도 있겠죠. 그러니까 깨어 있는 의식을 가진 시민이 많아지도록 하는 일이 노무현 정신을 계승하는 방법 중 첫 번째 단계 또

는 늘 해야 하는 기본적인 일입니다. (중략)

정말 올바름과 이로움이 충돌할 때 이로움을 버리고 올바름을 추구할 정신을 갖고 있는가, 그럴 준비가 돼 있는가, 이걸 한번 돌아보셨으면 합니다.[19]

'깨어 있는 시민'은 권력을 견제하기 위한 시민의식을 갖춰야 한다는 보편적 경구이지만, 유시민은 '시민'의 상대항에 '국민'을 두고 두 항목을 재정의함으로써 포퓰리즘적 이분법 구도를 끌어낸다. 사실 모든 국민이 참정권을 갖는 현대 민주주의에서 국민과 시민은 개념적으로 같은 것이지만, 여기서 '시민'은 어떤 자격을 갖춘 존재, 자격이 있기에 '국민'보다 더 큰 정치적 권리를 주장할 수 있는 당위가 있는 자들이 된다. 86포퓰리즘에서 반복되었던 '각성'의 비유가 다시금 등장한다. '국민'과 '시민'의 관계는 이해관계의 대립이 아니라, 아직 진정한 이해를 깨닫지 못한 '국민'과 그들을 위해 진짜 이익을 대변해줄 수 있는 '시민' 사이의 계몽적 관계가 된다.

그렇다면 우리는 어떻게 '시민'이 될 수 있는가? 구체적 실천이 필요하다. 올바름을 추구해야 한다. 올바름과 이로움이 충돌할 때 올바름을 추구해야 한다. 품성론의 업데이트된 재현이다. 많은 투쟁과 고민 끝에 현대 민주주의는 특정한 조건이나 자격 없이도 모든 국민이 같은 주권을 가진다는 결론에 도달했다. 하지만 반적폐 포퓰리즘에서는 우리가 진정한 주권을 갖기 위해선 굳이 깨어 있기까지 해야 한다. 대한민국에 그냥 태어나서 사는 것만으로도 꽤나 피곤한 일인데 말이다. 이런 민주주의관은 이후 '이로움', 즉 이해관계를 조정하는 민주주의 문제를 제대로 다루지 못하는 한계로 이어진다.

86포퓰리즘의 품성론은 혁명가가 되기 위한 방법이었다. 또 애초에 국민들의 평등한 참정권이 배제된 상황에서 혁명을 선도하기 위해 어떻게 되어야 하는지에 대한 고민이었다. 혁명가가 민중을 닮기 위해 노력해야 하는 거지, 민중이 어떤 행동을 하든 민중에서 탈락하는 일은 일어나지 않는다. 반면 '시민'이 되어야 한다는 요구는 혁명가가 아니라 유권자 일반의 자격에 대한 요구다. 결국 시민이 되지 못한 유권자의 목소리는 무시해도 되거나, 혹은 더 적극적으로는 무시해야만 할 것이 된다. 품성론이 대의제 민주주의와 만나면서 유권자 사이의 차등을 주는 담론이 된다.

또한 86포퓰리즘의 '민중'이 반적폐 포퓰리즘의 '시민'이 되면서, 모호하게나마 존재했던 계층성은 완전히 사라졌다. 닭이 먼저냐 달걀이 먼저냐의 문제일 수도 있겠지만, 1980년대 대학교육을 받고 중산층 이상이 된 86 집단의 경제적 계층 변화와도 무관하진 않을 것이다. 이제 누구라도 특정한 방식으로 행동하는 것만으로 '시민', 즉 우리 편이 될 수 있다. 그런데 이 실천과제는 매우 어려우면서도 쉽다. 최단경로는 그냥 민주당을 지지하는 것이다. 당신이 이로움보다 의로움을 추구하는 시민이라면 민주당을 지지할 것이라는 가정은, 손쉽게 민주당을 지지하면 깨어 있는 시민이라는 역명제로 전환된다.

'적폐 대 시민'의 이분법은 선거구호로서는 '민주 대 반민주'로 표현됐고, 선거전략으로는 '야권단일화'론으로 구체화됐다. 2010년 지방선거에서 민주당과 국민참여당, 민주노동당은 야권단일화에 적극적으로 참여해 나름 의미 있는 성과를 거둔다. 야권단일화에 반대했던 진보신당까지도 야권단일화를 요구하는 여론에 밀려, 선거 직전에 심상정 경기도지사 후보가 사퇴하기까지 한다.

2010년 지방선거에서 반적폐 포퓰리즘과 야권단일화는 상당한 효과를 보았다. 우선 민주당 간판후보들이 대거 친노 인사들로 교체되었다. 그중 안희정 충남도지사, 이광재 강원도지사, 김두관 경남도지사 등이 당선되었고, 서울시장, 부산시장, 경기도지사 등 큰 선거구에서도 상당한 선전을 했다. 이후 2011년 서울시장 보궐선거에서는 시민사회운동의 리더 중 한 명인 무소속 박원순 후보가 야권단일화를 통해 당선되면서 야권단일화가 민주당만을 위한 것은 아니라는 점을 보여주었다. 그리고 2012년 국회의원선거에서는 통합진보당도 의미 있는 의석수를 확보했다. 야권단일화는 그때까진 야권 전체에 윈-윈 전략으로 보였다. 하지만 반적폐 포퓰리즘이 길어질수록 시민사회, 진보정당의 입장에선 민주당과 구별되는 독자성을 확보하기 어려운 구속이 되기도 했다.

반적폐 포퓰리즘은 또 한편으로 시민사회세력이 대거 민주당 등 제도정치권에 참여하게 되는 계기가 된다. 그간 시민사회세력은 정치권의 86들과 인맥도 겹치고, 또 심정적으로야 가까웠지만 정치권력을 견제해야 한다는 이유로 현실정치와 거리를 두려고 노력했다. 열린우리당 창당 과정 등에서 일부 시민사회세력의 참여가 있었으나 정치 참여를 터부시하는 경향이 계속됐다. 하지만 2011년 서울시장 재보궐선거를 통해 민주당과 시민사회는 본격적으로 연대하기 시작했고, 2012년 국회의원선거에서는 시민사회의 리더들이 대거 국회에 진출한다.

노무현 서거를 계기로 시작한 반적폐 포퓰리즘이 86의 성장에 도움이 된 이유는 크게 세 가지다. 우선 지역구에 안착하게 된 것이다. 86들은 열린우리당 돌풍이 있었던 2004년 국회의원선거에서 대거 현역 지역구 의원들을 몰아내고 당선되었다. 하지만 지역구 관리에 아주 공을 들인 몇몇을 제외하고 2008년 선거에서 대부분 떨어지고 만다. 원외 지역위원장이 된 그들은 한 번 더 낙선하면 정치적 생존이 어려운 상황이었지만, 2012년에 대거 복귀할 수 있게 되면서 지금까지도 대부분 지역구 내의 정치적 맹주로 활약할 수 있게 되었다. 그리고 한번 낙선을 겪은 그들은 차별금지법, 국가보안법 등 찬반이 큰 사안에 대해 몸을 사리게 되었고, 지역사업에 더 열을 올리는 등 전반적으로 보수화된다.

두번째로는 시민사회의 리더로 성장한 또래 다수가 국회 등 정치권에 진출하면서 86들의 덩치가 더 커졌다는 것이다. 마지막으로 노무현 정신을 계승하고 적폐를 청산해야 한다는 명분이 생기면서, 그들의 크고 작은 잘못에 대해서도 쉽게 비판할 수 없게 됐다. 소위 '내부 총질'을 해서는 안 된다는 것이다. 그래서 노무현 정권 시기의 과오들에 대해서도 충분히 반성할 기회를 갖지 못했다. 모든 책임을 적폐세력에게 지움으로써 노무현 정부의 실패지점에 대해 자기성찰을 할 기회는 사라지고, 반성은 일정하게 오도되었다. 노무현 서거의 충격에서 비롯한 반적폐 포퓰리즘은 위로는 문재인, 이해찬, 한명숙 등 노무현과 비슷한 연배의 친노 세력부터 아래로는 노무현을 지지했던 1970, 1980년대생까지 공유한 것이지만 정치집단으로서 가장 큰 수혜는 86들이 얻게 된다.

주석

1. 공지영, 《고등어》, 해냄출판사, 2017, 255~256쪽.
2. 우상호, 《촌놈》, 두물머리, 2004, 262쪽.
3. 이인영, 《나의 꿈 나의 노래》, 이룸, 2007, 46~47쪽.
4. 우상호, 같은 책, 5~7쪽.
5. 이인영, 같은 책, 67쪽.
6. 우상호, 같은 책, 269쪽.
7. 이인영, 같은 책, 215쪽.
8. 공지영, 같은 책, 279쪽.
9. 이인영, 같은 책, 189~192쪽.
10. 노무현재단 엮음, 《운명이다: 노무현 자서전》, 돌베개, 2019, 99쪽.
11. 노무현재단 엮음, 같은 책, 87~88쪽.
12. 이길우, 〈[이길우 人사이트] 노무현의 말이 꽂혔다, 나를 역사 발전의 도구로 써라〉 《News1》, 2020. 12. 10.
13. 허만섭, 〈청와대 비서관 37%가 운동권……개혁의 '첨병' 역할〉 《신동아》, 2003년 5월호.
14. MBC라디오 《손석희의 시선집중》 인터뷰, 2004. 6. 8.; 이지윤, 〈임종석의 '해명', "나의 인본주의에는 변함없으나...〉 《프레시안》, 2004. 6. 18.에 인터뷰 전문 재수록.
15. 이인영, 같은 책, 108~111쪽.
16. 이인영, 같은 책 167쪽.
17. 미디어리서치, 2008. 6. 2.
18. 차태서, 〈자유주의와 민주주의의 불화: 한국에서 포퓰리즘적 계기의 출현〉 《정치·정보연구》 제24권 3호, 2021, 150쪽.
19. 유시민, 〈노무현의 진보〉, 이해찬 외, 《10명의 사람이 노무현을 말하다》, 오마이북, 2010, 61~62쪽.

6장

용퇴론

: 86은 왜 민주주의와 어긋나는가

순전한 피해자로서의 문재인

노무현의 죽음은 누구의 탓인가? 해석하기에 따라서 원인은 우리 모두일 수도 있고, 특정한 몇 사람일 수도 있다. 아니면 인간사로 따질 수 없는 영역의 문제일 수도 있다. 물론 일차적인 책임은 검찰의 무리한 수사와 모욕스러운 언론보도이다. 하지만 노무현이 얼마나 무고한 영웅이었는지를 강조할수록 나머지 모든 이들의 죄책감은 자극된다. 무리한 입법을 추진하며 대통령과 갈등을 빚었고, 또 열린우리당을 버렸던 86들도 넓은 책임에서 자유로울 수 없었다.

결국 노무현의 죽음에서 반적폐 포퓰리즘을 도출하기 위해서는 누가 적폐이고 누가 적폐의 상대항으로서의 '우리', 즉 '깨어 있는 시민'인지에 대한 해석투쟁이 필요하다. 그리고 이 투쟁의 판결을 내릴 수 있는 자는, 노무현을 한 번도 배신하지 않은 순전한 피해자여야만 했다. 그렇게 노무현의 평생 친구이자 상주인 동시에, 대중적으로는 널리 알려지지 않았던 전 대통령비서실장 문재인이 정치의 한가운데로 불려나온다.

그리고 86들을 비롯해 책임과 분노에 걸쳐 있는 사람들은 얼마나 격렬히 반성하고 있는지, 비극의 재발을 막기 위해 얼마나 노력하고 있는지를 입증해야 했다. 86들은 앞다투어 반적폐 포퓰리즘의 선봉에 서 있음을 경쟁했고, 비극을 딛고 선 포퓰리즘은 내부에서의 이견과 분화를 병적으로 배제하고 심지어 두려워하기까지 했다.

2012년 국회의원선거는 임기 말인 대통령 이명박에 대한 비판적 평가가 높던 시기인 걸 감안하면 야권이 선전하진 못한 것으로 평가되었지만, 적어도 86에게는 정치세력으로서 복권하는 계기가 되었다. 이후 86들과 친노 세력은 야권 내 다른 정파들과의 당내 세력 경쟁에 나서게 된다. 이때부터 2016년 새정치민주연합 분당 사태까지의 기간은 반적폐 포퓰리즘이 민주당 안팎의 여타 세력과 합종연횡을 반복하며, 민주당계 내에서 피 튀기는 주도권 경쟁이 일어난 시기다. 다른 말로 여당이었던 보수정당의 상대로서 반적폐 포퓰리즘의 패권을 확보하는 데 성공한 시기이기도 하다.

시작은 2012년 12월 대통령선거를 앞둔 당내경선이었다. 문재인 후보는 국회의원이나 당원조직에서 손학규, 정세균 후보 등에 비해 열세라고 평가되었다. 하지만 처음 도입된 모바일 경선 선거인단 모집과 모바일 투표는 반적폐 포퓰리즘에 동의하는 지지자들이 문재인에게 표를 몰아주기 쉽도록 만들었다. 정세균 후보는 실물경제를 강조하는 중도 전략, 손학규 후보는 '저녁이 있는 삶' 등 노동권을 부각하는 전략을 나름대로 내세웠지만 반적폐 포퓰리즘에 대항할 만한 완성도를 갖추지 못했다.

결국 문재인 후보는 모든 지역에서 1등을 하며, 56.52%의 득표로 다른 후보들을 여유롭게 제치고 대통령 후보가 된다. 경선 시작 전의 예상보다 훨씬 높은 득표율이었다. 문재인 대세론이 확고하던 2017년 당내경선에서 얻은 57.0%와 비슷한 정도라고 생각하면 얼마나 높은 득표인지 체감이 될 것이다. 이 시기부터 반적폐 포퓰리즘은 민주당계 정당 내에서 확고한 주류의 위치를 차지하게 된다.

그러나 당내 경쟁과 달리 전체 유권자 차원에서는 확고한 설득력을 갖지 못했다. 경선 승리의 컨벤션 효과로 문재인의 지지율이 상승했지만 새누리당 박근혜 후보와의 격차는 여전히 컸고, 야권에서도 무소속 안철수 후보에게 밀렸다. 야권 후보단일화로 양자 대결을 해도 박근혜 후보에게 진다는 결과만 계속되었다. 10년 전 2002년 대선에서 당내경선을 이긴 노무현 후보에게 자꾸 정몽준 후보와 단일화하라, 심지어 정몽준 후보에게 양보하라 하고 이야기했던 것처럼 문재인도 안철수와 단일화하라, 안철수에게 양보하라는 압박에 시달리게 된다.

불행인지 다행인지 대선 과정에서 정치 신인 안철수에 대한 실망이 늘어나면서 야권 지지층의 문재인 지지가 다소 높아진다. 안철수는 딱히 문재인을 본인과 가까운 후보라고 여기진 않았지만 엄청난 후보단일화 압박에 밀려 후보를 사퇴한다. 뒤이어 진보정의당 심상정 후보와 통합진보당 이정희 후보도 문재인 후보 지지를 선언하며 사퇴했다.

결국 선거는 박근혜 대 문재인, 사실상의 이파전으로 진행됐다. 마침 상대는 박근혜였다. 박근혜는 새누리당의 다른 유력 정치인들에 비해 사회복지 정책 등에서 꽤 중도적인 입장을 보이기도 했지만 독재자의 딸이라는 상징성이 워낙 강했다. 독재자의 딸과, 동지를 잃은 인권변호사의 대결은 마치 지연된 민주화 투쟁이 재개된 것 같았다. 지역주의가 완화된 틈에는 선악의 이분법이 차올랐다. 두 후보의 득표율 합계는 99.58%였다. 선거꾼들은 어떤 선거든 가장 특이한 후보를 찍는 1%의 유권자가 있다는 농담을 하곤 하는데, 그런 불문율이 깨질 만큼 유권자들이 진지하게 이 싸움에 임한 것이다.

하지만 결국 문재인은 3.53% 차이로 석패했고, 박근혜는 민주화 이후 최초로 과반 득표로 대통령에 당선된다. 이 애매한 표차의 패배를 두고 이후 민주당은 문재인을 중심으로 더 강력히 단합했어야 한다는 사람들과, 문재인이 대안이 될 수 없다는 사람들로 나뉘어 정말 지긋지긋한 분열을 겪게 된다. 당내경선과 당 밖 후보들이 잇단 사퇴로 이분법적 구도가 만들어지긴 했으나 야권 내 이견이 해소된 것은 아니었다. 2012년 대선은 반적폐 포퓰리즘의 성긴 끈으로 어설프게 봉합된 민주–반민주 전선이었다.

친문 세력은 당내에서는 박지원, 김한길 등 호남과 수도권 중도파가 섞인 비주류 세력과 싸워야 했고, 당 밖에서는 창당이 예상되던 소위 '안철수 신당'으로 유권자와 국회의원들이 쏠려가지 않을까 걱정해야 했다. 이후 안철수는 신당 창당 대신 민주당과 합당하면서 당내에서 친문 세력과 대립했다. 지난한 과정을 다 복기할 필요는 없지만 정말 졸렬한 다툼이 반복되었다. 결국 2016년 총선을 앞두고 공천을 자신할 수 없게 된 비주류들이 탈당하여 국민의당을 창당하는 것으로 끝나게 된다.

정당 내부에서는 일어나는 권력투쟁은 늘 있는 일이다. 하지만 정당의 목표는 결국 다른 정당과의 경쟁이기 때문에 분열하려는 힘만큼 내부적으로 통합하려는 인력도 늘 따라오기 마련이다. 하지만 2012년 총선 공천 과정부터 시작해 2015년 분당 사태로 끝난 일련의 과정은 유독 격렬했고, 많은 시도에도 불구하고 통합의 방향으로는 도무지 힘이 작용하지 않았다.

이 시기의 당내 갈등은 단순히 공직후보가 되기 위한 경쟁이 아니었기 때문이다. 이 갈등은 포퓰리즘적 이분법 구도에서 '우리'와 '적'을 구별하는 과정이었다. 누가 노무현의 죽음에 책임이 있는 자인지, 누가 복수할 자격이 있는 자인지를 구별해내야 반적폐 포퓰리즘은 온전히 성립할 수 있었다. 노무현과 악연이 있던 비주류 대부분은 물론이거니와, 애초에 이 싸움과 연관이 없는 안철수도 우리 편이 되기 어려웠다. 반면 추미애 등 노무현 탄핵에 찬성했던 일부 정치인들은 과거를 적극적으로 반성하며 '우리'가 되기도 했다. 물론 비주류가 밀려난 것은 반적폐 포퓰리즘과 경쟁할 만큼 딱히 설득력 있는 대안을 제시하지 못하고 어설픈 중도론이나 호남 지역주의에만 호소했기 때문이기는 하다.

이 시기 민주당계 정당인 새정치민주연합은 친노 세력, 구 민주당 세력, 안철수 세력이 모두 뒤엉킨 곳이었다. 팽팽하던 세력 다툼을 깨고 친문 세력이 승리할 수 있었던 것은 온라인을 중심으로 한 조직화된 핵심지지층의 결집 덕이 컸다. 그들은 온라인 커뮤니티와 SNS를 통해 점차 세력화되었고 독자적인 세계관과 소통방식을 갖춰 나갔다. 그들은 수동적인 정치 콘텐츠 소비를 넘어, 밝혀지지 않았던 '진실'을 적극적으로 파헤치고 정치과정에 개입해갔다. 그들은 그걸 의무이자 덕목으로 여겼다.

팟캐스트, 유튜브 등 뉴미디어는 이들이 견고한 성을 쌓을 수 있는 시멘트를 무제한으로 공급했다. 전통적인 언론매체들이 편성의 한계, 사실보도의 책임성, 혹은 정치적 우려 등으로 보도하지 못했던 영역을 자유롭게 이야기할 수 있었다. 대표적인 프로그램인 〈나는 꼼수다〉는 한때 적어도 600만 명 이상이 들어봤다고 추정되기도 했다. 그들은 반적폐 포퓰리즘의 세계관를 강화할 소재를 끊임없이 제공했고, 때로는 검증되지 않았거나 검증할 수 없는 영역까지 넘나들었다. 이 영역에서 경쟁이 치열해지자 점차 음모론에 가까운 자극적인 이야기의 비중도 늘어났다.

이런 반적폐 포퓰리즘에 대한 핵심지지층은 호남 유권자 중심의 전통적인 민주당 핵심지지층과 구별되는 집단으로 성장했다. 그들은 온라인 여론 형성, 집회 참여, 다양한 방식의 직접적 항의 등으로 정치적 의사를 집중적으로 표명했다. 2015년 온라인 입당이 가능하도록 정당법이 개정되고, 12월부터 새정치민주연합에 모바일 당원

가입제도가 시행되면서 집단적인 당원 가입으로 이어졌다.

이때부터 정당의 운영에 당원의 직접적인 의사가 중요하다는 '당원민주주의'의 요구가 점차 커졌다. 정당이나 정치인의 정치적 결정을 정치인이 자율적으로가 아닌 당원의 집단적인 의사에 따라 해야 한다는 입장이 강화되었다. 정치인들의 운신의 폭은 줄어들게 되었고, 일부 정치인들은 더 적극적으로 새로운 당원 집단의 이해를 대변하면서 정당 내 권력을 키워가려고 했다. 정당 내에서도 당원-정치인 사이의 대표관계가 바뀌기 시작했으며, 민주당계 정당의 정당 유형에도 큰 변화가 생겼다. 이제 민주당 정치인에게는 국민의 필요를 대변하는 것과 당원의 의지를 대변하는 것, 두 가지의 의무가 동시에 작용한다. 그리고 당연히 두 의무는 어느 정도는 항상 충돌한다.

고전적 대중정당 모델에서는 당원이 노동자 등 사회적 다수의 이해관계를 대변하고 있다고 전제된다. 그 안에서의 이견도 노동자의 이익이라는 큰 틀에서 조율되고, 다른 정치세력과의 타협도 노동자의 장기적 이익이라는 측면에서 받아들여질 수 있다. 고전적 대중정당에서 당원민주주의는 결정권을 위임받은 정치인들이 계급적 이해를 벗어나 결정하지 않도록 하는 견제장치였다. 이런 모델에서 해당 정당이 집권하지 못하면 당원들의 이익이 줄어들기 때문에, 당원들은 정당의 집권을 위해 정치적 타협을 결정할 수 있다.

그런데 이 시기 새정치민주연합에서 시작된 당원민주주의는 계급적·집단적 이해관계가 아니라 특정한 정치적 신념으로 뭉친 것이었다. 물론 그들의 일차적 목적은 소속 정당의 집권일 것이다. 그러나 집권을 위해 자신의 신념에서 벗어난 정책이나 전략을 취해도 될까? 신념은 이해관계보다 훨씬 유연해지기 어렵다. 그들의 최종적 목적은 신념대로 사는 것이지 정당의 집권 자체는 아니기 때문이다. 이들은 어떤 의미로는 기독교 민주주의를 주창한 유럽의 정당들이나, 불교에 기반한 일본의 공명당 등 종교계 정당보다도 유연하지 못하다. 종교계 정당이 추상적인 종교적 가르침을 현실적으로 해석하는 정당이라면, 이들은 굉장히 구체적인 정치적 신념을 기반으로 하기 때문에 해석의 여지가 굉장히 좁다.

당원들은 유권자 전체와 비교하면 유독 정치적 세계관이 뚜렷하고, 그 세계관의 성취를 인생의 중요한 목적으로 여기는 집단이다. 유권자 중 굉장히 특수한 집단인 당원들이 유권자 전체에 소구하는 결정을 하지 못할 여지는 늘 있다. 정당의 핵심적인 지지층을 동원하면서도 어떻게 다수 유권자의 이해를 반영할 것이냐는 늘 어렵고 긴장된 문제이지만, 당원민주주의만 강조하는 입장에서는 그 어려움이 간과된다. 여기에서도 '깨어 있는 시민'은 국민의 진정한 이익을 체현으로서 대변할 수 있다는 논리만 반복될 뿐이다.

그런데 박근혜 탄핵 정국으로 민주당은 이러한 난관을 해결하지 않고도 바로 집권할 수 있게 되었다. 2016년 촛불시위는 대다수의 유권자가 박근혜 정권에 위임한 주권을 철회하고 싶었지만, 위임의 철회가 제도적으로 굉장히 어려웠기 때문에 발생했다. 우리나라에서 대통령 탄핵은 공무 집행에 있어 헌법이나 법률에 대한 명백한 위반이 있을 경우, 국회의원 3분의 2의 찬성으로 소추가 의결되며, 또

헌법재판소에서 재판관 3분의 2 이상의 찬성이 있어야 가능하다. 만약 탄핵의 허들이 이렇게 높지 않고, 정치적 불신임만으로 탄핵에 이를 수 있었다거나 국민발의로 탄핵안을 소추할 수 있었다면 2016년 촛불시위는 그렇게 커질 필요가 없었을 것이다.

86들은 대규모 집회가 벌어지는 것 자체에 대해 긍정적으로 평가하고 심지어 흥분하는 경향이 있다. 물론 정치가 유권자의 의사를 반영하지 못하고 자의적으로 행사될 때, 집회시위를 통해 그걸 바로잡을 수 있는 국민이 있다는 건 대단히 훌륭한 일이다. 하지만 대규모의 집회시위가 벌어지는 건 대의제 민주주의가 제대로 작동하지 않았다는 뜻이다. 집회가 클수록 그 위기는 더 큰 것이다. 그러나 86들은 길거리에 나온 국민들이 드디어 진짜 진실을 깨닫고 혁명적 주체가 되었다고 함부로 규정하려는 조급함을 감추지 못한다.

대의제 민주주의의 위기는 권력을 과점하고 있는 소수의 집권세력 외에는 모든 유권자의 권리를 침해한다. 그래서 대다수의 국민들이 같은 전선에 서게 되는 포퓰리즘적 상황이 생겨난다. 하지만 이 국면이 길어지지 않고 기존의 제도를 통해 문제가 해소된다면, 포퓰리즘적 상황도 해소된다. 박근혜 탄핵은 여러 난관이 있었지만 국회와 헌법재판소라는 제도를 통해 문제가 무사히 처리되었다. 우리 헌법과 민주주의가 아주 원활하지는 않지만 위기를 해결할 수 있는 역량은 있다는 것을 보여준 사건이다.

박근혜가 무사히 탄핵이 되고 정상적인 선거를 통해 문재인이 당선된 것은 한국 정치가 어쨌든 정상적으로 작동한다는 뜻이다. 그렇기에 근원적이고 대대적인 적폐청산이 필요하다는 주장과는 다소 모순된다고 볼 수 있다. 물론 과도하게 권한이 집중된 대통령제, 폐쇄적인 대통령실 운영, 지나치게 허들이 높은 탄핵절차, 세월호 구조 실패 등 중대한 행정 실패에 대한 책임, 공직자의 제3자 뇌물죄 명확화 등 사태 재발 방지를 위해 해결해야 할 과제는 산더미 같았다.

하지만 반적폐 포퓰리즘 세력은 이 문제를 박근혜 정권의 무능과 부패 및 그것이 가능했던 제도적 한계들을 넘어 보수세력의 존재 자체에 대한 부정으로 이끌어가고 싶어했다. 또 박근혜 정권의 행보 중 무엇을 이어받고 무엇을 바꿔야 하는지를 정확히 따지기보다는 모든 것을 쉽게 부정했다. 무엇보다 노무현 서거와 박근혜 탄핵이라는 두 비극을 구별하지 않고 노무현 트라우마에 기반해 박근혜 탄핵 정국을 이해하고자 했다. 그래서 박근혜 국정농단 사태의 일차적 원인이라고 하기는 어려운 언론과 검찰이 개혁 1순위 대상이 되었다.

여기서 '촛불정신'이 등장한다. 2016년부터 지금까지 민주당에서 가장 많이 쓰인 정치적 표현 중 하나일 것이다. 고백하자면 나는 이 기간 내내 정치권 안팎에서 열심히 일하고 정치문건도 숱하게 썼지만 사실 촛불정신이 아직도 뭔지 잘 모르겠다. 내가 무능한 탓도 있겠지만, 나는 대충 그럴싸한 말로 글을 시작하거나 마무리해야 하는데 마땅한 아이디어가 없을 때 자주 썼던 것 같다. 회사에서 문서 작업하는 직장인이라면 누구에게나 비전, 장기적 전망, ESG 등등 그런 마법의 단어가 몇 개쯤은 있지 않은가.

요새 대중적인 정치 강연으로 유명한 독문학자 김누리는 촛불정신을 "이 나라를 비정상적인 기형 국가로 만든 친일-독재 기득권세력, 즉 수구세력을 청산하라는 역사의 명령이요, 새로운 사회를 위한 근본적 개혁을 감행하라는 시대의 요구"라고 정의한다.[1] 그런데 역사는 아무것도 명령하지 않고, 시대는 아무것도 요구하지 않는다. 언제나 정치인에게 명령하고 요구하는 것은 유권자다. 촛불집회 참여자들, 혹은 집회에 참여하지 않았더라도 박근혜 탄핵을 원했던 유권자들이 정말로 '촛불정신'을 요구했을까?

탄핵에 동의한 유권자들이 최종적으로 바라는 바는 각기 다를 것이다. 수구세력을 청산하는 근본적 개혁이 필요하다는 이도 적지 않았고, 또 국정농단 사태를 겪으며 그 수도 늘어났을 것이다. 하지만 탄핵의 높은 허들을 넘을 정도로 모인 압도적인 여론이 다 여기에 공감한다고 볼 수는 없다. 이는 박근혜 국정농단의 원인을 무엇으로 보느냐와도 연관된다. 일제강점기 친일세력까지 거슬러 올라가는 기득권세력의 기본성격에 대한 문제로 볼 수도 있지만, 박근혜 개인의 무능, 부패, 비행의 문제로 볼 수도 있다. 단순히 전자로만 생각한다면, 왜 이명박은, 그리고 지금 윤석열은 같은 상황에 내몰리지 않는지를 설명하기 어렵다.

'촛불정신'은 집회에 참여한 유권자의 실제 요구라기보다는 역사나 시대, 또는 단일한 주체로 가정된 '국민' 등의 대체된 주체가 요구한다고 상상된 민심이다. 여기서도 해석할 자격을 가진 사람은 '진선미의 화신'인 86들 자신이다. 그리고 계몽되어 진짜 국가와 민중을 위한 이익을 추구할 수 있는 '깨어 있는 시민'이다. 촛불정신은 유권자를 설득할 필요가 있는 상황에서도 자꾸 설득을 대체했다. 유권자들이 당장은 동의할 수 없는 문제라도 촛불정신으로 볼 때 궁극적인 '진짜 이익'은 따로 있다는 것이다. 촛불정신이 이현령비현령으로 고생하는 동안, 촛불집회의 의미는 점점 퇴색되었다.

집권세력과 반적폐 포퓰리즘이라는 모순적 역할

2017년 5월 9일, 문재인은 19대 대통령에 당선된다. 득표는 13,423,800표, 비율로 41.08%였다. 이는 낙선한 2012년 대통령선거에서 얻은 14,692,632표, 48.02%보다 적은 것이었다. 물론 여러 후보가 난립했고, 보수진영 외에도 진보후보인 정의당 심상정 후보가 6.17%를 득표했다. 하지만 이를 고려해도, 탄핵 사태 이후에도 유권자 분포가 엄청 달라지진 않은 것이다. 보수진영이 사실상 완파된 탓에 큰 차이로 낙승할 수 있었지만, 그럼에도 불구하고 민주당은 과반의 득표를 얻는 데는 실패했다.

통상 과반 득표를 하지 못하고 집권하면 권력기반이 불안하다고 평가하지만, 2017년 대선에서 문재인에 대해선 그렇게 평가되지 않았다. 이런 착시는 탄핵의 여파로 보수세력의 사분오열되면서 문재인 후보와 2등 홍준표 후보와의 격차가 워낙 컸기 때문이다. 또 촛불집회로 대통령을 탄핵시키고 민주정부를 수립했다는 흥분감 탓에 대선 결과에 숨어 있던 불안한 요소들은 애써 보려 하지 않았다. 하지만 정치적 쟁점이 박근혜 청산에서 문재인 정권의 성과로 자연스레 옮겨갈수록 문재인 정권의 불안정한 기반은 점점 문제가 된다.

대통령선거는 누군가를 뽑는 과정이기도 하지만, 가장 큰 단위로 국가 차원의 사회적 합의를 이루는 과정이기도 하다. 그리고 각 정당과 후보들이 제출한 국정운영의 비전들이 서로 경쟁하며, 유권자들이 원하는 방향으로 조정되는 과정이기도 하다. 보수세력의 붕괴로 대통령선거에 있어야 할 제대로 된 경쟁이 부재했고, 더불어민주당과 문재인의 국정 비전이 유권자들에 의해 제대로 다듬어지는 과정이 생략되었다. 많은 유권자들이 박근혜와는 다른 방향으로 대한민국을 이끌어주리라 기대했지만, 그것은 막연한 바람이었을 뿐 구체적인 정책 내용에 대한 동의라고 보긴 어려웠다.

특히 전임 민주당 정권인 노무현 정부에 대한 부정적 평가에 대해 보완하거나 다시 설득할 기회를 갖지 못했다. 2012년 대통령선거나 2016년 총선에서도 유권자들은 민주당의 정책노선에 대한 신뢰를 보이지 않았다. 문재인 스스로가 노무현의 비서실장이었고 문재인 정권의 주요 직책 중 다수가 노무현 정부 출신이었다. 그렇기에 노무현 정부에서 무엇을 계승할지에 대한 국민적 평가는 반드시 필요했다. 그러나 민주당 내에선 노무현의 비극적 죽음 때문에 노무현의 정책적 영역까지도 성역화돼 논쟁이 어려웠고, 민주당 외부에서는 논쟁과 변화를 강제할 강력한 경쟁상대가 없었다.

정책적 논쟁이 뿌옇던 대신, 문재인 정부에서는 '사람' '국민' 등

포괄적인 주어가 자주 강조되었다. 문재인 정부뿐 아니라 정책적 지향이 불분명한 민주당 계열에서 지난 20여 년간 반복된 경향이었다. 물론 대통령으로서 자신을 지지하지 않은 국민들까지 포괄하여 통치를 해야 하는 건 당연하고, 또 중요한 일이다. 하지만 반적폐 포퓰리즘에서는 '국민' '상식' '사람' 같은 단어가 단순히 정치적 수사에 그치지 않으며, 스스로 추진하는 바가 결국에는 국가 전체를 위해 필요한 일이라고 진심으로 믿는다. 그 진심이 진짜 문제다.

이렇게 국가 전체를 하나로 포괄하는 주어를 사용하면 정책적 효과가 어떤 집단에 이익을 주고 어떤 집단에 불이익을 주는지가 흐려진다. 반대로 말하자면, 민주당 정권이 어떻게 지지하는 집단들을 묶어내 안정적인 다수세력을 만들지에 대한 전략이 불분명하다는 뜻이기도 한다. 가령 최저임금의 빠른 인상은 누구에게 이익을 주고, 누구에게 손해를 주는가? 저소득층 노동자에게 이익을 줄 것이고, 돌고 돌아 소상공인에게도 이익을 줄 것이고, 더 돌고 돌고 돌아서 대기업도 좋고 심지어 무직자들도 좋고 결국 대한민국이 다 좋다는 설명으로는 갈등을 해결하는 데 별 효과가 없다는 걸 뼈아프게 확인해야만 했다.

왜 86들은 국가 전체를 포괄하는 주어를 포기할 수 없을까? 정치를 여전히 근대화 과정의 일부로 보고 있기 때문이다. 결손된 조국에 대한 콤플렉스에서 정치를 시작한 그들은 여전히 우리가 닿지 못한 선진국으로 가기 위한 정치가 되어야 한다고 여긴다. 지금 이 순간의 정치는 진정한 민주주의가 아니라고 생각하기 때문에, 때로는 민주주의의 원칙이 훼손되는 것도 감수해야만 하는 일이 된다. 그들은 민주주의 정치를 전쟁에 비유하는 것을 좋아하는데, 전쟁에선 헌법과 윤리의 침해가 이뤄질 수밖에 없다고 정당화되는 것까지도 현재 정치의 숙명으로 받아들인다.

경제적으로 선진국이 되고, 정치적으로 민주주의가 운용될 제도가 갖춰져도 세상은 지옥 같을 수 있다. 사회적 갈등이 정치적으로 제대로 해결되지 못하고, 사회적 자원이 제대로 배분되지 못한다면 더욱 그럴 것이다. 86들은 여전히 이상한 사람이 대통령이 되고, 통일이 안 돼 있고, 여전히 다른 나라의 눈치를 봐야 하고, 가난한 사람은 가난한 것을 보며 자신들이 목숨을 걸어온 근대적 민주국가가 완성되지 않았다고 여겼다.

그러나 그중 어떤 건 근대화가 덜된 탓일 수도 있겠지만, 많은 부분은 그냥 평범한 세상사의 조건이다. 지옥의 문턱 같은 세상에서, 우리가 민주화를 통해 얻어낸 건 어쩌면 지옥으로 미끄러져 떨어지지 않기 위한 잠정적 방법들일 뿐이다. 민주주의는 그 자체로 행복을 약속하지 않는다. 특히 지난 시절 우리가 선진국이라고 부러워하던 많은 나라들도 신자유주의의 광풍이 지나간 후 민주주의가 정치적 해법을 제대로 제시하지 못하는 문제들에 봉착해 있다. 어쩌면 더 많은 민주화가 필요한 것이 아니라, 그냥 우리가 민주주의에 맞는 정치를 제대로 못 하고 있음을 인정할 때가 된 것일지도 모른다.

반적폐 포퓰리즘이 사용하는 '사람' '국민' '(깨어 있는)시민'은 계급적 성격이 탈색된 '민중' 개념에 가깝다. 앞서 강조했듯이 포퓰리즘에서 민중은 권력을 과점하고 있는 소수의 기득권 엘리트를 제외한 사람들이다. 그렇기에 '적'을 어떻게 설정하는지에 따라 '국민' 개념도 정치적으로 구성된다. 처음에야 극소수의 박근혜 잔당이나 정치검찰, 극우언론 등만 배제하면 나머지 국민들에게 모두 동의를 받고, 그들을 모두 포괄할 수 있다고 믿었을 것이다. 그렇게만 된다면야 입버릇처럼 이야기하는 '백년 정당' '20년 집권'도 꿈만은 아닐 것이다.

하지만 문재인 정권이 문제에 봉착하고 위기를 겪을 때마다 '국민'의 범주는 점차 좁아지는 쪽으로 재구성되었다. 어떤 이유로든 정권 편에 서지 않는 사람들은 점차 진정한 국민이 아닌 쪽으로 배제되었다. 특히 좁아지기만 하는 것이 문제가 아니라 국민이 되는 기준 자체가 점차 모순적이 되어가면서 이에 동의하기 어려운 사람들이 늘어났다. 이런 난점은 조국 사태에서 가장 두드러진 문제가 됐다.

조국 사태는 일치된 정의를 만들 수 없을 정도로 유권자의 여론이 분열된 사건이다. 어떻게 정의해도 비판을 받겠지만 그래도 일단 정리를 해보자. 조국의 장관 임명을 전후해, 조국 부부가 자녀 입시 특혜 및 비리, 사모펀드 투자를 위장한 금융범죄 등 전형적인 엘리트 화이트컬러 범죄에 연루되었다는 의혹이 제기되었다. 그런데 그 의혹이 제기되고 수사가 이루어지는 과정에서, 언론과 야당이 인격모독 수준의 과도한 취재 및 의혹 제기를 했고 검찰도 조직을 보위하려는 의도로 통상보다 훨씬 심한 먼지 떨이 식 수사를 했다는 것이다.

이제 와서야 누군들 그렇게 이야기 못 하겠냐 하겠지만, 사실 이 싸움은 처음부터 정권에 불리한 구도였다. 언론, 야당, 검찰의 과도

한 싸움방식은 전혀 새삼스럽지 않은 상수였다. 이 싸움에서 변수인 조국 일가에 대한 의혹은 짙어졌다. 그렇기에 정말로 이 싸움을 이기기 위해선 변수, 그러니까 조국 일가의 무고함에 대한 일고의 의심도 없어야 했다. 혹시라도 범죄 혐의가 진짜일 수도 있다는 생각이 들었을 때 확전을 중단하고 퇴각했어야 한다. 하지만 그러지 못했다. 사태의 시작부터 평범한 고등학생이라곤 볼 수 없는 자녀들의 대입 스펙이라든가, 뜬금없이 재산의 몇 배를 약정한 사모펀드라든가 하는 의심스러운 정황들이 있었지만 말이다.

객관적인 검증을 대신한 건 동지에 대한 무작정한 믿음, 검찰개혁에 대한 조급함 등이었다. 무엇보다 '진선미의 화신'인 나에게서 확장된 '우리'는 잘못을 저지를 수 없다는 무의식적인 전제가 있었다. 그리고 우리는 도전자일 뿐, 진정한 권력은 적들이 가진 것이기 때문에 우리 편도 권력형 범죄를 저지를 수 있다는, 혹은 우리 편의 잘못은 사소한 잘못에 불과할 것이란 제한된 상상력이 있었다. 단일한 존재로 가정된 '국민'은 결코 잘못할 수가 없다. 그렇기에 그러한 국민을 체현하는 나도, 우리도 잘못이란 걸 할 수 없다는 논리적 귀결에 다다른다.

반적폐 포퓰리즘에서 '시민'은 보수정당, 검찰, 언론 등 적폐가 청산되어야 한다는 믿음에 따라 구성된 것이었다. 이러한 믿음의 논리는 조국 사태를 겪으면서 믿는 자만이 정당한 자격을 가진 '국민'이라는 논리로 더 변질된다. 조국의 무고함을 믿기 어려운 사람들이 늘어날수록 '국민'의 범위는 더욱 축소된다. 장관 임명 강행에 대한 찬반이 극렬히 나뉘어 각자 집회가 이어지던 2019년 9월 30일, 법무부 장관 조국은 제2기 법무·검찰개혁위원회 발족식 인사말에서 이렇게 이야기한다. 각종 여론조사에서 장관 임명에 대한 찬반 여론이 팽팽하거나, 부적절하다 여론이 다소 높던 상황이었다.

> 국민들의 검찰개혁에 대한 열망은 헌정 역사상 가장 뜨겁습니다. 지난 토요일 수많은 국민이 검찰개혁을 요구하며 광장에 모여 촛불을 들었습니다. (중략) 국민들은 검찰개혁을 요구하면서 이 나라의 주인이 누구인지 다시 묻고 있으며 선출되지 않은 권력에 대한 견제를 요구하고 계십니다. 법무검찰개혁은 주권자인 국민의 준엄한 명령입니다. 우리는 명령을 받들어 역사적 책무를 다해야 합니다. (중략)
> 저는 최근 책임, 소명, 소임. 이런 말들이 얼마나 두렵고 무서운 말인지 깨닫고 있습니다. 개인적으로 견디기 어려운 악조건 속에서 매일매일 이를 악물고 출근하고 있다고 말씀드린 바 있습니다. 언제 어디까지일지는 모르지만 갈 수 있는 데까지 최선을 다해 나아갈 것입니다. 저 조국 개인을 위해서가 아니라 저를 딛고 검찰개혁이 완수될 수 있도록 용기와 지혜를 모아주십시오.[2]

여기서 '국민'은 검찰개혁을 열망하는 사람과 동치된다. 국민은 지금 주민등록이 되어 있는 유권자 전체를 뜻하는 게 아니라 역사 속에서 명령하는 사람이다. 이들은 어디에 존재하는지는 증명할 수는 없지만 어쨌든 적폐세력에 오염되지 않은 진짜 국민, 스스로와 다른 국민들을 위해 '진짜로 좋은 것'을 판단할 수 있는 진짜 국민이다. 그리고 국민의 명령을 소명으로 받들어 체현하고 있기 때문에 조국은 조국 개인이 아니라, 검찰개혁이 될 수 있고, 국민도 될 수 있다.

2022년 4월 25일, 더불어민주당 공동비대위원장 박지현은 민주당 비대위원회 회의 모두발언에서 조국 사태에 대해 조국과 부인 정경심, 그리고 당 차원의 사과가 필요하다고 주장한다. 박지현은 이를 두고 "바로 '조국의 강'을 건너는 일"이라고 표현한다. 박지현은 이 발언 이후 엄청난 공격을 받았고, 결국 이후 박지현은 민주당이 '조국의 강'을 건너지 못했다고 평가한다.[3]

그런데 '조국의 강'을 건너는 것은 정확히 무엇일까? 비유가 아니라 구체적 실천과제로 이야기해보자. 박지현의 발언 직후 조국은 사과 의사를 재차 밝힌다. 본인의 페이스북을 통해 "여러 번 대국민 사과를 하였습니다. (중략) 대법원 판결의 사실 및 법리 판단에 심각한 이견을 갖고 있지만, 고통스러운 마음으로 판결을 존중하고 수용합니다"라고 말했다.[4] 보기에 따라서 흔쾌하지 않다고 평가할 수는 있겠지만 사과의 뜻은 명확하다. 그리고 사실 이미 2021년 6월에 더불어민주당 당대표 송영길이 "국민과 청년들의 상처받은 마음을 헤아리지 못한 점을 다시 한번 사과드린다"라고 밝힌 바 있기 때문에 민주당의 공식적 입장도 분명했다.[5] 당사자와 당대표의 사과에도 불구하고 박지현과 많은 이들은 왜 민주당이 '조국의 강'을 건너지 못했다고 느끼고, 대체 그 강은 어떻게 해야 건널 수 있는 것일까?

정치인이나 정권도 실수나 오판을 할 수 있고 이를 무르고 사과할 수도 있다. 그리고 비판과 평가를 받을 수도 있다. 그러나 주권자인 국민은 그럴 수가 없다. 민주당은 조국 문제를 '국민 됨'의 문제와 유착시켜버렸다. 조국의 실패는 민주당 정권의 실패가 아니라 국민의 실패가 되어버리며, 반적폐 포퓰리즘 자체의 실패가 되어버린다. 한 개인을 개인으로서 옹호하는 데 끝나지 않고 역사와 국민의 이름을 함부로 빌려 옹호하는 것은 매우 위험한 전략이었음이 드러나고 있다. 조국 개인이 백날 사과를 한들 '깨어 있는 시민'의 입장에서는 패배의 기억으로만 남고, 복수와 복권의 논리만 강해진다. 조국이 사과를 하면 할수록 조국을 둘러싼 골이 오히려 깊어지는 악순환이 생긴다.

조국 사태와 함께 문재인 정권의 가장 큰 패착으로 꼽히는 부동산 가격 급등 사태에서도 '좁아지고 왜곡되는 국민 됨의 기준' 문제가 벌어졌다. 물론 가장 큰 잘못은 부동산, 특히 아파트값을 잡지 못한 것 자체겠지만 이런 급등을 어떻게 해석할 것인가도 중요했다. 민주당 정권은 집값 폭등은 부동산 투기세력 때문이라고 꾸준히 주장했다. 2017년 6월 23일, 문재인 정권의 첫 국토교통부장관이자 가장 오래 재임한 김현미의 취임사를 보자.

> 그런데 아직도 이번 과열양상의 원인을 공급부족에서 찾는 분들이 계신 것 같습니다. (중략)
>
> 그러나 실제 속내를 들여다보면 현실은 다릅니다. 그렇다면 어떤

사람들이 증가세를 보였을까요? 바로 집을 세 채 이상 가진 사람들이었습니다. 그리고 그중에서도 가장 두드러진 사람들은 5주택 이상 보유자였습니다.(중략)
강남4구에서 지난해와 비교해 주택거래량이 가장 두드러지게 증가한 세대가 있습니다. 놀랍게도 바로 29세 이하입니다. (중략)
경제활동이 활발하지 않은 세대가 개발여건이 양호하고 투자수요가 많은 지역에서만 유독 높은 거래량을 보였다는 것은, 편법거래를 충분히 의심할 만한 정황입니다. (중략)
국토는 국민의 집입니다. 그리고 아파트는 '돈'이 아니라 '집'입니다. '돈'을 위해 서민들과 실수요자들이 '집'을 갖지 못하도록 주택시장을 어지럽히는 일이, 더 이상 생겨서는 안 됩니다. (중략)
부동산 정책은, 투기를 조장하는 사람들이 아니라 정부가 결정해야 한다는 점을 반드시 기억해주시기 바랍니다.

부동산가격 급등의 원인을 따지는 건 이 글의 범위를 벗어난다. 부동산가격 급등이 실수요가 아니라 시세차익이나 임대수입을 노린 투자적 수요 때문이라는 분석은 적절했다고 치자. 그렇다면 다주택 구입을 어렵게 하고 무주택자의 주택 구입에 지원을 하는 정책 방향은 옳다.

문제는 '국민 대 투기세력'이라는 이분법이다. 김현미는 집값 과열은 집을 이미 다섯 채 이상 가지고 있고, 또 편법까지 동원하며 자녀들에게 집을 물려주려는 일부 사람들 때문이라고 주장한다. 이러한 투기세력의 상대항으로서의 '국민'은 소박하게 안정적으로 내 집 하나만 갖고 싶은 선량한 사람들로 전제된다. 하지만 '투기세력' '투기를 조장하는 사람들'은 정확히 누구일까? 기왕에 큰돈 들이는 일인데 재산이 늘어났으면 하는 당연한 마음과 적극적인 투자, 투기는 어떻게 다른 것일까? 불법이면 투기이고, 합법이면 투자일까? 돈이 많은 사람들이 하는 건 다 투기일까?

투자가 덕목이자 삶에 대한 책임으로 여겨지는 시대에 정당한 투자와 악랄한 투기를 구분하는 것은 사실 무의미하다. 돈이 없어서 부동산 투자를 못하는 사람들이 스스로 선하다고 생각할까? 민주당 당정은 무엇이 부동산 투기인지 정확히 정의하지 못했다. 부동산가격 폭등이 심해질수록 투기의 범위는 점차 늘어나기만 했다.

하지만 문재인 정부는 다주택 투자를 어렵게 하는 경제적 인센티브 구조를 만드는 데 그치지 않고, 무주택자–1주택자–다주택자 사이의 도덕적 평가구조를 만들고자 했다. 부동산 투자가 사회적 공익을 어떻게 해치는지를 설득하고 이를 지지하는 다수의 유권자 집단을 모아내는 대신, 부동산 투자를 이분법적으로 나누고 다주택자들을 도덕적으로 비난하는 쉬운 방법을 선택했다. 하지만 이런 도덕적 이분법에 대중은 동의하지 않았다. 오히려 부동산이 없지만 다주택자가 되고 싶은 사람들도 자신의 욕망이 비난받는 기분을 느끼게 했다.

부동산 구입을 도덕적 평가와 연관짓자 필연적으로 민주당 정치인들의 부동산 소유도 도덕적인 문제가 됐다. '내로남불' 논란이 일었던 것이다. 정부에서부터 고위공직자와 대통령실 참모의 1주택 초과 주택 처분을 압박하자, 민주당 정치인들도 압박을 받게 됐다. 2019년 12월 19일, 당시 원내대표였던 이인영은 집을 한 채만 갖기를 국민운동으로 해야 한다고 주장한다.

> 백가지 제도보다 고위 공직자의 솔선수범이 백배 천배 위력적이다. 청와대에서 시작된 "집을 재산증식 수단으로 삼지 않겠다"는 선언이 정부를 넘어 우리 사회 전반으로 확산되기를 기대한다. '노노 아베' 운동처럼 '노노 2주택' 국민운동이 시작되어야 한다. 국회도 예외일 수 없다. 국민의 대표인 정치인부터 '집을 재산증식 수단으로 삼지 않겠다'는 대국민약속과 실천이 필요하다. 다가오는 총선이 중요한 계기가 될 수 있다. 우리당 먼저 솔선수범해야 한다. 우리당 최고위원회에 총선에 출마하는 모든 민주당 후보자들이 '집을 재산증식 수단으로 삼지 않겠다'고 약속하고 거주목적 외의 주택을 처분할 것을 서약할 수 있도록 해줄 것도 요청한다.[6]

돈을 벌지 않겠다고 마음먹는 게 어떻게 국민운동이 될 수 있는지는 일단 접어두자. 여기서 '2주택'을 거부하는 것은 일본의 역사 왜곡을 거부하는 "'노노 아베' 운동"과 같이 '국민 됨'의 문제와 연관된다. 정부·여당의 고위 공직자와 정치인들은 국민으로서의 모범이 되는, 혹은 되어야 하는 사람들이 된다. 이는 86식 품성론의 확장이다.

품성론은 민중과 운동가가 서로에게 모범이 되는 구조다. 여기서 민중은 역사의 주체로서 순결하고 욕심이 없고 민족과 국가를 위해 희생하는 존재로 전제된다. 운동가는 이런 가상의 민중의 모습을 닮아야 하고, 민중은 또 이런 운동가의 모범을 따라야 한다. '노노 2주택 국민운동'에서 국민은 소박한 자가마련을 넘는 꿈은 없고, 도를 넘는 재산증식보단 사회 전체의 주거안정을 바라는 존재라고 가정된다. 그리고 이러한 뜻을 담아 정부·여당이 모범을 보이면 다른 국민들도 이를 좇아 문제가 해결될 것이라고 본다.

그러나 1가구 1주택 강요는 현재의 민주당 정치인들이 '모범적인 민중'이 아니고 그렇게 될 수도 없다는 사실만 드러냈다. 다수 국회의원들의 다주택 소유 사실이 새삼 주목받게 되었고, 그들은 빠른 시일 내에 팔겠다고 서약을 했으나 아직까지 지켜지지 않은 경우도 많다. 일부는 자녀에게 증여하거나, 주택이 아닌 시설로 용도변경을 하는 방식으로 억지로 1가구 1주택이 되었다. 한편으로는 부모 등 다른 가족이 사는 실거주 주택까지 팔아야 한다는 비상식적인 요구도 받게 되었다.

그런데 설사 집을 한 채만 갖고 있다고 한들, 아니 그나마도 팔고 신라호텔에 살거나 풍찬노숙을 한들 현재 대한민국에서 국회의원이 평범한 서민일 수가 있는가? 집을 팔고 그 돈으로 주식을 사면 모범적인 민중이 될 수 있나? '노노 2주택'이 지나간 후 정치적으로 가장 큰 타격을 받은 사람은 역설적이게도 대통령 참모들에게 다주택을 정리하라고 지시했던 대통령 비서실장 노영민이었다. 본인의 지역구인 청주의 집을 팔고 투자가치가 높은 서울 강남의 집을 보유하기로 했기 때문이다. 결국 형식적으로 1주택 소유라는 프로크루스테스의 침대에 억지로 끼워맞추었지만 '서민들의 어려움을 모르는 정치'라는 문제에는 가닿지 못한 것이다.

이렇다보니 민주당이 대변하고자 하는 '서민'의 범주가 왜곡되는 문제까지 발생한다. 가령 우상호는 스스로 '찐서민'이라고 주장한다. 2021년 2월 1일, 서울시장 보궐선거 후보 선출을 위한 당내경선 토론회에서 우상호는 "나경원, 안철수, 오세훈 후보 모두 부자를 대변하는 보수 후보입니다. 민주당 후보가 이들과 차별화하려면 친서민 정책으로 차별화해야 합니다. 저 우상호는 4억(보증금)에 50(월세), 반전세 사는 '찐서민'입니다"라고 이야기했다.[7] 보증금 4억쯤 있는 사람을 서민이라고 할 수 있는지도 의문이지만 4선 국회의원으로 10년 이상 억대 연봉을 받으신 분이 스스로를 '찐서민'이라고 하시면, 최저임금 받으며 사는 서민들은 졸지에 가짜 서민이 되어버린다.

비슷한 맥락으로 송영길도 여러 차례 본인이 전세로 살고 있다고 강조했다. 가령 2022년 서울시장 후보로서 인터뷰하며 "지금도 전세 아파트에 살고 있고, 땅을 소유해본 적도 없고, 위장전입을 해본 적도 없다"며 '내로남불'에서 자유로운 후보라고 자신했다.[8] 하지만 다수의 국민들은 5선 국회의원을 하고 인천광역시장까지 한 사람이 집을 구입하지 않고 전세 사는 걸 청렴하고 서민적이라고 생각했을까? 수십 억을 기부한 명확한 용처가 있지 않는 이상, 오히려 경제관념이 이상하고 의뭉스럽다고 여겼을 가능성이 크다.

민주당 정치인들이 계층적으로 중산층 이상이 되어 서민을 대변하지 못한다는 말을 하려는 것이 아니다. 다양한 계층과 집단의 정치인들이 제도정치에 진입할 수 있도록 계속 노력해야 하는 것과 별개로, 사회적 엘리트들이 직업 정치인이 되거나 직업 정치인이 중산층 이상의 경제적 위치를 갖게 되는 건 우리나라에서만 벌어지는 현상은 아니다. 개인으로서의 사회경제적 지위와 그가 대변하는 사회경제적 집단이 반드시 같은 것은 아니다. 정치인이 자신이 속한 집단만 대변할 수 있다면 대의제 민주주의는 성립하기 어렵다. 모든 개인은 다양한 기준으로 쪼개다보면 결국 모래알처럼 개별적이기 때문이다. 정치인은 스스로를 대변하는 사람이 아니라, 정책과 전략을 가지고 사회적 다수를 묶어내는 사람이다.

정치인이 민중, 국민, 시민 등 단일한 이해를 갖는다고 가정된 포괄적인 집단을 체현하기 때문에 정당성을 갖는다고 여긴다면 답이 나오기 어렵다. 오히려 그러한 믿음은 다수의 지지를 모아내는 일의 어려움을 가리고, 냉정한 판단과 전략 수립이 들어가야 할 자리를 대신한다. 수십 년간 국회의원을 한 사람이 서민이 되고, 명문대 교수 지위를 이용한 입시비리도 평범한 부모라면 할 수 있는 인지상정이 된다면 대체 86들이 대변한다는 '서민과 중산층'은 누구일까? '체현으로서의 대표'라는 개념을 유지하는 한 86들이 정치적 주류가 될수록 '공통적이고 평범함'이라는 구획 자체가 어그러질 위험에 처한다.

지금 86들은 왜 찬밥이 되었나

86들은 왜 갈수록 한국 정치에서 찬밥이 되고 있는가? 왜 그들은 새로운 세대들의 민주주의와 부대끼는가? 그것은 어쩌면 86들의 프로젝트가 그만큼 성공했기 때문인지도 모른다. 포퓰리즘 연구자인 무데와 칼트바서는 민주주의가 심화될수록 포퓰리즘은 민주주의에 부정적 영향을 준다고 이야기한다. 그들은 포퓰리즘이 그 자체로는 민주주의 체제에 좋지도 나쁘지도 않다고 지적한다. 유권자의 선거권이 얼마나 보장되는지에 따라 포퓰리즘은 민주주의에 대한 위협과 교정책 중 어느 쪽이든 될 수 있다. 엘리트층에 의해 대표된다고 느끼지 못하는 유권자들의 목소리를 포퓰리즘이 표현하게 만들어서 민주적 교정책이 될 수 있다는 것이다. 포퓰리스트들은 엘리트층이 논의하지 않지만 '침묵하는 다수'는 중요하다고 생각하는 문제를 쟁점화한다. 지금도 많은 국가에서 이민, 불평등 등을 정치쟁점화하는 포퓰리스트 집단이 있다. 한편 포퓰리즘은 어떤 기관이나 집단도 '국민 다수의 의지'를 제약할 수 있는 기관이나 집단은 없다고 주장하기 때문에 자유민주주의에 부정적인 영향을 줄 수도 있다. 그들은 결국 소수집단을 공격하고 타인의 기본권을 보호할 수 있는 제도를 약화시킬 수 있기 때문이다.[9]

무데와 칼트바서는 민주화 과정을 자유화, 민주주의로의 이행, 민주주의 심화, 세 단계로 나누고 각 과정에서 포퓰리즘의 영향이 달라진다고 이야기한다. 첫 단계인 자유화는 권위주의 체제가 제약을 다소 완화하고 집단의 권리를 확대하는 단계다. 이 단계에서 포퓰리즘은 대체로 민주주의에 긍정적 영향을 준다. 포퓰리즘이 국민주권과 다수결에 대한 요구를 분명하게 표현하면서, 국가 억압에 대한 의문을 제기하는 데 도움이 되기 때문이다. 정권에 반대하는 사람들이 '저항 프레임'을 구축하여 권위주의 체제에 반대하는 모든 사람들을 묶어내 동원하는 데 기여한다.

두번째 민주주의로의 이행 단계는 권위주의에서 선거민주주의로 넘어가는 단계다. 여기서 포퓰리즘은 모호하지만 그래도 꽤 건설적인 역할을 할 수 있다. 포퓰리즘세력은 민중이 통치자를 선출해야 한다는 관념을 강화하고, 어떤 대가를 치르더라도 국민주권을 존중하는 것이 정치의 핵심이라고 주장한다. 그들은 집권세력을 공격하고 정치권력에 접근할 기회를 보장하라고 촉구할 것이고, 자유롭고 공정한 선거의 실현을 지지할 것이다.

마지막으로는 민주주의 심화 단계다. 이 단계에서는 기본권 보호에 특화된 제도를 개선하고 완전한 자유민주주의 체제를 발전시키는 데 중요한 개혁이 완료된다. 그런데 이 단계에서 포퓰리스트들은 민주주의 심화 과정과 충돌한다. 제약받지 않는 민중의 의지에 근거해 민주주의를 해석하는 데다가, 선출되지 않은 기관들이 정치적 제약을 가하면 민중의 의지가 반영되지 않은 것이라며 거부하기 때문이다. 대개 그들은 비선출기관을 민중의 '진정한' 이해관계보다는 유력한 소수의 '특수한 이해관계'를 보호하려는 부당한 제도로 묘사한다.

86포퓰리즘은 한국의 빠르고 성공적인 민주화의 주역이었다. 정치적 자유가 없었던 전두환 정권하에서 그들은 선도적으로 민중의 생존권과 민족 문제를 제기하며 저항 프레임을 구축하고 국민들을 모아냈다. 그리고 독재세력이 호헌, 내각제 개헌 등으로 부분적으로만 민주화를 하려고 할 때도 이에 저항해 완전한 민주화를 이뤄냈다. 이것이 우리가 기억하는 86의 순기능이고 역사적 업적이다.

문제는 민주주의 심화 단계이다. 86포퓰리즘은 한국 민주주의 심화에 어떤 영향을 주고 있는가? 민주주의는 유권자의 요구를 제대로 이행하지 못할 위험을 늘 인정하는 체제다. 정치세력의 실패와 교체를 당연하게 전제하고 있는 유일한 정치체제다. 그렇기에 유권자를 쉴 새 없이 새롭게 조직하고 동원하고자 안달복달해야 하는 제도다. 민주주의에서 집권한 세력은 늘 교체될 위험을 줄이고 싶어한다. 그렇기에 사법적 제약과 자유로운 언론의 취재가 보장되어야만 한다. 민주주의 심화를 위해선 권력의 제약과 한계를 인정하는 것이 필요하다. 정치세력들은 권력이나 권력을 가질 기회를 나눠 갖고, 그들의 정치행위가 헌법적 틀에서 벗어나지 않게 하기 위해 각종 사법기관, 언론, 시민집단들로부터 일상적인 제약을 받는다.

민주주의 제도가 일정하게 돌아가기 시작하면 결국 해당 시기의 유권자에게 위임받는 세력이 정당성을 갖는 것일 뿐, 절대적 선악이 없다. 심지어 있다고 한들 유권자들이 공감하지 않으면 소용이 없다. 하지만 86들은 아직도 머리로는 이해하지만 마음으론 이해하지 못하고 있다. 선거에서 졌을 때조차도, 자신들의 선의가 적절한 홍보

나 전략, 노력이 부족해서 전해지지 않았다고 생각한다. 때론 언론이나 검찰, 상대당의 공작 탓을 하기도 하고 이도저도 잘 이해가 안 될 때는 국민이 아둔하다는 속내를 숨기지 못하고 살짝 들킬 때도 있다. 결국 86들의 반성은 선거전략이나 열의의 부족 등에 그치고 만다.

결국 핵심인 어떤 부분에서 유권자의 의사를 제대로 위임하지 못했는지에 대한 반성은 좀처럼 이뤄지지 않는다. 86들은 한국 민주주의가 미완성이라고 생각하기에 아직도 자신들의 방식이 고수되어야 한다고 본다. 하지만 민주주의는 그 자체로 어떤 이상향도 담보하지 않는다. 세상의 불완전함을 본인의 태도를 바꾸지 않을 핑계로 삼고 있지는 않은지 반추해봐야 한다.

86들은 늘 민주주의 발전에 기여한다고 생각한 스스로가 짐짝처럼 여겨지는 지금의 상황에 매우 당황하고 있다. 86 용퇴론은 민주주의 심화 단계로 넘어오면서 86들의 포퓰리즘적 성향이 민주주의에 부정적 영향을 끼치는 방향으로 전환되어 생기는 갈등이다. 86들은 국민들의 이익을 포괄적이고 깊게, 심지어 유권자들이 스스로는 아직 모르는 수준까지 대변하고 있다고 여긴다. 하지만 유권자는 선거에서 이기든 지든 유권자가 요구하는 방향으로 변하려고 하지 않는 86들에게 환멸이 나 있다.

특히 새로운 세대의 유권자들이 새로운 문제 제기를 하고 나서면 86들은 어쩔 줄 모른다. 마치 외계인을 처음 만나 어떻게 소통할지 모르는 사람들 같다. 이전 세대들은 우리나라가 선진국으로 근대화되기 위해선 전 국가적 프로젝트가 필요하다는 데에는 대체로 동의했다. 그렇기에 대한민국이 근대화되기 위해선 무엇이 필요한가 하는 대전제하에서, 지지도 비판도 가능했다. 그러나 청년세대들은 정치가 근대화의 수단이라고 생각하지 않는다. 청년들은 정치가 각자의 필요를 해결해주는 우리 사회의 인프라라고 생각하고, 그러지 못하고 있는 한국 정치를 불신한다.

가령 20대, 30대들이 가장 심각한 사회갈등이라고 뽑은 젠더갈등에 대해 이야기해보자.[10] 접근하는 방향은 완전히 다르지만 이준석 전 국민의힘 당대표나 박지현 모두 젠더갈등에 대한 해답을 제시하면서 전국구 정치인으로 성장한 것은 우연이 아니다. 반면 86들은 젠더갈등을 철이 없어 이해력이 부족해서 생긴다거나, 온라인상의 가짜뉴스 때문이라고만 치부하는 경향이 있다. 청년들이 아직 진짜 문제를 직시하지 못해 지엽적인 문제만 과장해서 생각한다고 보는 게 일반적이다.

하지만 젠더갈등 등 정체성 정치에 기반한 갈등은 사실 선진 민주주의 국가에서 보편적으로 일어나는 현상이다. 정치학자 국승민은 우리 사회 20대의 정치적 갈등 양상이 오늘날 미국과 서유럽의 정체성 정치와 매우 유사하다고 지적한다. 페미니즘에 대해 부정적 태도를 지닌 20대들은 미국의 트럼프 지지자나 서유럽의 우파 포퓰리스트 정당 지지자들과 공유점이 많다. 노력하지 않는 자가 성과를 나눠 갖는 무임승차가 문제라고 생각하고, 사회적 소수자와 일체감이 낮고, 사회에 대한 신뢰도 낮다. 반면 페미니즘을 지지하는 20대들은 미국의 바이든 지지자나 서유럽의 다문화주의 지지자들과 비슷한 성향이 있다. 이들은 보호받아야 할 사람들이 보호받지 못하는 것을 문제로 생각하고, 사회적 소수자의 경험을 자신의 일처럼 느끼려는 성향이 강하고, 사회 일반에 대한 높은 신뢰 수준을 가지고 있다.[11]

이런 관점에서 보면 젠더갈등은 이상한 걸로 싸우는 청년세대의 철없는 다툼이 아니라, 신자유주의 이후 자본주의 국가들에서 나타나고 있는 극단화된 정체성 정치의 일환으로 이해될 수 있다. 한국에선 인종, 이민, 성적 다양성 등 다른 갈등이 두드러지지 않는 대신, 가장 가시적인 성별 간 갈등이 튀어나오고 있다고 볼 수 있다. 그러나 86들은 원론적인 평등론만을 주장하거나, 갈등을 이용한 득표 전략 차원에서만 고민할 뿐이다. 가령 남성징병제나 노동시장에서의 여성차별 등 핵심적인 갈등요소에 대한 직접적인 해결책을 제시하지 않는 것이다.

보수정당은 전통적인 가부장적인 태도에서 벗어나지 못하는 모습을 보였다. 또 이준석 유를 내세워 적극적으로 남성들의 목소리를 대변하려고도 했다. 젊은 여성 유권자들이 이런 모습에 진절머리를 내면서 상대적으로 문재인 정부와 민주당에 지지를 보냈지만 민주당이 여성 유권자를 대변하기 위한 적극적인 전략을 보이진 못했다. 오히려 소속 정치인들의 성폭력 가해가 이어졌고, 당내에서 이를 두둔하는 분위기가 팽배했다.

디지털 성범죄 척결을 위한 활동으로 유명한 활동가 박지현을 당으로 영입한 건 민주당에 대한 여성들의 실망을 반전시키기 위한 노력이었다. 이런 노력은 대선에서 꽤 성과를 보였지만 박지현이 당내에 깊이 들어올수록 86의 세계관과 충돌했다. 86들은 박지현이라는 매개체를 통해 자신들의 세계관을 청년들에게 설득할 수 있으리라 자신했다. 하지만 오히려 박지현마저도 설득할 수 없다는 걸 보이며, 안전등급 E등급의 붕괴 직전 86 세계관만 더 광고하게 되었다.

청년 여성들과 86 사이의 간극을 보여주기 위한 역사의 장난일까, 아니면 대선 승리를 위해 억눌려왔던 당의 문제들이 박지현이라는 숨통 덕에 한꺼번에 터져나온 것일까? 박지현이 공동비대위원장으로 재직하는 짧은 기간에 사건사고, 특히 성비위 사고가 끊이지 않고 이어졌다. 이런 사고들을 처리하는 과정에서 박지현은 86과 참을 수 없는 간극을 뼈저리게 체감하게 된다.

> 5월 2일, 최강욱 의원(더불어민주당 비례대표 국회의원으로 열린민주당 당 대표를 지내기도 했다)이 당내 온라인 회의에서 성희롱 발언을 했다는 기사가 났다. 최 의원이 법제사법위원회 온라인 회의 중에 성적 행위를 연상시키는 비속어 발언을 했다는 내용이었다. (중략)
>
> 나는 고위전략회의에 사건 내용을 전달하고 사실관계를 조사할 필요가 있다고 주장했다. 그런데 남성 중진의원들 반응이 시큰둥했다. 문제라고 느끼지 않는 것 같았다. 일부 의원들은 킥킥거리기도 했다. 그들에게 이런 성적 농담은 그저 재미있는 장난일 뿐이었다.

웃는 이들을 똑바로 보며 다시 한번 '조사'를 지시했다. 그런데 회의가 끝나자마자 "박지현이 최강욱 의원의 '징계'를 지시했다"라고 보도가 나갔다.[12]

당 지도부의 비공개 회의인 고위전략회의에서 박지현과 '남성 중진의원'들은 사실관계가 아닌, 이를 판단하는 도덕관에서 차이를 보인다. 박지현은 진상규명을 거쳐 징계해야 할 심각한 행위로 본 반면, 남성 중진의원들은 웃으면서 넘길 수 있는 짓궂은 농담으로 보았다. 86들은 오랜 기간 자신들이 한국 사회에서 가장 강고한 도덕관을 견지한다고 생각해왔다. 하지만 박지현이 새로운 도덕관을 바탕으로 문제를 제기하자 그들은 크게 당황한다.

민주당은 불행히도 박지현을 공동비대위원장으로 선임해놓고도 도덕관 충돌 상황에서 새로운 면모를 보일 준비가 되지 않았다.

식사를 하던 중, 누가 방문을 똑똑 하고 두드렸다. 이재명 위원장이었다. 잠시 할 이야기가 있다고 했다. 한 20분가량 이런 이야기를 했다.

"전쟁 중에는 같은 편 장수를 공격하지 말라는 말이 있다. 내가 보기에도 전후 맥락상 최강욱이 딸딸이라고 말했을 거라 본다. 하지만 지금 우리는 전쟁 중이니 그만 멈췄으면 좋겠다."

선거를 책임지고 있는 총괄선대위원장, 확실한 행동으로 성폭력에 대응하겠다고 약속했던 그 이재명 후보가 맞나 의심스러웠다.

(중략)

선거가 끝나자 후보가 약속한 내용들은 사막의 신기루처럼 모두 사라졌다. 그는 내 입을 막기 바빴다.[13]

박지현이 디지털 성범죄 척결 운동을 할 때 활동명은 '불'이었다. 박지현은 별 뜻 없이 우연히 만들었다고 하지만, 우연찮게 합류한 민주당에서 정말 불같은 면모를 보였다. 생명력을 잃고 시들어 낡은 것들은 불사르려 했고 주변을 환히 밝혀 민주당의 위태로운 상황을 훤히 드러냈다. 문제는 불에는 눈이 없다는 것이다. 20대 여성인 박지현의 시각에서 이해 안 되는 것을 모두 불태우려 들수록, 민주당은 정당으로서 제대로 선거를 치를 수 없는 위기에 빠진다. 그리고 땔감을 땔수록 불이 커지듯, 박지현을 설득하려 할수록 불은 더욱 커졌다. 당대표까지 출마하겠다는 박지현을 당규를 이유로 들어 차단시켜놓긴 했지만 완전 진화는 도무지 이르지 못하고 있다.

진짜 문제는 박지현 개인에 대한 것이 아니라, 박지현한테 덴 뒤로 청년세대를 포섭할 용기와 방법을 완전히 상실해버린 민주당의 상황이다. 민주당의 주류들은 기회 있을 때마다 86 용퇴론을 이야기하는 박지현을 외부로 배제하고 있다. 그렇다고 86 용퇴론이 아닌 방식으로 민주당의 변화 의지를 청년들에게 전달할 수 있는가?

한국사에서 '청년'은 늘 민족중흥의 주체였다. 그들은 조국 근대화의 선두였다. 특히 86들은 그래야 한다는 생각이 가장 강한 집단이고, 스스로도 그런 청년의 자세로 평생을 살아온 사람들이다. 그렇기에 그들은 후배 세대들도 뭔가 새로운 시대정신을 제시해야만 정치를 할 자격이 있다고 생각한다. 이인영은 이렇게 이야기한다.

> 7080년생들의 집단적 자각이 시작된다고 합니다. 진심으로 환영하고 응원하겠습니다. (중략)
> 민주당은 서민과 중산층의 진보적 대중정당, 평화와 공존번영을 향한 민족의 당, 신자유주의를 넘어서는 노동존중과 복지중심당, 세계무대에서 문화융성과 경제발전을 선도하는 유능한 정책정당, 디지털성숙과 저출생과 젠더평등과 기후대응의 미래당으로 나가야 합니다.
> 여기에 확고히 근거한 차세대 리더쉽들의 도전을 기대합니다. 후보로 나선 사람들이 각기 지향하는 중심적 가치들을 일발장전하고 멋있는 향연장을 만들어 주실 것을 기대합니다. (중략)
> 그러나 다시 강조하지만 단순히 누구는 물러나라, 누구는 입닫으라고 하기 전에 스스로가 무슨 가치를 주장하는지 말해야 합니다. (중략)
> 그게 없으면, 그 시대정신으로 이기지 못하면 단지 젊은이들에게 자리 비우라는 방식은 이준석 대표를 이기지 못합니다.[14]

철학에서 시대정신이란 한 시대에 살고 있는 사람들이 가진 보편적인 정신적 자세나 태도를 의미하는 말이다. 흔히 헤겔의 개념으로 잘 알려져 있다. 그런데 86들은 시대정신을 현 시대에 이미 존재하는 태도가 아니라 정치인으로서 지녀야 할 미래에 대한 선견지명쯤으로 사용한다. 원래의 철학적 용례에서 벗어난 것이다. 86들이 사용하는 시대정신은 정확히 무엇이고, 민주주의에서 어떤 역할을 할까?

정당은 매 시기 유권자에게 소구하기 위한 이념과 정책을 제시해야 한다. 그리고 그건 단지 해마다, 선거주기마다의 단기적 비전을 넘어 중장기적 청사진을 포함해야 한다. 그걸 시대정신이라고 부를 수 있을지도 모른다. 하지만 86들이 사용하는 시대정신은 그 이상이다. 유권자들의 요구에 반응해 뒤따라 정해지는 것이 아니라, 정치인이 조국 근대화를 위해 대중보다 앞서 선취하는 지향점을 뜻한다.

시대정신이 성립하기 위해선, 본인이 생각하는 시대정신이 보편적인 시대정신이라고 확신하는 정치인의 나르시시즘적 자아가 필요하다. 여성학자 정희진은 한국 정치에서 좌우가 모두 자신을 특정 시간의 대표자로 삼는다고 지적한다. 정치적 문제의 성격 자체를 논하기보다는 자신의 입장이 중립적이고 보편적이라고 주장하는 전략이라는 것이다. 좌우가 모두 정상적인 국가 건설이라는 같은 목적을 두고 방법론에 대한 차이만 보인다. 그들은 정상국가 건설 방안 밖의 다른 의제는 '사소한 일'로 여기고, 시간이 흐르며 역사가 단계적으로 발전한다는 법칙에 따라 '서구가 당도한 그곳'에 빨리 도착하기 위한 경쟁을 펼친다. 여기서 '발전한' 서구 내부도 동질적이지 않다는 사실과, 그 사회 내부의 계급·성·인종 등의 차별, 비서구사회에 대한 착취 등의 문제는 무시된다.[15]

86들이 주장하는 시대정신은 '정상국가'로 가기 위한 방법론이다. 86들은 후배 정치인들이 시대정신을 제대로 제시하지 못하기 때문에 아직 자신들이 물러날 수 없다고 이야기한다. 사실 이제 86의 방법론이나 시대정신이 무엇인지조차 너무 때가 타 잘 알아볼 수 없지만 말이다. 당장 일자리 양극화나 전세 사기도 해결할 방안이 없으면서 정치를 위해 뭔 시대정신씩이나 필요한지 잘 모르겠다. 청년들은 그냥 유권자이고, 기성 정치인들이 유권자를 대변하지 못하고 있기 때문에 청년 유권자를 더 잘 이해할 수 있는 정치인을 요구하는 것이다. 물론 현재의 소위 '청년정치인'들이 청년 유권자의 요구를 더 잘 대변하는지는 별개로 말이다.

청년뿐 아니라 다양하고 많은 유권자들이 한국 정치가 자신을 대변하지 못한다고 호소한다. 86들을 비롯해 기성 정치인은 각자 전체 국민의 이익을 통째로 이끌어낼 수 있다고들 자랑하지만, 유권자 각자의 바람들은 모래알처럼 손가락 사이로 빠져나간다. 아직 통일도 못 하고 민중이 주인 되는 '참세상'도 만들지 못했지만 조국의 근대화 자체가 국민 대다수에게 득이 되는 시기는 엉거주춤 끝났다. 대망의 결승선에 대단한 세리머니 따위는 없이도 말이다. 유권자들은 각자의 맥락에서 각자의 필요를 충족해달라고 호소한다. 그 생각들을 그저 옳지 않다, 욕심이다, 이기적이다, 시대정신이 아니다, 시기상조다 하며 덮어둘 것인가?

청년과 노인, 남성과 여성, 원주민과 이주인, 세입자와 부동산 소유자, 정규직과 불안정 노동자, 장애인과 비장애인, 다양한 소수자들. 유권자들은 각자의 사정을 쏟아내는데 우리 정치는 갈등을 해소하는 데 무능하다. 유권자들의 개별성을 고려하면서 이들을 다시 다수로 묶어내야 할 방법을 찾아야 한다.

말처럼 쉬운 일은 아니다. 우리가 동경했던 선진 민주주의 국가들에서도 다수로 묶어내던 방식들이 모두 무너지며 민주주의가 위기라는 지적들이 이어진다. 산불을 틈타 민가를 터는 도둑처럼, 민주주의의 위기를 틈타 차이를 더 부각하고 혐오를 키우는 방식의 '한탕 정치인들'만 우리나라에서도, 세계적으로도 기회를 얻고 있다. 그럴싸한 이야기와 이미지들을 너무 쉽게 만들어내고 전파할 수 있는 기술적 발전도 민주주의의 새로운 도전이 되고 있다.

우리는 이 과제를 얼마나 진지하게 직면하고 있는가? 우리가 옳기에 그저 열심히 하면 언젠가 다 좋아질 거라고 믿는 나르시시즘적 대표관을 걷어낸다면 말이다. 민주화를 성공시킨 86포퓰리즘은 실패한 민주주의를 만들고 있다. 파편화되고 있는 사회에서 다수를 만들 방법을 찾지 못한다면 정치의 역할은 갈수록 작아질 것이다. 그리고 우리는 민주주의가 완성된 지옥에 살게 될 것이다.

주석

1. 김누리, 〈[세상읽기] 촛불정신과 민주당의 자기부정〉《한겨레》, 2020. 3. 16.
2. 〈[현장영상] 조국 "누구도 되돌릴수 없는 검찰개혁 방안 마련해달라"〉《YTN》, 2020. 3. 16.
3. 박지현, 《이상한 나라의 박지현》, 저상버스, 2023, 80~82쪽.
4. 조국, 본인 페이스북, 2022. 4. 25.
5. 이유미, 〈송영길, 조국 사태 사과……청년에 좌절과 실망 줬다"(종합)〉《연합뉴스》, 2021. 6. 2.
6. 더불어민주당 제163차 정책조정회의 모두발언, 2019. 12. 19.
7. 김성욱, 〈우상호 "반전세 사는 찐서민 시장" 박영선 "엄마 같은 푸근한 여성시장"〉《오마이뉴스》, 2021. 2. 1.
8. 송오미, 〈송영길 "나는 '부동산 문제·내로남불'로부터 자유로운 사람"〉《데일리안》, 2022. 5. 3.
9. 카스 무데, 크리스토발 로비라 칼트바서, 《포퓰리즘》, 이재만 옮김, 교유서가, 2019, 5장, 전자책.
10. 김상환, 〈[스트레이트뉴스 창간 10주년 여론조사] 심각한 사회 갈등은 빈부격차... 20~30대는 '젠더'〉《스트레이트뉴스》, 2022. 6. 8.
11. 국승민, 〈20대 여자 부동층이라는 신세계〉, 국승민·김다은·김은지·정한울, 《20대 여자》, 시사IN북, 2022, 6장, 전자책.
12. 박지현, 같은 책, 83~84쪽. 최강욱은 2023년 9월에 의원직을 상실했다.
13. 박지현, 같은 책, 84~85쪽.
14. 이인영, 본인 페이스북, 2022. 6. 13.
15. 정희진, 〈식민지 남성성과 추격발전주의〉, 임지현·우찬제·이욱연 엮음, 《우리안의 파시즘 2.0》, 휴머니스트, 2022, 101~105쪽.

나가며

아이고, 다 썼다, 마침내. 글 쓰는 거야 늘 못 해먹겠다 싶지만 이번 책은 유독 너무 힘들었다. 도저히 한 글자도 더 쓸 수 없을 때에는 책상 주변을 떠나지도 못하고 맨바닥에 드러누웠다. 누운 채로 꼬깔콘을 주워먹으며 생각한다. 왜 이렇게 힘이 들까? 당분과 카페인을 아무리 채워도 움직일 수 없었다.

이 책에서 한 모든 비판이 결국 스스로를 향하는 것이기 때문이었다. 1980년대 중반생인 나에게 86은 늘 정의의 사도였다. 반공독재 시대의 어르신들이 만들어놓은 이상한 한국 사회를 바꿔줄 첫 세대로 나도 모르게 믿었던 것 같다. 1990년대 초반, 작은 동네에 글쓰기 학원을 차린 전교조 해직교사에게 글짓기를 배우며 가난이나 환경 문제에 대해 눈을 떴다. 학교에서 86 선생님들은 폭력을 쓰지 않고 학생들을 이해해주려고 하는 젊은 선생님들이었다. 정치권을 보면 늘 입바른 소리를 하지만 늘 부당하게 밀려나는 사람들이었다.

정치학을 공부하고 정치권 실무자로 일하는 내내 난 늘 그들이 만든 세계관 속에 있었던 것 같다. 아이언맨을 따르는 스파이더맨은 못 되는 거 같고, 스파이더맨의 뚱뚱한 친구 정도였을까. 앞으로 나아가기 위해서 86을 넘어서야 한다고는 생각했지만 86들이 '동네북'이 되는 것도 받아들이기 어려웠다. 한국 정치의 다음 타선에 누가 들어설지 모르겠지만, 난 1960년대생들이 아직 무작정 물러설 때는 아니라고 생각한다.

사실 소위 '청년정치'를 주창하시는 분들도 '86 없는 86 정치' 이상을 보여주지 못하는 경우도 많다. 청년정치가 청년 유권자 집단에서 시작하지 못하고, 86 등 윗세대들이 중시하는 논쟁을 잘 수행하는 솜씨 좋은 외주업자에 머무르는 경우가 많기 때문이다. 그럴 거면 그냥 '오리지널' 86이 하지, 뭘 번잡스럽게 새로운 사람을 뽑겠는가. 문제는 정치인의 나이가 아니다. 정상국가 콤플렉스에 따른 근대화 프로젝트인 86식 정치를 어떻게 극복할지다. 하지만 1960년대생들은 후배 세대들보다 이 문제에 대해 더 나은 대답을 내놓기가 쉽지 않을 것이다. 86들은 86 용퇴론을 제기하는 후배 세대들에게 새로운 가치를 제시해야 한다고들 하지만, 그러한 과제는 86에게도 마찬가지다.

험담으로 시작했으니 고자질로 마무리하자. 86 정치를 비판적으로 평가하는 책을 쓸 거라 했더니 그런 걸 뭐 하러 쓰냐는 지인들이 꽤 많았다. 86이 문제인 걸 누가 모르냐고, 86은 물론 86 용퇴론마저도 지겹다는 거다. 86들은 너무 오래 해먹었고, 다 부패했으며, 돈과 권력밖에 모르는 자들이 되었다는 것이다. 86들을 몰아내야 하지만 '방 안의 코끼리'처럼 방법이 없으니 화만 난다는 것이다.

그런 말을 듣고도 이 책을 꾸역꾸역 끝까지 쓴 건 한편으론 86들이 안쓰럽기 때문이다. 평생 동지라 여긴 이들의 비리에 한 세대가 같이 도매금으로 비판받는다. 그들은 그저 동지를 손절하는 법을 배우지 않았을 뿐인데 말이다. 그리고 심지어 모두가 부러워할 만한 정치 커리어를 가진 86 정치인들에게조차도 어딘가 본인이 실패했다는 열패감이 깊게 느껴진다. 권력은 가졌지만 본인이 만들려던 세상에 가닿는 데 실패했고, 얼마 남지 않은 정치생명 동안에도 아마 닿을 수 없을 것이라는 비밀을 그들은 말하진 않지만 한숨은 숨기지 못한다. 내가 만난 86들은 이런 상황에 대해 극도로 혼란스러워했다. 평생을 결승점을 향해 달렸는데 이 결승점은 아지랑이에 불과했던 것일까? 어떤 온점도 온전히 찍지 못하고 그저 욕먹으며 퇴각해야 하는 상황을 그들은 받아들지 못하고 있다. 나는 이 지점을 비판하면서도 이 상황이 대부분의 86들에게 너무 가혹하다는 연민도 든다. 그들의 인생에 대해 존경을 담아 합당한 비판을 하고, 역사적 성과를 존중하며 한계를 지적하고자 했다.

오로지 자신의 권력 연장에만 열중하는 정치인들도 있고, 권력으로 돈을 사려는 86 정치인들도 있다. 하지만 난 아직은 국가와 사회의 발전을 위해 헌신하려는 86 전체의 선의를 믿는다. 그런데 문제는 선의를 가진 86들이 기존의 해오던 방식대로 더 열심히 하는 데서 위기의 돌파구를 찾는다는 것이다. 86이 도덕적·정치적 위기에 처할수록 그들은 더 폐쇄적이고 나르시시즘적인 정치에 몰두한다. 정치를 통해 각자의 권익을 지키고 또 공생할 수 있도록 원활하게 사회적 가치를 배분해주길 원하는 사람들의 눈으로 보기엔, 그들을 점점 이해할 수 없는 자신만의 진리에 몰두하는 '벌거벗은 임금님'이 될 뿐이다.

어쨌거나 이 책을 완성할 수 있었던 것은 윤석열 대통령 덕이다. 정확히는 그의 악정 때문이다. 윤석열 대통령은 독립된 정치인으로서의 역사와 정책, 매력을 가진 개인이라기보단 민주당에 대한 반감이 쌓이고 쌓여 만든 덩어리 같다는 생각이 들곤 한다. 판타지 소설이나 게임에서 흔히 쓰이는 '사념체思念體' 말이다. 윤석열 정부에게는 반공보수 정부로서의 통일된 이념이나, 권위주의 독재정권과 그 후계들이 보여줬던 무시무시한 통치의 기술들이 두드러지지 않는다. 윤석열 정부의 가장 큰 특징은 두서가 없고, 대체 뭘 하고 있는지, 뭘 하려 하는지를 도대체 알 수가 없다는 점이다. 오로지 민주당과 그 지지자들을 화나게 할 수 있다면 뭐라도 할 기세다.

이 거대하고 응축된 반감 덩어리를 소환한 것이 민주당이라는 것을 인정해야 한다. 윤석열 정부가 권력을 독점하던 반공권위주의 세력의 잔당이라서 집권한 것이고, 그렇기에 우리는 여전히 이에 맞서는 도전자들이 아니라는 말이다. 민주당은 대통령선거와 지방선거 패배 이후 새겼던 변화의 약속을 차츰 잊어가고 있다. 하던 대로의 싸움에 그치고 있다. 윤석열 정권의 많은 면모가 86들을 반사적으로 분노하게 한다. 그러나 이 분노의 불꽃은 윤석열 정부 타도 외에 모든 정치적 상상력을 싸그리 소각한다.

윤석열 정부를 잘 욕하면 총선에 이길 수도 있을 거다. 어쩌면 뭐 정권교체도 할 수 있을 것이다. 하지만 자신들이 대표되고 있지 않다고 느끼는 유권자들은 점점 늘어날 것이다. 유권자들은 이 재미가 없다 못해 짜증나는 영화가 끝없이 반복되는 상영관에 갇혀 있다. 그들은 영화를 끝내지 못하지만 참다참다 언젠가 영화관을 부술지도 모른다.

바닥에 누워 꼬깔콘 한 봉을 다 털어 먹었는데도 글 쓸 힘이 나지 않으면 스마트폰으로 하염없이 숏폼 영상들을 본다. 끝없이 이어지는 영상들을 보고 있자면, 참 요새 애들은 진짜 아무 데서나 춤을 추며 영상을 찍는구나 싶다. 학교, 공원, 마트, 전철역 어디서든 친구들과 유행하는 율동을 찍어 올린다. 더 신기한 건 딱히 엄청 어렵거나 잘 추는 춤도 아니란 것이다. 그냥 '춤을 추는 나를 보아라'라는 느낌이다. 그렇게 한참을 보다보면 플랫폼의 알고리듬은 전세계 청년들의 K-팝 숏폼 챌린지로 안내한다. 숏폼 속 대한민국에는 근대화되지 못한 조국에 대한 열등감도, 정상국가 콤플렉스도 없다.

그렇게 맨바닥에 엎드려 숏폼 영상을 보다가 간담이 서늘해진다. 폭등한 난방비 탓에 바닥이 차가워서가 아니다. 우리의 정치가 영상 속 저들에게서 점점 멀어진다. 이미 너무 멀어진 것 같다. 너무 멀어서 가닿을 수 없을 것 같다. 무서움을 이기는 길은 나에겐 일단 쓰는 것이다. 다시 일어나 86포퓰리즘을 극복하자는 글을 쓰는 게 저들에게 닿는 길일까? 자신 없지만 간절한 마음으로 썼다.